慶應義塾保険学会叢書

高齢者の交通事故と補償問題

堀田一吉・山野嘉朗 編著

慶應義塾大学出版会

慶應義塾保険学会叢書刊行の辞

　慶應義塾と保険事業は，歴史的に深い関わりをもっている。近代的保険は，塾祖福澤諭吉の著書『西洋旅案内』（1867）の中で初めて日本に紹介されたが，福澤諭吉は，その後も多くの著作活動の中で，国家経済の発展と国民生活の安定を図る上で，保険が重要な役割を担うべきであることを強く説いている。爾来，小泉信吉，荘田平五郎，阿部泰蔵，早矢仕有的ら，福澤精神を受け継いだ多くの門下生が，保険会社の設立に賛同参画し，その後の保険事業の礎を築く上で大きな役割を果たした。

　こうした中で，慶應義塾保険学会は，戦後復興期に保険事業が立ち直りの兆しを見せかけた1952（昭和27）年7月2日に，園乾治教授（当時）を中心に設立された，他には類例のない学会組織である。設立趣意書には，「我等有志相図り，慶應義塾保険学会を設立する所以は内外の時勢に鑑み，保険業界並に学会にある塾員塾生相結び，提携を緊密にし，学理の研究を深作し，実務の向上進歩を図り，微力を傾注して先人の偉業を継ぎ，義塾の斯界における伝統に光輝を副えんとするものである」とあり，保険業の復興発展に対して並々ならぬ熱意を注いだことが窺える。

　そして，慶應義塾卒業生を中心とした有志が，産学協同の理念の下，学理と実務の相互発展を目指した。その後，理事長が庭田範秋教授（現名誉教授）に引き継がれると，活動範囲は一層拡大し，その成果は高い社会的評価を受けつつ，今日に至っている。会員の多くは，塾員で構成されているが，塾外の参加者もこのところ次第に増えてきている。現在，年5回の講演会・研究会ならびに年1回の機関誌『保険研究』の発行を行っており，地味ではあるが着実な活動を続けている。

　このたび創刊される慶應義塾保険学会叢書は，上述のような学会設立以来の理念を尊重しながら，多様かつ複雑な様相を呈している保険現象について理論的・実証的研究を行うことで，その成果を広く世に問うことを目的に刊行している。今後も，学会叢書の刊行を通じて，現代保険が直面する問題の本質を解明しながら，保険の健全な発展に向けて積極的に政策提言を行うつもりである。

　　2006年3月20日

　　　　　　　　　　　　　　　慶應義塾保険学会理事長　　堀田　一吉

はしがき

　わが国の交通事故死者数は,「交通戦争」と言われた1970年頃には, 16,000人を超える最悪な状況にあった。しかし, 近年, 交通規制の強化や交通環境の整備などが功を奏して, ここ14年間は連続で死者数が減少し, 5,000人を下回る水準で推移している。いまやわが国は, 交通事故問題を克服したかのような印象すら与えかねないが, 実は新たな社会問題が進行している。それは, 高齢者が関わる交通事故が深刻な状況にあることである。現在, 交通事故死者数のうち半数以上が高齢者であり, これは諸外国と比較しても特異な現象である。高齢社会の進行に伴って高齢者人口が増加していることが主な要因と考えられるが, それ以外にも日本社会に特有の生活環境も影響しているものと考えざるをえない。高齢者の交通事故を取り巻く諸問題は, いわば日本社会の現代的課題の縮図とも言える様相を呈しているのである。

　高齢者が関与する交通事故には, 従来とは異なるさまざまな特徴が見られる。高齢者には加齢に伴って, 必然的に身体的あるいは精神的な特性が生じるが, そのことが彼らの交通活動にも少なからず影響を及ぼしている。そして, 高齢者の関与する交通事故をいかにして減らしていくかということは, 交通政策の主要課題ではあるが, もう1つ, 不可避的に発生する交通事故に対して, その補償対策も十分に備えておかなければならない。より具体的には, 発生する事故費用をどのように認識し, どのような法的ルールに基づいて負担するかという問題を考える必要がある。

　こうした状況認識に基づいて, 本書は, 高齢者の自動車事故の現状と特徴を踏まえて, 高齢者固有の補償問題ならびに, それに関連して自動車保険・

自賠責保険をめぐる問題について，経済的側面ならびに法律的側面から考察する。さらにわが国の事例のみならず，アメリカ・フランスの事例を交えながら考察し，その方向性について政策提言を行う。

　本書の最大の特徴は，本書が，経済系と法律系の協働（コラボレーション）によって誕生したことである。経済的思考は，マクロ的（巨視的）な観点から，問題の原因と方向性を全体的に捉えて，理論的あるいは実証的に考察するところに特徴がある。これに対して，法律的思考は，ミクロ的（微視的）な観点から，緻密に築き上げられている現代法体系において，現実に生起する事象が法律的にどう処理されているかを確認しつつ，現実社会により適合する法制度・法解釈のあり方を考察する。われわれは，この両者の視点から，高齢者の交通事故問題が，現代社会にどのような影響を及ぼし，将来の社会がどうあるべきかを考察する。さらには，その際に，高齢者の交通事故問題への対応策について，自動車保険制度のあり方に焦点を当てて考察しているところも，本書の特徴である。全体を通読すれば，補償問題を考えるうえで，保険制度の果たすべき社会的役割を強く認識することができるであろう。

　本研究会は，4年前に設置された公益社団法人日本交通政策研究会のプロジェクト「高齢者の交通事故と補償対策」を母体としている。この間，研究会や合宿を通じて，高齢者の交通事故とそれに関する補償問題についてさまざまな観点から議論を重ねてきたのであるが，せっかくであれば，一冊の叢書として成果を纏めて，世間に披瀝してはどうかということで認識が一致した。そこで，日本交通政策研究会にご相談を申し上げて，ご了解を得たうえで，慶應義塾保険学会叢書として刊行する運びとなったのである。日本交通政策研究会の代表理事の金本良嗣先生，原田昇先生をはじめとして，日本交通政策研究会の正会員の先生方，さらには，事務局の皆様には，寛大なご理解とご支援をいただいたことに，あらためて感謝の意を表したい。

　また，本書を刊行するまでには，多くの方々のお世話になった。とりわけ，慶應義塾大学出版会ならびに同編集部の木内鉄也氏には，企画段階から懇切なアドバイスをいただき，刊行まで導いていただいた。木内氏の献身的なご

協力がなければ，本書が日の目を見ることはなかったのではないかと考えると，感謝の念に耐えない．執筆者一同，心より厚く御礼を申し上げたい．

　未曾有の高齢社会を迎えるわが国にとって，新たな時代に相応しい事故補償システムの構築に向けた問題提起に，本書が一役を担うことができたならば望外の喜びである．

2015年3月　執筆者を代表して
堀田　一吉
山野　嘉朗

目次

はしがき　*i*　　　　　　　　　　　　　　　　　堀田　一吉
　　　　　　　　　　　　　　　　　　　　　　　山野　嘉朗

第1章　高齢社会と交通事故　*3*
　　　　　　　　　　　　　　　　　　　　　　　江澤　雅彦

1　はじめに　*3*
2　高齢社会の現状と将来　*3*
　（1）現状　*3*
　（2）将来推計人口で見る今後のトレンド　*4*
3　高齢化の要因　*6*
　（1）高齢者の数の増加＝死亡率の低下に伴う平均寿命の延伸　*6*
　（2）少子化の進行による若年人口の減少　*6*
4　高齢社会における交通事故　*8*
　（1）わが国の交通事故の推移と高齢者の被害　*8*
　（2）直近の状況　*10*
5　高齢者をめぐる交通事故対策　*11*
　（1）高齢歩行者および高齢自転車乗用者の事故防止対策　*11*
　（2）高齢自動車運転者の事故防止対策　*12*
　（3）コンパクトシティーの取り組み　*15*
6　むすびにかえて――次章以下の紹介　*17*

第2章　高齢者の自動車事故の特徴　19

大坪　護

1　はじめに　19
2　高齢者と交通事故　19
　（1）　高齢者の特性　19
　（2）　被害者としての高齢者　21
　（3）　加害者としての高齢者　24
3　高齢者の交通事故と自動車保険　25
　（1）　自賠責保険　26
　（2）　任意自動車保険　27
4　高齢者の被害事故と損害保険　28
　（1）　データに基づく事故実態　28
　（2）　高齢被害事故への補償　34
5　高齢者の加害事故と損害保険　34
　（1）　急増する高齢者加害事故　34
　（2）　高齢者加害事故の実態　35
6　高齢者事故と自動車保険の課題　38

第3章　高齢者の交通事故をめぐる対策と課題　41

北村　憲康

1　はじめに　41
2　高齢者の交通事故の実態　42
3　高齢ドライバーの事故の特徴　44
　（1）　高齢ドライバーの事故パターン　44
　（2）　高齢ドライバーの事故原因　46
4　高齢歩行者の事故の特徴　48
5　最近の交通安全対策の現状と課題　50
　（1）　現状　50
　（2）　課題　52
6　高齢ドライバーと安全教育　54

（1）高齢ドライバーのリスク実態を示す実験　56
　　　（2）高齢ドライバー教育の考え方　58
　　　（3）高齢ドライバー教育の事例　58
　7　高齢歩行者と安全教育　60
　　　（1）高齢歩行者教育の考え方　60
　　　（2）高齢歩行者教育の事例　60
　8　高齢者安全教育の共通課題　61
　9　今後の課題　63

第4章　高齢者の交通事故と賠償法理
　　　――損害賠償の基礎理論および社会保険との調整　65

　　　　　　　　　　　　　　　　　　　加瀬　幸喜

　1　はじめに　65
　2　不法行為責任の成立　65
　　　（1）一般的な不法行為責任　65
　　　（2）自動車事故による不法行為責任　68
　3　人身損害額の算定　71
　　　（1）損害の意義　71
　　　（2）損害賠償の範囲　73
　　　（3）個別損害項目積上げ方式　73
　　　（4）賠償額の減額事由　75
　4　公的年金受給権の逸失利益性　76
　　　（1）年金制度の概要　76
　　　（2）逸失利益性に関する学説の対立　77
　　　（3）最高裁判例　80
　　　（4）生活費控除　82
　　　（5）年金給付と損害賠償の調整　84
　5　高齢者の死亡慰謝料　89
　　　（1）死亡慰謝料基準　89
　　　（2）死亡慰謝料額の実態　90
　　　（3）慰謝料の補完的機能　91

6　健康保険・介護保険と損害賠償との調整　*91*
　　　　（1）　健康保険との調整　*91*
　　　　（2）　介護保険との調整　*92*
　　　　（3）　制度論的な検討　*94*
　　7　むすびにかえて　*94*

第5章　高齢者の交通事故と自動車保険
　　──任意自動車保険の現代的課題　*97*

竹井　直樹

　　1　はじめに　*97*
　　2　損害保険業界から見た交通事故の現状　*98*
　　3　自動車保険の商品概要　*100*
　　4　自動車保険の位置づけ　*101*
　　5　自動車保険マーケットと契約構造　*103*
　　　　（1）　損害保険の市場概要　*103*
　　　　（2）　自動車保険の収支状況　*105*
　　6　自動車保険の保険金支払状況　*107*
　　7　最近の料率改定の動向と高齢者問題　*109*
　　　　（1）　年齢別料率区分の導入　*109*
　　　　（2）　等級制度の改定　*111*
　　　　（3）　年齢別料率区分の格差の見直し　*112*
　　8　高齢者と料率体系のあり方　*112*
　　　　（1）　年齢別料率区分の導入　*112*
　　　　（2）　高齢ドライバーのアフォーダビリティ問題　*113*
　　　　（3）　テレマティクス自動車保険　*115*
　　9　おわりに　*117*

第6章　高齢者の交通事故と過失相殺・素因減額
　　　　――自賠責保険制度を踏まえて　*119*

　　　　　　　　　　　　　　　　　　　　　　　　甘利　公人

　　1　自賠責保険の概要　*119*
　　　　（1）　自賠責保険の創設　*119*
　　　　（2）　損害額の算定　*120*
　　　　（3）　重過失減額　*121*
　　2　過失相殺　*122*
　　　　（1）　過失相殺の意義　*123*
　　　　（2）　自賠責保険実務における過失相殺　*124*
　　　　（3）　被害者が幼児の場合の過失相殺　*124*
　　　　（4）　最近の裁判例の傾向　*129*
　　3　高齢者の素因減額　*130*
　　　　（1）　素因の意義：判例法理　*130*
　　　　（2）　判例法理の検討　*132*
　　　　（3）　高齢者の事例　*134*
　　4　交通事故と高齢者の認知症　*137*
　　　　（1）　交通事故と認知症との因果関係　*137*
　　　　（2）　後遺障害と認知症　*138*
　　5　結語　*139*

第7章　高齢被害者の補償と過失相殺のあり方
　　　　――フランスの法制度を参考に　*141*

　　　　　　　　　　　　　　　　　　　　　　　　山野　嘉朗

　　1　問題の所在　*141*
　　　　（1）　交通事故と過失相殺　*141*
　　　　（2）　高齢被害者と過失相殺　*143*
　　2　過失相殺と保険実務　*144*
　　　　（1）　保険実務　*144*
　　　　（2）　判タ基準　*145*

3　高齢被害者に対する過失相殺適用の現状　*148*
　　　（1）　近時の裁判例（平成20年以降）　*148*
　　　（2）　裁判例の分析　*159*
　　4　フランス交通事故法（1985年7月5日法）と過失相殺　*160*
　　　（1）　立法趣旨　*161*
　　　（2）　基本構造　*161*
　　　（3）　交通事故法の保護を受ける人身事故被害者　*163*
　　　（4）　フランスにおける交通事故法の今日的評価　*163*
　　5　高齢者に対する過失相殺制度のあり方　*164*
　　　（1）　公平概念の再検討　*164*
　　　（2）　高齢被害者に対する実務改善または
　　　　　　立法措置の必要性の是非　*165*

第8章　高齢者の交通事故予防と保険料割引制度
　　　──アメリカの諸制度を参考に　*169*

福田　弥夫

　　1　はじめに　*169*
　　2　アメリカにおける高齢者と交通事故の実態　*170*
　　　（1）　アメリカの交通事故実態　*170*
　　　（2）　アメリカの高齢者の増加と交通事故の予測　*170*
　　　（3）　アメリカの高齢者の事故実態　*174*
　　3　アメリカの自動車保険制度と高齢者　*177*
　　　（1）　アメリカの自動車保険制度　*177*
　　　（2）　アメリカにおける自動車保険料の高齢者割引制度の概要　*180*
　　　（3）　各州における高齢者に対する保険料割引の規定　*181*
　　4　高齢者の運転免許更新と交通事故予防講習　*188*
　　　（1）　高齢者の運転免許更新制度　*188*
　　　（2）　高齢者を対象とした交通事故予防講習　*189*
　　5　ミシガン州の新たな動き　*192*
　　　（1）　ミシガン州のノーフォルト保険　*192*
　　　（2）　ミシガン州の法案HB4959　*193*
　　6　今後の日本の方向性──むすびにかえて　*195*

第9章　高齢者の交通事故と高齢者福祉　*199*

堀田　一吉

1　はじめに　*199*
2　高齢者の行動特性と交通事故　*200*
　（1）　高齢者の交通事故と素因　*200*
　（2）　高齢者の交通事故と認識問題　*201*
3　人身損害補償システムと保険制度　*204*
　（1）　交通事故における抑止と補償　*204*
　（2）　自動車保険における補償と救済　*205*
　（3）　人身損害補償システムにおける自動車保険の役割　*206*
　（4）　保険の社会化と補償システム　*209*
4　高齢社会の進行と保険業への影響　*210*
　（1）　高齢社会の進行と保険コストの増大　*210*
　（2）　事故費用と保険料負担　*213*
　（3）　保険会社の経営戦略と高齢者対応　*214*
5　高齢者福祉と補償対策　*216*
　（1）　高齢者福祉と交通政策の関係性　*216*
　（2）　高齢者の交通事故対策と交通政策　*218*
　（3）　高齢者福祉と交通政策　*220*
6　おわりに　*223*

索引　　*227*

執筆者紹介

堀田 一吉（ほった　かずよし）第9章執筆・編者
　　慶應義塾大学商学部教授

山野 嘉朗（やまの　よしろう）第7章執筆・編者
　　愛知学院大学法学部教授

江澤 雅彦（えざわ　まさひこ）第1章執筆
　　早稲田大学商学学術院教授

大坪 護（おおつぼ　まもる）第2章執筆
　　一般社団法人日本損害保険協会　業務企画部長

北村 憲康（きたむら　のりやす）第3章執筆
　　東京海上日動リスクコンサルティング株式会社　主席研究員，
　　慶應義塾大学大学院システムデザイン・マネジメント研究科特任准教授

加瀬 幸喜（かせ　こうき）第4章執筆
　　大東文化大学法学部教授

竹井 直樹（たけい　なおき）第5章執筆
　　一般社団法人日本損害保険協会　生活サービス部
　　シニアマネージャー

甘利 公人（あまり　きみと）第6章執筆
　　上智大学法学部教授，弁護士

福田 弥夫（ふくだ　やすお）第8章執筆
　　日本大学法学部教授

高齢者の交通事故と補償問題

第1章　高齢社会と交通事故

江澤　雅彦

1　はじめに

本章は本書の序章として，わが国の高齢化の状況の過去・現在・未来を素描し，そうした社会状況のなかで交通事故がどのような問題を引き起こしているかを検討する。そして，具体的には，高齢者が「交通弱者」になっている実態を確認し，その諸対策について考察する。

2　高齢社会の現状と将来

（1）現状

わが国の総人口は，2013（平成25）年10月1日現在，1億2,730万人と，2011年から3年連続の減少となっている。

65歳以上のいわゆる高齢者人口は，過去最高の3,190万人（前年3,079万人）となり，総人口に占める割合（高齢化率）も25.1％（前年24.1％）と過去最高水準となった。

高齢者人口を男女別に見ると，男性1,370万人，女性1,820万人で，男女の人数比は，ほぼ3対4となっている。また高齢者のうち，「65〜74歳人口」は1,630万人で，総人口に占める割合は12.8％，「75歳以上人口」は1,560

図1-1 高齢者人口の対前年増加数の推移

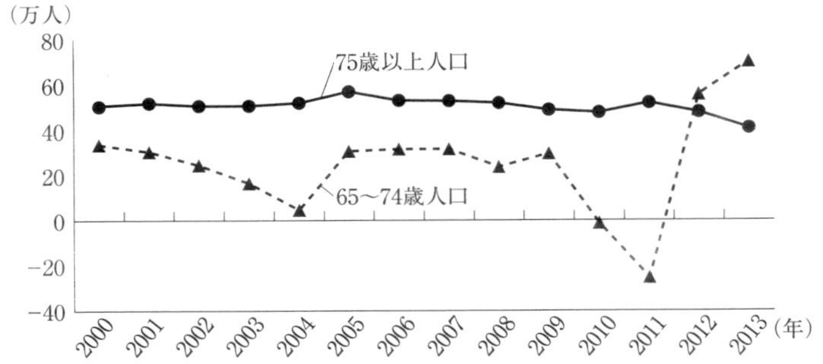

出所：総務省「国勢調査」「人口推計」（各年10月1日現在）より内閣府作成。

万人で総人口に占める割合は12.3％である。

　2012年以降、「65〜74歳人口」が大幅に増加している。いわゆる「団塊の世代」（1947（昭和22）年から1949年に生まれた者）が65歳になり始めたためである。すなわち、「65〜74歳人口」は、2010年から2011年が13万人の減少、2011年から2012年が56万人の増加、2012年から2013年が70万人の増加となっている（図1-1）。

　わが国の高齢者人口は、1950年には総人口の5％に満たなかったが、1970に7％を超え（国際連合の報告書において「高齢化社会」と定義された水準）、さらに1994年にはその2倍の水準である14％を超えた（一般に「高齢社会」と呼ばれる）。その後、高齢化率は上昇を続け、上述のとおり直近では25.1％に達した。

（2）将来推計人口で見る今後のトレンド

　将来推計人口とは、出生、死亡および国際人口移動について仮定を設け、わが国の将来の人口規模ならびに年齢構成等の人口構造の推移について推計したものである。以下は、2012年1月に国立社会保障・人口問題研究所が公表した「日本の将来推計人口」における出生中位・死亡中位推計の結果である。

　第1に、わが国の総人口は、今後長期の減少過程に入り、2026年に人口1

億2,000万人を下回った後も減少を続け，2048年には1億人を割って9,913万人となり，2060年には8,674万人になると推計されている。

第2に，わが国の高齢者人口は今後，「団塊の世代」が65歳以上となる2015年には3,395万人となり，「団塊の世代」が75歳以上となる2025年には3,657万人に達すると見込まれている。その後も高齢者人口は増加を続け，2042年に3,878万人でピークを迎え，その後は減少に転じると推計されている。

第3に，総人口が減少するなかで高齢者が増加することにより高齢化率自体が上昇を続け，上述のとおり2013年には高齢化率が25.1％で4人に1人となり，2035年に33.4％で3人に1人となる。2042年以降は高齢者人口が減少に転じても高齢化率は上昇を続け，2060年には39.9％に達して，国民の約2.5人に1人が65歳以上の高齢者となる社会が到来すると推計されている。総人口に占める75歳以上人口の割合も上昇を続け，いわゆる「団塊ジュニア」（1971～1974年に生まれた人）が75歳以上となった後に，2060年には26.9％となり，4人に1人が75歳以上の高齢者となると推計されている。

第4に，出生数は減少を続け，2060年には48万人になると推計されている。この減少傾向により，年少人口（0～14歳）は2046年に1,000万人を割り，2060年には791万人と，現在の半分以下になると推計されている。そして出生数の減少は，生産年齢人口（15～64歳）にまで影響を及ぼし，2013年に8,000万人を割った後，2060年には4,418万人となると推計されている。

第5に，65歳以上の高齢者人口と15～64歳の生産年齢人口の比率を見ると，1950年には1人の高齢人口に対して12.1人の15～64歳人口が存在したのに対して，2012年には高齢者1人に対して現役世代2.6人となっている。今後，高齢化率が上昇を続け，現役世代の割合が低下すれば，2060年には，1人の高齢者に対して1.3人の現役世代の比率となる。

第6に，わが国の平均寿命は，2012年現在，男性79.94年，女性86.41年と，前年に比べ男性は0.50年，女性は0.51年上回った。今後，男女とも延びて，2060年には，男性84.19年，女性90.93年となり，女性の平均寿命は90年を超えると見込まれている。

3　高齢化の要因

　高齢化率は，全人口に占める高齢者の比率で表されるため，上述のような高齢化の要因は，分子，すなわち高齢者数の増加と，分母，すなわち総人口とりわけ若年人口の減少に分解することができる。

（1）高齢者の数の増加＝死亡率の低下に伴う平均寿命の延伸

　戦後，わが国の死亡率（人口1,000人あたりの死亡数）は，医療技術の進歩，食生活の改善，公衆衛生の向上等により，乳幼児や青年の死亡率が大幅に低下したため，1947年の14.6から約15年で半減し，1963年に7.0になった。その後はなだらかな低下を続け，1979年には6.0と最低を記録した。

　その後，近年の死亡率は上昇傾向にあり，2012年は10.0（死亡数は125万6,359人）となっており，2013年は推計で10.1程度になるものと見込まれている。近時，この死亡率の上昇傾向は，高齢化の進展により，他の年齢階層と比べて死亡率が高い高齢者の占める割合が増加したことによるものであり，人口の年齢構成に変化がないと仮定した場合の死亡率は依然として低下傾向にある。65歳以上の高齢者の死亡率は，戦後低下傾向が続いており，1950年の71.5から，1980年には47.4，2012年には35.5となっている。

（2）少子化の進行による若年人口の減少

　わが国の戦後の出生状況の推移を見ると，出生数は，第1次ベビーブーム（1947～1949年の間の出生数805万7,054人），第2次ベビーブーム（1971～1974年の間の出生数816万1,627人）の2つのピークの後は減少傾向にある。2012年の出生数は103万7,231人，出生率（人口1,000人あたりの出生数）は8.2となり，出生数および出生率はともに前年比で下回った。

　また，合計特殊出生率（その年次の15歳から49歳までの女性の年齢別出生率を合計したもので，1人の女性が仮にその年次の年齢別出生率で一生の間に産むとしたときの子ども数に相当する）は，第1次ベビーブーム以降急速に低下し，1956年に2.22となった後，しばらくは人口置換水準（人口を長期的に

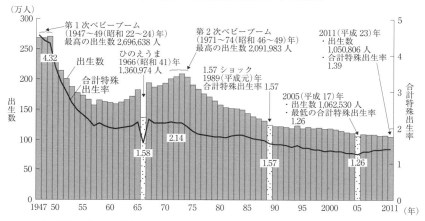

図 1-2　出生数および合計特殊出生率の年次推移

出所：厚生労働省「人口動態統計」。

維持するために必要な水準で 2.1 程度）前後で推移してきたが，1966 年「ひのえうま」の影響で 1.58 と一時的に「底」を経験した。その後，第 2 次ベビーブームで 2.14 まで上昇したが，1989 年には 1.57 と「ひのえうま」の年を下回った。いわゆる「1.57 ショック」である。90 年代に入り，「少子化」が社会・経済問題として浮上し，その後も低下傾向は続き，2005 年には 1.26 と過去最低を記録したが，2012 年は 1.41 となっている（図 1-2）。

先進諸国の高齢化率と比較すると，わが国は 1980 年代までは下位，90 年代にはほぼ中位であったが，2005 年には最高水準となり，世界のどの国もこれまで経験したことのない高齢社会を迎えている。

また，高齢化の速度について，高齢化率が 7％ を超えてからその倍の 14％ に達するまでの所要年数（倍化年数）によって比較すると，フランスが 126 年，スウェーデンが 85 年，比較的短いドイツが 40 年，イギリスが 46 年であるのに対し，わが国は，1970 年に 7％ を超えると，その 24 年後の 1994 年には 14％ に達している。わが国の高齢化のスピードは世界に例を見ない速度で進んでいる。

4　高齢社会における交通事故

　以上，わが国の高齢化について，その現状と将来に向けての推計，さらにその要因について述べてきた。次に，このように深刻化するわが国の高齢化と交通事故の関連性について検討する。

（1）わが国の交通事故の推移と高齢者の被害
　我が国の交通事故による死亡者数全体は，「交通戦争」と言われた1970年に1万6,765人とピークを迎え，その後は減少した。そして1976年以降，1万人を割り込んでいる。その後再び増加傾向に転じ，1988年から8年連続で1万人を超過した。1996年の死亡者は9,942人（その後，1人増加と訂正）で，2012年の4,411人までほぼ一貫して減っている。罰則や取り締まりの強化，医療体制の充実，若者の車離れ，また，シートベルト着用率の高さや，ブレーキ技術の改良など自動車の性能向上等，さまざまな要因を挙げることができる[1]。

　他方，交通事故による高齢者の死者数は，高齢者人口の増加等に伴って，1975年頃から増加傾向を示し，1993年には若者を上回り，年齢層別で最多となった。その後，1995年（3,241人）をピークにおおむね横ばいで推移し，2002年以降毎年減少している。しかしながら，過去10年間の推移を見ると，15歳以下の者（2002年の0.35倍），16〜24歳の者（同0.29倍），25〜29歳の者（同0.29倍）等，他の年齢層の減少率と比較して，高齢者（同0.72倍）の減少幅は小さくなっている。こうしたことから，死者数全体に占める高齢者の割合は年々増加し，2003年に初めて4割を超え，2012年には上述の高齢化率24.1％の2倍を超える51.3％に至っている（図1-3）。

　死傷者数を年齢層別・被害程度別に見ると，高齢者の占める割合は，軽傷者では12.5％であるのに対して，重傷者では32.5％，死者では51.3％となっており，被害程度が深刻になるほど高齢者の占める割合が高くなってい

---

1) 「交通事故死者　減らすには」『日本経済新聞』2013年8月31日夕刊。

図 1-3　年齢層別死者数の推移（1970〜2012 年）

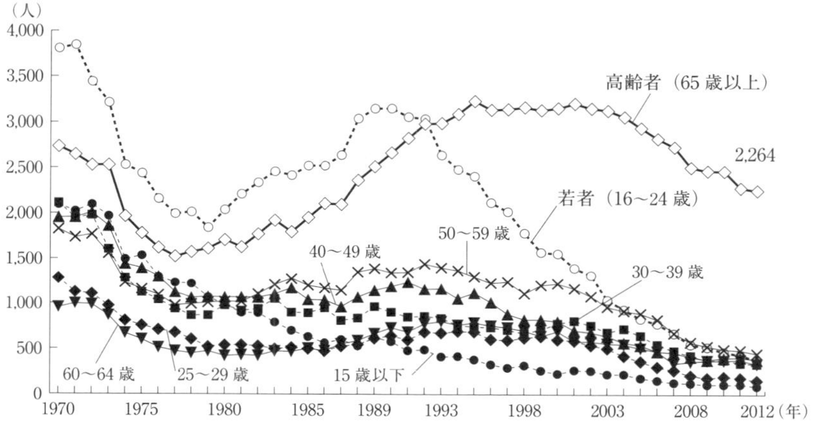

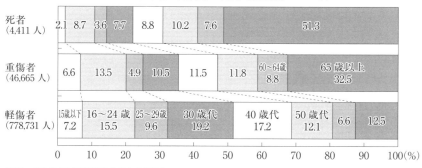

（人）
4,000
3,500
3,000
2,500
2,000
1,500
1,000
500
0
1970
1975
1980
1985
1989
1993
1998
2003
2008
2012（年）
高齢者（65 歳以上）
2,264
若者（16〜24 歳）
50〜59 歳
40〜49 歳
30〜39 歳
60〜64 歳
25〜29 歳
15 歳以下

出所：『平成 25 年版警察白書』143 頁。

図 1-4　年齢別死傷者数の状況（構成比，2012 年）

死者
（4,411 人）
2.1
8.7
3.6
7.7
8.8
10.2
7.6
51.3
重傷者
（46,665 人）
6.6
13.5
4.9
10.5
11.5
11.8
60〜64歳
8.8
65 歳以上
32.5
軽傷者
（778,731 人）
15歳以下
7.2
16〜24 歳
15.5
25〜29歳
9.6
30 歳代
19.2
40 歳代
17.2
50 歳代
12.1
6.6
12.5
0
10
20
30
40
50
60
70
80
90
100（%）

出所：『平成 25 年版警察白書』143 頁。

る（図 1-4）。

全体の死者数が減るなかで高齢者の割合が高まっているのは，①高齢者人口の増大，②事故に遭って死亡する「致死率」が高いことが理由とされる。致死率とは，死者数を，けが人を含む死傷者数で除した数字である。たとえば 2013 年 1〜11 月において，65 歳未満は 0.3% だが，65 歳以上は 1.99% と約 6.6 倍の開きがある[2)]。

また，2012 年中の高齢者の死者数を状態別に見ると，歩行中が最も多く

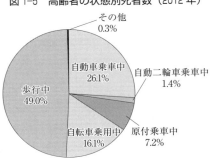

図1-5 高齢者の状態別死者数（2012年）

出所：『平成25年版警察白書』143頁。

半数近く（49.0％）を占めており，自転車乗用中（16.1％）と合わせると，高齢者の死者数の約3分の2を占める（図1-5）。

（2）直近の状況

以下，さらに直近の状況を2014（平成26）年版『交通安全白書』により確認する。

2013年中の交通事故発生件数は62万9,021件で，これによる死者数は4,373人，負傷者数は78万1,494人であった（死傷者数は78万5,867人）。

前年と比べると，発生件数は3万6,117件（5.4％），死者数は38人（0.9％），負傷者数は4万3,902人（5.3％）減少した（死傷者数は4万3,940人（5.3％）減少）。

交通事故による死者数は13年連続で減少となり，ピーク時（1970年）の1万6,765人の3割以下となり，交通事故発生件数および負傷者数も9年連続で減少した。

他方で，高齢者の交通事故死者数の前年比減少率はわずかにとどまり，高齢者の死者数は2,303人と全体の52.7％を占め，警察庁に記録が残る1967年以降最も高い割合である。高齢者の死者のうち歩行中がほぼ半数の48.5％を占め，「自動車乗車中」（26.6％），「自転車乗用中」（16.4％）と続いた。

2）「交通事故死者13年連続減　高齢者12年ぶり増」『日本経済新聞』2014年1月6日夕刊。

要するに，高齢者の総人口に占める割合は，「4人に1人」であるが，交通事故死者数で見ると「2人に1人」を高齢者が占め，高齢者の交通事故死亡は，半分のケースが歩行者として，4分の1のケースが自動車運転者，次いで自転車乗用者として引き起こされているのである。

　今後わが国の高齢化がさらに進むことを前提とすれば，高齢者の交通事故対策により一層積極的に取り組んでいく必要があり，その対策構築にあたっては，「高齢の歩行者・自転車乗用者」，「高齢の自動車運転者」と高齢者の属性を分ける必要がある。

　以下ではこうした観点に立った対策の具体事例を取り上げることとする。

5　高齢者をめぐる交通事故対策

（1）高齢歩行者および高齢自転車乗用者の事故防止対策

　2012年中の高齢者の死者数のうち，歩行中・自転車乗用中の死者の約8割は運転免許を保有していなかった。警察では，こうした運転免許非保有者等，特に交通安全教育を受ける機会が少ない高齢者歩行者および高齢自転車乗用者に道路の安全な通行方法等を理解させるため，平素から高齢者と接する機会の多い民生委員等の福祉関係者をはじめ地域の関係機関・団体等と協力して，家庭訪問による個別指導や高齢者が日常的に利用する機会の多い医療機関や福祉施設等における広報・啓発活動を行っている。

　また，2012年中の歩行者・自転車乗用者の死者数を自宅からの距離別に見ると，他の年齢層と比較して，高齢者は居住地の近くで発生する交通事故により死亡することが多いことがわかる。図1-6によれば，高齢者の6割近くが自宅から500メートル以内の場所で死亡しているのに対し，高齢者以外のその割合は3割強にすぎない。こうした状況下，警察および地域の関係機関・団体は，居住する地域における交通事故等の身近な実例を挙げた交通指導を行っている。

　さらに，2012年中の高齢者の歩行中の時間帯別死者数を見ると，高齢者以外の歩行中の時間帯別死者数に比べて，17時から20時にかけて特に多い

図 1-6　歩行者・自転車乗用者の死者数の自宅からの距離別割合（2012 年）

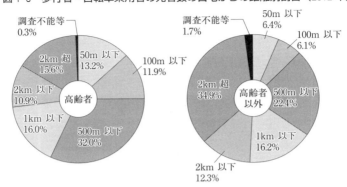

出所：『平成 25 年版警察白書』144 頁。

という特徴が認められている。そこで，交通事故の多い薄暮の時間帯における高齢者の保護・誘導活動，明るく目立つ色の衣服の着用や反射材用品等の普及促進といった，地域密着を志向した交通安全活動が展開されている。

また，加齢に伴う身体機能の変化が歩行者または自転車乗用者としての交通行動に及ぼす影響や，交通ルールの順守と正しい交通マナーの実践の必要性への理解を促進するため，各種教育用器材を積極的に活用した参加・体験・実践型の交通安全教育が展開されている[3]。

（2）高齢自動車運転者の事故防止対策

警察庁によると，2012 年のバイクや自動車による死亡事故は 3,909 件発生している。65 歳以上の高齢者による事故が 897 件で 2 割を超え，中でも 75 歳以上は 460 件と多く，2002 年の 398 件から増加傾向にある。その背景には，運転免許証を持つ高齢者の増加がある。2012 年末の 65 歳以上の保有者は 1,421 万人で，10 年間で約 1.7 倍に増えた[4]。

5 年に 1 度行われる内閣府の「平成 21 年度　高齢者の日常生活に関する

---

[3]　具体例として，富山県警察による「高齢者を対象とした家庭訪問による個別指導」，新潟県警察による「シルバーナイトスクールの実施」，広島県警察による「高齢者を対象とした自転車大会の実施」等がある（『平成 25 年版　警察白書』143 頁）。
[4]　「65 歳以上の運転　死亡事故の 2 割超」『朝日新聞』2013 年 11 月 5 日夕刊。

図1-7 高齢者の主な外出手段

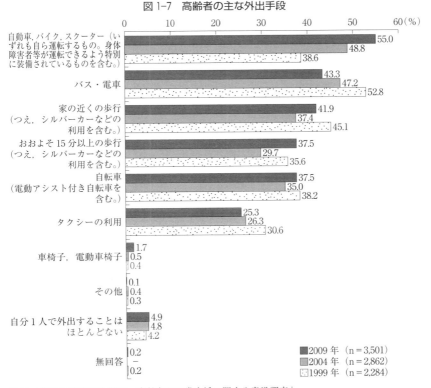

出所：内閣府「平成21年度　高齢者の日常生活に関する意識調査」。

意識調査」[5]によると，高齢者の外出の主な移動手段について，1999年には「バス・電車」が「自動車，バイク，スクーター等」よりも高い割合（それぞれ，52.8％と38.6％）であったが，2004年にはその割合が逆転し（同じく47.2％と48.8％），2009年にはその差が拡大している（同じく43.3％と55.0％）ことがわかった（図1-7）。

なお同調査によれば，「自動車，バイク，スクーター等」は，「バス・電車」に比べて，都市規模別では規模が小さいほど，性別では男性，年齢階級別では年齢が低いほど，また健康状態別では健康状態が良い人ほどその割合が高

---

5)　調査対象者は，「全国の60歳以上の男女」，調査方法は，「調査員による面接聴取法」である。

くなっている。

　上述のとおり，いわゆる高齢運転者は，今後も増加することが予想されるが，増え続ける高齢者を自動車事故加害者にしないための防止策として現在採られているものを以下に紹介する。

1) 高齢運転者に対する教育

　現在，更新期間が満了する日における年齢が70歳以上の者は，運転免許証を更新する際，高齢者講習の受講が義務付けられている。この講習では，安全運転に必要な知識等に関する講義のほか，自動車等の運転指導や運転適性検査器材（視覚を通じた刺激に対する反応の速度および正確性を検査する器材，動体視力検査器，夜間視力検査器および視野検査器）による指導等を通じ，受講者に自らの身体機能の変化を自覚させるとともに，その結果に基づいた安全な運転の方法について具体的な指導を行うこととしている。2012年において201万4,559人が受講した。

　また，更新期間が満了する日における年齢が75歳以上の者は，運転免許証の更新期間が満了する日以前6カ月以内に講習予備検査（認知機能検査）を受けることが義務付けられている。この検査は，高齢運転者に対して，自己の記憶力・判断力の状況を自覚してもらい，引き続き安全運転を継続することができるよう支援することを目的としており，検査の結果に応じた高齢者講習を受講することとされている。2012年における講習予備検査（認知機能検査）の受検者数は133万1,787人であった。

2) 申請による運転免許の取消し（運転免許証の自主返納）

　身体機能の低下等を理由に自動車等の運転をやめる際には，運転免許の取消しを申請して運転免許証を返納することができるが，その場合には，申請により運転経歴証明書の交付を受けることができる。運転免許証が果たしていた身分証明書としての機能を代替するものを，都道府県公安委員会が交付することにより，自動車等の運転に不安を有する高齢者等に対して，自主的な運転免許証の返納を促すためのものである。

　免許を自主的に返納した高齢者は2012年，過去最多の約11万7,000人に

のぼった。警察庁は同年4月，返納した人に対する「運転経歴証明書」の有効期間を，発行後半年から生涯有効とした。「免許証を返納すると身分証がなくなり不便」という声に応えたものである。

3) 医師による「任意届出制度」

加齢に伴って自動車の運転に必要な認知機能は少しずつ低下するが，大きな問題は，実際に運転している高齢者のなかに深刻な認知症の人が混在していることである。運転免許保有数と一般人口における認知症の有病率とを勘案すると，認知症ドライバーは少なくとも30万人はいると推定される。

道路交通法は，認知症と診断されたら運転免許証の取得や更新はできないと定めており（同法103条），上述のとおり75歳以上で免許を更新する際は，講習予備検査（認知機能検査）が義務付けられている。検査で認知機能の低下が疑われると，専門医の診察を受け，認知症と確定した場合免許は取り消される仕組みが採られている。

こうしたなか，認知症等に関わる道路交通法の一部がさらに改正され，2014年6月1日から施行された（同法第101条の6）。特に議論を呼んでいるのが医師による「任意届出制度」である。すなわち，認知症と診断した患者が運転しているとわかった場合，医師は公安委員会に届け出ができることとなった。

これは高速道路の逆走などの重大事故を未然に防ぐ可能性がある半面，治療継続や医師・患者関係への影響が生じる恐れもあり，慎重な対応が求められる。そこで将来的には単に病名だけで運転の可否を決めるのではなく，医師や作業療法士，臨床心理士，さらに教習所指導員等の専門チームが，総合的に運転の安全性を評価するシステムを早急に作るべきとの指摘がなされている[6]。

（3）コンパクトシティーの取り組み

以上は，高齢者をめぐる交通事故対策として直接的であり，交通教育の不

---

6) 三村将「医師の目　高齢ドライバー安全に」『日本経済新聞』2014年6月15日夕刊．

足，高齢者としての体力，知覚能力の低下等を意識したうえで，展開されるものである。高齢者は，その他の世代の者と比較したとき，歩行者あるいは自動車運転者として，「交通弱者」であるという配慮のもと，こうした諸制度を構築することが要請されている。

ここで，高齢者の生活ぶりに目を転じてみると，そこには，「子どもとの同居の減少」，あるいは「一人暮らし高齢者の増加」といった状況が見えてくる。

すなわち，65歳以上の高齢者について子どもとの同居率を見ると，1980年にほぼ7割であったものが，1999年に50％を割り，2011年には42.2％となっており，子どもとの同居の割合は大幅に減少している。一人暮らしまたは夫婦のみの世帯については，ともに大幅に増加しており，1980年には合わせて3割弱であったものが，2004年には過半数を超え，2011年には合わせて54.0％まで増加している。

また，65歳以上の一人暮らし高齢者の増加は男女ともに顕著であり，1980年には男性約19万人，女性約69万人，高齢者人口に占める割合は男性4.3％，女性11.2％であったが，2010年には男性約139万人，女性約341万人，高齢者人口に占める割合は男性11.1％，女性20.3％となっている。

「独居老人」の増加という全国的な傾向のなかで，特に中山間地域や地方都市では，移動手段を持たないという意味での多数の「交通弱者」の発生が懸念されている。高齢者が快適な生活を送るために，地域の中心部に住宅や商業施設や集める「コンパクトシティー」[7]の積極的創設が求められるところである。こうした取り組みも，交通政策としての広義の高齢者交通事故対策と言えよう。

---

7) 「中心市街地活性化基本計画（人口減少・超高齢社会に対応するため，都市機能の拡散に歯止めをかけ，住宅や商業施設，病院，公共施設を，アクセスしやすい中心市街地に集約する計画）」に基づいて創設されるもの。この計画は自治体が策定し，国に認定されると，交付金や税の特例などの支援を受けられる。認定第1号は2007（平成19）年2月の青森，富山両市である。認定を受けた自治体は119にのぼる（「コンパクトシティー試み広がる」『朝日新聞』2014年5月25日）。

6　むすびにかえて——次章以下の紹介

　わが国では，長寿化と少子化という2つの要素が相まって世界的な速度で高齢化が進展している。一方，交通事故は，1970年代，「交通戦争」が大きく社会問題化した時代に比べれば，大幅に件数，死者数，負傷者数は減少している。ただ，高齢者の「致死率の高さ」から，特に交通事故死亡者全体における高齢者の割合は，「高齢化率」の倍以上という実態が明らかとなった。

　そこで本章では，高齢者の交通事故対策を，「高齢の歩行者・自転車乗用者」，「高齢の自動車運転者」という属性に分けて現在行われている事例を取り上げ，またこれから整備すべき体制等について検討した。

　以下では，序章である本章のむすびにかえて，第2章以下の内容について触れておきたい。

　第2章「高齢者の自動車事故の特徴（日本損害保険協会　大坪護）」では、事故統計を中心に、高齢者の行動特性を踏まえて自動車事故の特徴を整理する。歩行者・自転車乗車中の被害者と第一当事者の加害者との両面から、交通事故の原因と実態を描写する。

　第3章「高齢者の交通事故をめぐる対策と課題（東京海上日動リスクコンサルティング　北村憲康）」では、政府による交通事故対策のこれまでの推移をたどりつつ、今後の中心的問題になると考えられる高齢者の交通事故対策の現状と課題について論じる。

　第4章「高齢者の交通事故と賠償法理——損害賠償の基礎理論および社会保険との調整（大東文化大学　加瀬幸喜）」では、高齢者による交通事故増加という背景のもとで、被害者救済の観点から、社会保険給付と損害賠償法理との交錯を取り上げる。高齢社会における交通事故の補償問題をめぐって公私の法的関係性についての論点を整理し、基本的な考えを示す。

　第5章「高齢者の交通事故と自動車保険——任意自動車保険の現代的課題（日本損害保険協会　竹井直樹）」では、任意自動車保険における現代的課題を論じる。近年、任意自動車保険の収支が悪化しているが、その要因に高齢化があるとされている。そこで、高齢者に対する自動車保険の制度改正に重点

を置いた課題を取り上げる。

　第6章「高齢者の交通事故と過失相殺・素因減額――自賠責保険制度を踏まえて（上智大学　甘利公人）」では、高齢被害者に高度後遺障害が多い実態を踏まえて、自賠責保険の観点から高齢者問題を取り上げる。とくに、高齢者事故に関わる過失相殺を中心に議論をすることで、高齢者事故の特異性を浮き彫りにする。

　第7章「高齢被害者の補償と過失相殺のあり方――フランスの法制度を参考に（愛知学院大学　山野嘉朗）」では、フランスにおける高齢被害者に対する法制度の現状と課題を取り上げる。交通事故における過失相殺の問題はフランスでも重要な課題となっており、どこまで高齢者への責任追及を緩和すべきか大きな論点となっている。この点で先進的な制度を採用しているフランスの事情を考察し、日本との比較検討を交えつつ日本への示唆を与える。

　第8章「高齢者の交通事故予防と保険料割引制度――アメリカの諸制度を参考に（日本大学　福田弥夫）」では、日本以上の自動車社会で、かつまた高齢者の交通事故が深刻な問題となっているアメリカを取り上げる。とりわけ、同国の多くの州で採用されているノーフォルト保険ならびに保険料割引制度を通じた交通事故予防対策という点から、高齢社会の自動車保険のあり方を考える。

　第9章「高齢者の交通事故と高齢者福祉（慶應義塾大学　堀田一吉）」では、本書の終章として、高齢者のための交通政策は、事故対策と補償対策のみならず、高齢者の福祉政策の中でとらえなければならないことを主張する。とくに、社会全体として高齢者との共生社会を実現するうえで、保険制度が何を担うべきか、他の社会制度との関係性を意識しながら考察を行う。

【参考文献】
秋山哲男編（1993）『高齢者の住まいと交通』日本評論社
国家公安委員会・警察庁（2013）『平成25年版　警察白書』
厚生労働省『厚生労働白書』各年版
玉城英彦（2011）「高齢者の交通事故」『公衆衛生』第75巻第8号, 611-617頁
内閣府『高齢社会白書』各年版

第2章　高齢者の自動車事故の特徴

大坪　護

1　はじめに

　高齢者と交通事故というキーワードには，高齢者が被害者となる場合と加害者となる場合の双方が含まれている。損害保険に関しても，高齢ドライバーのリスクをどう評価すべきかという課題と，高齢被害者の損害賠償をどう考えるべきかという両側面の課題がある。

2　高齢者と交通事故

（1）高齢者の特性
　一般的に見れば，高齢となれば身体的・運動機能的に衰えていくことは明らかである。わかりやすいものは歩行速度が遅くなる，視力が低下するなど自覚症状として表れる機能であろうが，他方で心理状態や考え方など，表面的にはわかりにくい特性もあるようだ。
　高齢者の特性については種々研究されているところだが，道路交通との関係から整理すると次のとおりとなろう（図2-1）。

図 2-1　高齢運転者の特性

(1) 身体的特性	(2) 心理的特性
①視力の低下 ②聴力の低下 ③反射的反応動作の遅れ ④体力と衝撃耐性の低下 ⑤疲労回復力の低下 ⑥注意力の配分や集中力の低下	①複雑な情報を同時に処理することが難しい ②運転が自分本位になり，相手に甘えがち
(3) 運転的特性	(4) 社会的特性
①過去の経験にとらわれる ②意識と行動のミスマッチ ③「慣れ」と「だろう運転」 ④小さい車に乗り換えることで，身体機能の低下はカバーできると考えている ⑤高齢者の個人差	①コミュニケーション能力の低下 ②生活構造の違いからくる特性 ③世代の特性からくる特性

出所：鈴木（2011）より作成。

① 身体的特性
　・運動機能：反射・反応機能の低下，動作速度の低下，筋力・持久力の低下
　・感覚機能：視力（動体視力，視野，調整力，羞明，暗順応）の低下，聴力（高音域）の低下
② 心理的特性
　・記憶力の低下，環境順応性・柔軟性の低下，学習能力の低下

　さらに，これら特性の程度は個人差が大きいこと自体が高齢者の特性の1つに挙げられている。たとえば，周囲を見渡してみても，同年齢の2人がいた場合，若い頃とまったく変化がなく日常生活にも支障をきたしていないAさんがいれば，すでに加齢により歩行が困難というように，運動能力が大きく低下しているBさんもいる。仮に両者が同様に自動車を運転していた場合，はたして両者を同年齢ということを理由としてリスクも同様であると言えるのだろうかという疑問が生じる。したがって，保険と高齢者の関係を検討するにあたっては，この「個人差」という特性は無視できない。

表2-1 （年齢層別・状態別死者数の推移（各年12月末））

年齢層別・状態別		2002	2003	2004	2005	2006	2007	2008	2009	2010	2011	2012	構成率
65歳以上	自動車乗車中	696	717	722	712	683	620	591	605	597	574	591	26.1
	自動二輪車乗車中	82	61	61	59	55	57	45	45	45	42	31	1.4
	原付乗車中	285	240	264	276	242	213	198	159	175	156	162	7.2
	自転車乗用中	579	613	515	511	480	496	473	453	412	379	364	16.1
	歩行中	1,512	1,502	1,503	1,386	1,367	1,349	1,198	1,206	1,241	1,132	1,109	49.0
	その他	9	7	6	7	7	7	12	11	6	8	7	0.3
	小計	3,163	3,140	3,071	2,951	2,834	2,742	2,517	2,479	2,476	2,291	2,264	100.0
合計	自動車乗車中	3,463	3,056	2,945	2,741	2,382	2,030	1,724	1,627	1,625	1,465	1,417	32.1
	自動二輪車乗車中	777	727	675	604	595	561	568	527	516	515	460	10.4
	原付乗車中	726	632	648	583	526	474	423	363	362	336	328	7.4
	自転車乗用中	997	980	866	851	821	749	726	709	665	635	563	12.8
	歩行中	2,416	2,357	2,273	2,133	2,067	1,956	1,739	1,726	1,736	1,702	1,634	37.0
	その他	17	16	18	15	12	12	17	16	18	10	9	0.2
	計	8,396	7,768	7,425	6,927	6,403	5,782	5,197	4,968	4,922	4,663	4,411	100.0

出所：警察庁「平成24年中の交通事故の発生状況」。

（2）被害者としての高齢者

　2012（平成24）年の交通事故死者数4,411名中，65歳以上の高齢者は2,264名と死者の過半数となる51.7％を占めている（表2-1）。2012年度の『交通安全白書』によれば，欧米諸国における交通事故死亡者に占める65歳以上の高齢者の割合は，16％から25％とわが国の半数以下である。わが国の高齢化率は23.0％（2010年）と若干高いものの，ドイツ，イタリアでは20.4％，フランス16.8％，イギリス16.6％であり，交通事故死亡者ほどの乖離はない。さらに，動態的に見ると，10年前の2002年では，交通事故死者数8,396名中，65歳以上は3,163名で37.6％であったことから，この10年間で，高齢死亡者が飛躍的に増加していることもうかがわれる。

　さらに，こうした高齢者が遭遇する交通事故の態様については，65歳以上の交通事故死亡者は，その49％が歩行中の事故という結果が示されてい

る。すなわち，日本における交通死亡事故の概観を表現すると，高齢者が歩行中に亡くなる事故が大半を占めると言える。

　高齢者が事故につながりやすい要因はいくつもあろうが，まず上記の身体的特性を見れば，運動機能の低下が挙げられる。たとえば，交差点を渡れると判断したにもかかわらず，青信号の時間が短くて渡りきれなかった。横断禁止道路であれば，思ったよりも自動車の速度が速くて渡りきれなかったなど，歩行速度の低下や，反射機能の低下が事故原因として考えられる。また，交差点の信号無視であれば，信号が見えなかったといった視力低下も原因として挙げられる。

　さらに，「自動車は走ってこないだろう」とか「いつも歩いている道路だから」という「慣れ」も事故原因になる[1]。高齢者には，環境の変化に順応できず過去の記憶に基づき行動するという特性がある。したがって，いつも歩いている道路であれば，たとえ赤信号で渡ったとしても，事故に遭うはずはないと思い込んでしまうのである。高齢者は行動範囲も狭く，歩行箇所も居住地近辺に限られることから，そうした慣れた道を歩いている分には交通事故というリスクを意識することはない。他方で，通行している自動車は必ずしも普段からその道路を利用しているとは限らない。思いもよらない所を高齢者が歩いていれば，事故につながってもおかしくないわけである。

　また，「交通ルールを知らない」ことも要因として考えられる。運転免許を持っておらず，特段の交通教育を受けていないとすれば，交通ルールを学ぶ機会すらない。ドライバーが当たり前のように思っているルールすら知らない可能性もある。将来的に高齢ドライバーが増加した場合には，交通ルールが浸透することも考えられるが，より積極的に高齢者向けの交通教育を推進することが必要であろう。なぜ交通ルールが周知されていないかという理由の1つには，モータリゼーションの時期の影響が挙げられるとする見方がある[2]。日本での本格的なモータリゼーションの到来は1964年の東京オリ

---

1) かつての生活道路に幹線道路が新設された場合，以前は横断可能だったという習慣（地域DNA）が残り，無理な横断が続いていることによる事故の可能性があるとする埼玉大学久保田尚教授の研究がある。
2) 鈴木（2007）14頁。

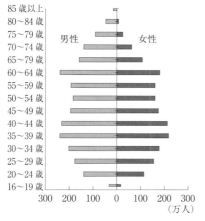

図 2-2　年齢別男女別運転免許保有者数（2011年度）

出所：警察庁「運転免許統計」より。

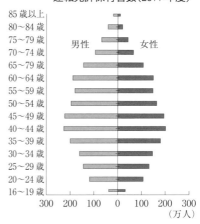

図 2-3　英国における年齢別男女別運転免許保有者数（2011年度）

出所：英国運転免許庁データより。

ンピック以降とされるが，たとえば英国では 1930 年代から開始されたと言われている。そこで免許保有者を年齢別に比較すると，図 2-2 が日本，図 2-3 が英国だが，日本と比較して英国では特に 80 歳以上の高齢の免許保有者数は多く，女性の保有者も多い。

　つまり，英国ではモータリゼーションの到来が早かったために，すでに高齢者となった層も運転免許取得者であったことから，多くの高齢者が交通教育を受けていたということになる。日本では高齢者が交通教育を受ける機会を得ていなかったため，交通ルールを承知していないという実態があるのではないだろうか。実際，調査によれば 2009 年には歩行中死亡した高齢者の 82% は免許を保有していなかった[3]。さらに，免許取得時に限らず，欧州では交通安全教育が普及しているという調査結果もあることから，交通教育というのが高齢者と交通事故を論じる際のキーワードになると思われる。

---

[3]　木幡・小禄（2011）161 頁。

（3）加害者としての高齢者

　被害者に高齢者が多い一方，近年は，高齢者が加害者となるケースが着目されている。この10年間の交通事故発生件数は，89万件から63万件と3割程度減少しているが，65歳以上の高齢者が第1当事者となった事故は8万3,000件から10万3,000件と24%も増加している。死亡事故についても同様に，この10年間で死亡事故件数全体がほぼ半減しているのに対し，高齢者が起こした死亡事故は，2002年の1,081件から2012年の897件と184件減少はしているが，率にしてマイナス17%にとどまっている。

　この原因の1つには，母数となる「高齢運転者数」の増加が挙げられる。この10年で，運転免許保有者数はほぼ横ばいであるのに対し，65歳以上の高齢者は1.57倍に増加している。このまま免許保有高齢者が増加していけば，高齢者による交通事故も比例的に増加することは明白である。

　また前記図2-2は2011年度の免許保有者数を年齢別・男女別に並べたものだが，現在60歳から64歳に該当するいわゆる「団塊の世代」が今後徐々に65歳以上の高齢者となることで，全体の年齢構成が変化し，免許保有高齢者がかなりの割合を占めていくことが予想される。女性ドライバーの増加も著しい。左右の棒グラフを比較すると，60歳より若い層では，男女比がほぼ等しくなることがわかる。このグラフがこのまま押し上げられていけば，数年後には，高齢ドライバーに男女の差はなくなる。

　高齢者による事故の多さの原因はドライバーの増加だけでもなさそうである。図2-4は2012年の免許保有者10万人当たりの死亡事故件数を第1当事者の年齢別にグラフ化したものである。免許取得後間もない若年層が最も多くなっているが，この若年層に次いで多いのが，65歳以上の高齢者であることから，相対的に免許保有者割合が増えているからだけではなく，そもそも高齢者自体が事故を起こしやすいということを理解する必要がある。

図 2-4 第 1 当事者の年齢層別免許保有者 10 万人当たり死亡事故件数（2012 年）

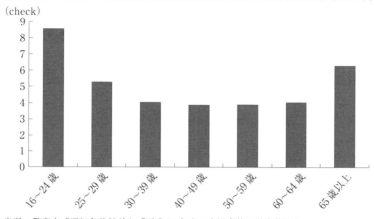

出所：警察庁「運転免許統計」,「平成 24 年中の交通事故の発生状況」。

図 2-5　自動車に関する保険

		身体		財物
賠償	相手への	相手を死傷させた ○自賠責保険	相手を死傷させた ●対人賠償保険	相手の財物を壊した ●対物賠償保険
補償	自分への	自分や搭乗中の者が死傷した ●人身傷害補償保険 ●無保険車傷害保険　など		自分の車が壊れた ●車両保険

3　高齢者の交通事故と自動車保険

　図 2-5 は，自動車関連の保険の全体を示したものである。自動車関連の保険には，加入が義務付けられている「自動車損害賠償責任保険（自賠責保険）」と任意で加入する「自動車保険」がある。この図のとおり，自賠責保険は対人賠償に関わる基本補償となる役割を担っており，その上乗せとして任意で加入する自動車保険があること，また，任意の自動車保険では対人賠償以外に，対物賠償や車両保険などの補償が提供されていることがわかる。

（1）自賠責保険

　そこでまず自賠責保険について，概略を説明したい。自賠責保険は交通事故被害者の補償・救済を目的として，自動車損害賠償保障法（自賠法）に基づいて創設された保険である。その背景には，加害者が保険に加入していないことによって賠償資力がなく，被害者への損害賠償金の支払いが滞ってしまうという事態に対して，すべての自動車に強制的に付保することによって，一定の賠償資力を確保しようとする目的があった。

　したがって，補償範囲は，後述する自動車保険とは異なり，人身事故による被害者の死傷のみである。また，支払いには一定の限度額があって，被害者が死亡した場合には3,000万円，後遺障害を被った場合にはその程度によって75万円から4,000万円，ケガをした場合には120万円がそれぞれ上限となっている。

　さらに，被害者救済という観点からは，他の保険にない特徴がある。たとえば過失割合である。交通事故では，必ずしも加害者のみの過失で事故が発生するとは限らない。たとえば，加害者の過失が60％，被害者の過失が40％だったような場合は，被害者の損害額もその過失分だけ減額される（たとえば，被害者の損害が1,000万円の場合には，40％減額されて600万円の支払いとなる）。しかし自賠責保険は被害者救済を目的としていることから，被害者側に70％以上の重過失がなければ[4]，過失割合にかかわらず，被害者に対しては相手側の自賠責保険から保険金が支払われる（たとえば，被害者の損害が1,000万円の場合には，1,000万円支払われる）。

　また，過失についての考え方にも特徴があり，自賠法では①自動車の所有者や運転者が運行に際する注意を怠らなかったこと，②被害者や第三者に故意や過失があったこと，③自動車に構造上の欠陥などがなかったこと，の3点が立証されない限り，賠償責任を負うとされている。通常，不法行為法に基づけば，加害者の故意や過失の立証責任は被害者側にあるが，自賠法では加害者側に反証する責任を課すことで，無過失責任主義に近い考え方を採用している。これも被害者救済を目的とした保険だからということである。さ

---

[4]　過失割合が70％を超える場合は，重過失減額といい，過失割合に応じて20％から50％の範囲で減額される。

らに，被害者による請求が認められていたり，ひき逃げの場合であっても政府補償により補償されるなど，被害者救済を目的とした制度が完備された保険ということを理解されたい。

さて，こうした補償を提供する保険だが，保険料についても他の保険と比較し，シンプルな構造になっている。料率は自動車の用途（乗用，貨物，乗合など）と種別（普通，小型，軽など）で区分しているのみであり，これに地域区分として，本土，沖縄本島，本土離島，沖縄離島の4地域で区分している。たとえば，普通乗用車で本土使用であれば，車種によって保険料が変わることはない。また，任意の自動車保険のように，年齢や事故歴，免許証の色など被保険者の要件や，日常使用か業務使用かなど，用途[5]の詳細による保険料の差はない。また，提供主体である保険会社・共済によっての差もない。さらに，保険料水準は自賠法第25条で「能率的な経営下における適正な原価を償う範囲内でできる限り低いものでなければならない」とされており，利益も発生しないが不足も発生させない水準で算出されている（ノーロス・ノープロフィットの原則）。

（2）任意自動車保険

任意で加入する自動車保険は，自賠責保険の限度額を超えた部分の対人賠償を補償に加え，交通事故に関するあらゆるリスクを補償する総合保険である。

基本補償は，相手への賠償を目的とした「対人賠償保険」と「対物賠償保険」，自身のケガの補償を目的とした「人身傷害補償保険」[6]，自身の自動車の損害補償を目的とした「車両保険」の4つの保険で構成されているのが通例である。自動車保険という1つの保険種目ではあるが，それぞれが扱うリ

---

5) 自賠責保険にも営業用と自家用の違いによる保険料の差はあるが，任意の自動車保険のように日常・レジャー使用，通勤・通学使用，業務使用といった使用目的による保険料の差はないとの趣旨。
6) 人身傷害補償保険は，被保険者が自動車事故等で死傷した場合に，治療費，休業損害，精神的な損害などを保険約款に定められた基準に基づいて損害額として算定し，その額を保険金として支払うものである。過失があったとしても被保険者自身の損害を自身の保険で塡補するというファーストパーティ型ノーフォルト保険とされている。

スクはまったく異なることを理解しておく必要がある。たとえば，冒頭にも述べたとおり，死亡事故が減少していることから，対人賠償保険の保険金支払いは減少するであろうという仮説は成り立つだろうが，同時に対物事故が増加しているのであれば，その部分の保険金支払いは増加するであろうから，自動車保険全体の収支は悪化する可能性がある。車両保険も同様に，修理部品の価格など交通事故とは無関係のファクターが，保険金支払いに影響する。

したがって，高齢者の事故と損害保険を考察するにあたっては，自動車保険とはこのように多様な補償を提供していることを理解しておく必要がある。

4　高齢者の被害事故と損害保険

前述のとおり，高齢の交通事故はわが国における特徴の1つだが，ここでは事故実態について，損害保険の観点から考察してみたい。

まず，高齢者の被害事故についてである。高齢者が交通事故で亡くなる，あるいは後遺障害を被ったり，ケガをしたりした際には自賠責保険と自動車保険の中の対人賠償保険が稼動することになるため，この2つの保険の保険金支払いの実態からアプローチする。

（1）データに基づく事故実態

日本損害保険協会から提供されているデータ（表2-2）によれば，交通事故被害者として把握されている人数は122万人である。そのうち，死亡者は4,666人(0.4%)，後遺障害が61,390人(5.0%)，傷害が1,156,522人(94.6%)であり，交通事故者のほとんどがケガの治療で済んでいることがわかる。これと比較し，65歳以上の高齢者の場合は，死亡が2,714人，後遺障害が14,289人，傷害が140,001人であり，死亡と後遺障害の割合がそれぞれ全年齢よりも大きくなっている。やはり高齢者ということから，同様な事故であっても死亡や後遺障害に至るケースが多いということを示している。さらに，全年齢に占める高齢者の割合は，死亡が58.2%（2,714/4,666），後遺障害23.3%（14,289/61,390），傷害では12.1%（140,001/1,156,522）であり，

表 2-2 被害者年齢別の被害者数（死亡・後遺障害・障害別）（2011 年度）

(上段：人，下段：％)

被害者年齢	死亡	後遺障害	傷害	合計
65 歳以上	2,714 (1.7)	14,289 (9.1)	140,001 (89.2)	157,004 (100.0)
全年齢	4,666 (0.4)	61,390 (5.0)	1,156,522 (94.6)	1,222,578 (100.0)

出所：日本損害保険協会「自動車保険データにみる交通事故の実態」より。

表 2-3 被害者年齢別／状態別の死亡者数（2011 年度）

(上段：人，下段：％)

被害者年齢	歩行者	自車同乗者	相手車運転者	相手車同乗者	その他	合計
65 歳以上	2,132 (78.6)	167 (6.2)	344 (12.7)	70 (2.6)	1 (0.0)	2,714 (100.0)
全年齢	3,133 (67.1)	335 (7.2)	1,046 (22.4)	143 (3.1)	9 (0.2)	4,666 (100.0)

出所：日本損害保険協会「自動車保険データにみる交通事故の実態」より。

交通事故における高齢被害者の死亡事故が多いことが損害保険のデータからも示されている。

さらに死亡に至ったケースを事故の状態別に見たのが表 2-3 であるが，「歩行者」と「相手車運転者」に着目したい。全年齢においても最も多いのが歩行中であるが，65 歳については 78.6％ と全年齢の 67.1％ を 10 ポイント以上上回っており，高齢者の大多数が歩行中に死亡していることがわかる。その一方で，全年齢の「相手車運転者」すなわち，被害自動車運転中が 22.4％ を占めている。これは主に若年層は自動車運転中の車対車事故で死亡するケースが多いことが反映されたものと思われる。

また，高齢者の過失を考察する際には，高齢者が被害者となるのは歩行中が圧倒的に多く，過失を問われるケースが少ないのが実態であるということも理解しておくことが重要であろう。

高齢被害者の特徴は，事故の形態にはどのように表れているだろうか。表

表 2-4 被害者年齢別／事故類型別の被害者数（2011 年度）

（上段：人，下段：%）

被害者年齢	人対車両	車両相互事故							車両単独	合計
		正面衝突	側面衝突	出合い頭衝突	接触	追突	その他	車両相互小計		
65歳以上	52,904	3,755	5,488	29,197	3,415	45,641	10,840	98,336	5,744	156,984
	(33.7)	(2.4)	(3.5)	(18.6)	(2.2)	(29.1)	(6.9)	(62.6)	(3.7)	(100.0)
合計	256,405	27,460	64,227	215,339	37,257	480,327	118,459	943,069	22,968	1,222,442
	(21.0)	(2.2)	(5.3)	(17.6)	(3.0)	(39.3)	(9.7)	(77.1)	(1.9)	(100.0)

注：踏切・不明は除く。
出所：日本損害保険協会「自動車保険データにみる交通事故の実態」より。

2-4 は事故類型別に統計をとったものであるが，歩行中の死亡者が多いことから，事故類型においても人対車両事故が全年齢と比較し，10 ポイント以上多くなっていることがわかる。その分車両相互事故全体が少なくなっている。中でも，追突事故の被害者が少ないことも特徴の1つのようである。

次に，事故の際に支払われた保険金の額を「損失額」と定義して分析してみたい。グラフ（図 2-6）は年齢区分ごとの損失額を表示したものである。低年齢時から成年時までに1つの上昇カーブがあるが，顕著なのは 65 歳以降の上昇であり，高齢者になるほど，損失額が多くなるという結果が示されている。

さて，ここで疑問となるのがなぜ高齢者の損失額が大きくなるかという点である。そもそも，人身事故における保険金は被害者に対する損害賠償であるが，賠償額は死亡事故や後遺障害であれば，逸失利益と慰謝料が基本となっている。逸失利益とは就労していた場合に得られたであろう利益であり，死亡や後遺障害を被ったことで受けられなくなったその後の利益である。具体的な計算は，年収に就労可能年数を乗じたものに，その間の中間利息を控除するための係数（ライプニッツ係数という）を乗じるものである。

したがって，高齢になるほど，就労可能年数は短くなるため，逸失利益も減少するはずである。計算上も就労年限の上限は 67 歳とされており，それを超えた場合は平均余命の2分の1を就労可能年数とみなして計算されるた

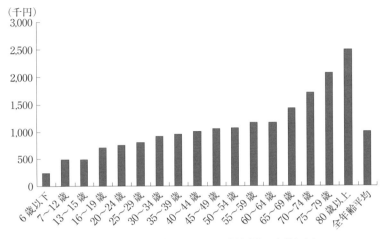

図 2-6 人身事故による平均損失額（2011 年度）

出所：日本損害保険協会「自動車保険データにみる交通事故の実態」より。

め，年齢が高くなるほど，就労可能年数は低減していく。したがって，高齢者の損失額も年齢とともに減少するのではないかという疑問が生じる。

そこで，対象を死亡事故に限った場合の損失額を抽出したのが図 2-7 である。35 歳から 39 歳までの層の損失額が約 4,150 万円とピークになっており，それ以降は低減している。これは年収と就労可能年数との両面の観点からも実態が反映された結果であり，高齢者への支払い保険金は相対的に低くなっている。

次に，後遺障害による損失を見ると図 2-8 のとおりとなるが，明らかに若年者と高齢者が高い結果を示している。特に高齢者については，重篤化していることがわかる。事故実態と照らし合わせてみても，高齢者では歩行中の事故が多いことから，頭部外傷などを被りやすいことや，骨折であっても重篤化し，寝たきりになりやすいなどの要素が考えられる。

続いて，ケガに対する支払いの状況である。図 2-9 は，治療にかかった費用と治療期間の関係を被害者の年齢別に示したものである。平均治療費は 65 歳以降で増加しており，平均の 25 万 7,000 円を上回っている。反面，治療日数は治療関係費には比例していないことから，高齢者は日数を要してい

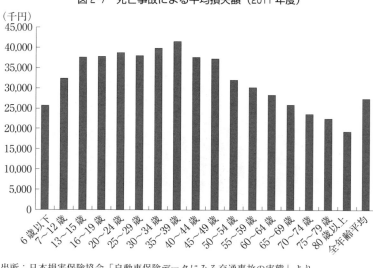

図 2-7 死亡事故による平均損失額（2011 年度）

出所：日本損害保険協会「自動車保険データにみる交通事故の実態」より。

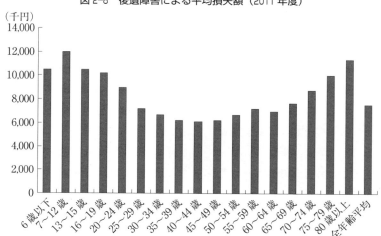

図 2-8 後遺障害による平均損失額（2011 年度）

出所：日本損害保険協会「自動車保険データにみる交通事故の実態」より。

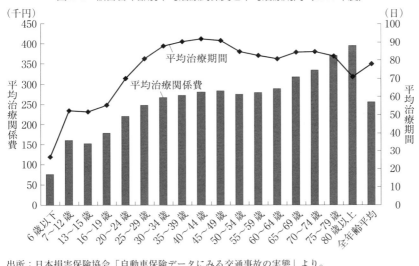

図2-9 被害者年齢別平均治療関係費と平均治療期間（2011年度）

出所：日本損害保険協会「自動車保険データにみる交通事故の実態」より。

るというよりも，治療費自体が高額になっていることが推察される。また，傷害事故が95％を占めるため，高齢者の治療費が高額となる事実は，交通事故全体における高齢被害者への保険金支払額が高額になる主因となっていることがわかる。以上，保険金支払いの観点から，高齢者が自動車事故の被害者になった場合の特徴を探ってきたが，総括すると①交通事故における保険金支払額（損失額）は高齢者被害者になるほど高額になっており，高齢被害者の事故の増減が交通事故全体における人身損失コストに大きく影響する。②高齢者への支払いが大きくなる要因は，死亡事故によるものではなく，交通事故において大多数を占める傷害事故において高齢者の場合は治療費がより高額となっていることが挙げられる。③後遺障害においても，高齢被害者は重篤となる可能性が高いため，保険金支払額を上昇させる一因となっている。すなわち，高齢者の特性として，ケガや後遺障害が重篤化していることで，交通事故全体の人身喪失コストが増大しているというのが分析の結果であると言えることから，今後，一層の高齢化が進展した場合，このコストはさらに増大していくものと思われる。

（2）高齢被害事故への補償

上記のとおり，日本では高齢被害者が交通事故の大半を占めており，超高齢社会を迎え，さらにこの傾向は顕著となることが考えられる。事故削減等への対策や保険としての課題は次章以降で解説されているが，ここではこうした高齢被害事故の保険金の支払いについて，簡単に触れておきたい。

交通事故では加害者・被害者の両当事者間での過失の程度によって，損害を分担する。これを過失相殺という。たとえば，被害者側にも20％程度の過失があった場合には，加害者の過失割合は80％ということになり，被害者の損害が1,000万円だったとすれば，加害者はこのうちの80％である800万円の損害賠償責任を負うことになる。

しかし，自賠責保険については，支払基準[7]によって，被害者の過失が70％未満の場合は，保険金は減額されないとされている。したがって，被害者側に多少の過失があった場合であっても，被害者救済の観点から，自賠責保険による補償は提供される。

さらに，高齢者の場合，特に事故が多い歩行者であった場合には，歩行者側の過失割合が減算される傾向にあり，弱者保護の観点が取り入れられており，高齢者へは一定の配慮がなされている。

5　高齢者の加害事故と損害保険

（1）急増する高齢者加害事故

高齢者被害事故以上に近年，問題となっているのが，高齢加害者による交通事故である。交通事故全体が減少している中で，高齢者が引き起こす交通事故は，年々増加している。高齢ドライバーによる事故と言えば，高速道路の逆走やアクセルとブレーキの踏み間違い事故などが報道されることが多い。たとえば逆走事故についてだが，警察庁の調べによれば，2010年9月から2012年8月までの2カ年間に発生した447件の事故のうち，交通事故に至っ

---

[7]　「自動車損害賠償責任保険の保険金等及び自動車損害賠償責任共済の共済金等の支払基準（2001年金融庁，国土交通省告示第1号）」。

た案件が 78 件。このうち死亡事故が 10 件，負傷事故が 28 件，物損事故が 40 件で，447 件中 68% にあたる 302 件が 65 歳以上の高齢ドライバーによるものとのことである。302 件中 53% にあたる 159 件は認知症の疑いがあるものだが，残りの 47% は病気の存在は確認できなかった。

　また，アクセルとペダルの踏み間違い事故については，財団法人国際安全学会の報告書『アクセルとブレーキの踏み違えエラーの原因分析と心理学的・工学的対策の提案』が参考になるが，2005 年から 2009 年の統計によれば，踏み間違え事故は年間 6,000 から 7,000 件程度発生しており，年齢別では 18 歳から 24 歳の若年層による件数が最も多いとのことである。しかし，全事故に占める踏み間違え事故の割合は，全年齢平均では 1% であるにもかかわらず，高齢者は 3% 程度を示しており，顕著に高い。したがって，報道されているような踏み間違え事故は，たしかに高齢者の特徴として認識すべきことがわかる。このように，注目される高齢者事故だが，保険の観点から高齢者による加害事故の実態を探ってみたい。

（2）高齢者加害事故の実態

　図 2-4 で示したように，免許保有者 10 万人当たりの死亡事故被害者数は，65 歳以上の高齢者は若年層に次いで高い割合を示していた。また，2014 年 7 月 4 日に損害保険料率算出機構から公表された自動車保険参考純率に関する資料でも，「26 歳以上補償」の対人賠償責任危険補償における保険実績では，全体を 1 とした場合に 60 歳から 69 歳で 1.055，70 歳以上では 1.183 となっており，高齢被保険者の事故による保険金支払いが相対的に高いことが説明されている。すなわち，事故実態から見ても，保険実績から見ても，高齢者の自動車事故発生リスクは高いと言わざるを得ない。

　高齢ドライバーの事故の特徴については，次章で論じられているが，図 2-10 のとおり事故類型に大別してみると，65 歳以上の高齢者は人対車両事故，出合い頭事故が多い反面，追突事故は少ないことがわかる。これは警察統計に基づいても同様の結果となっている。高齢者はスピードを出し過ぎて追突事故を起こすような運転はしないが，生活道路など日常での事故が比較的多いことを示している。

図 2-10　加害者年齢別事故類型

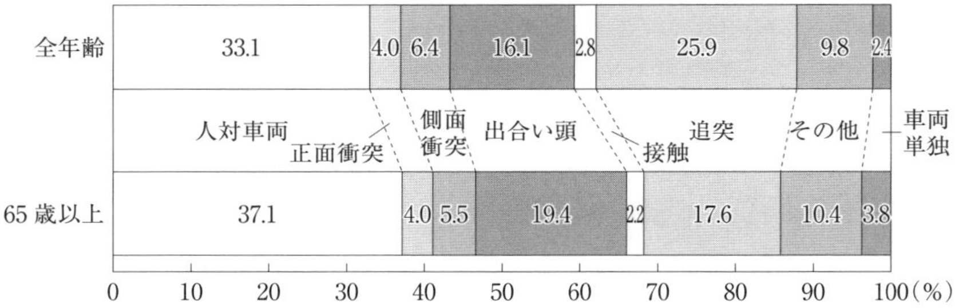

全年齢	33.1	4.0	6.4	16.1	2.8	25.9	9.8	2.4
	人対車両	正面衝突	側面衝突	出合い頭	接触	追突	その他	車両単独
65歳以上	37.1	4.0	5.5	19.4	2.2	17.6	10.4	3.8

出所：警察庁「平成24年中の交通事故の発生状況」より。

　また，交通事故は人身事故だけではない。対物損害の額も交通事故による経済損失の観点からは無視できない。日本損害保険協会のデータによれば，2011年度の人身損失額は1兆2,353億円なのに対し，物的損失額は1兆7,397億円とされている。したがって，経済損失を抑制する観点からも，物損事故を無視することができないことがわかる。

　そこで，人身事故同様，運転免許保有者1万人当たりの物損数と損害額を示したものが図2-11のグラフである。人身事故同様，若年層では高い数値を示しているが，30代以降はほぼ水平を示しつつ，高齢者層になると上昇傾向を示している。また図2-12は，これを2001年からの10年間の変化を示したものである。65歳未満には大きな変動は見られないが，65歳以上の数値のみが年々上昇していることがわかる。

　このように，高齢者加害事故は交通事故全体の中でも重要な課題であることがわかる。かつては，免許取得後間もない若年層が高リスクとされていたが，長高齢社会が進行するにつれ，高齢者が高リスクになってしまった。このようなリスクの変化に対し，そのリスクをカバーすべき保険にとっても，高齢者への対応は大きな課題である。

図 2-11　年齢別免許保有者1万人当たり損害物数・物的損失額（2011年度）

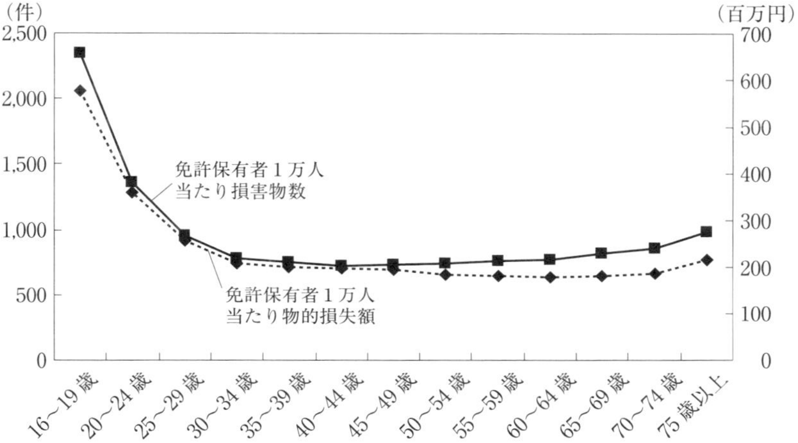

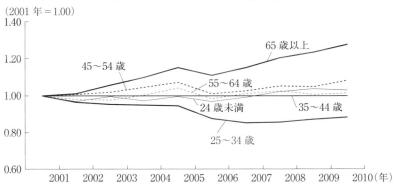

出所：日本損害保険協会「自動車保険データにみる交通事故の実態」より。

図 2-12　年齢別免許保有者1万人当たりの物損額推移（2011年度）

出所：日本損害保険協会「自動車保険データにみる交通事故の実態」より。

6 高齢者事故と自動車保険の課題

　高齢者事故に対する保険の詳細については，次章以降でより詳細に説明されるが，本章でも損害保険から見た高齢者事故の課題について，簡単に触れておきたい。

　まず，高齢者が加害者となる場合についてである。これまで触れてきたように高齢者は年齢別に見ると相対的にリスクが高いことがわかった。さらに近年，この傾向を捉え，保険料率の算定においても高齢者のリスクが反映されてきた。「高齢者いじめではないか」という声があった一方で，「高齢者のリスクを若者が負担していたのか」という声もあった。

　そこで，リスクと保険料の関係について考えてみたいが，保険料の算出については「公平でなければならない」とされている。これは「給付反対給付均等の原則」や「公平の原則」と言われているものだが，保険契約者が支払う保険料（反対給付）は保険金（給付）に保険事故の発生確率を乗じた値に等しいという原則である。すなわち，保険料はリスクに見合ったものであるべきということである。住宅の火災保険を例に挙げると，木造とコンクリート造では火災リスクは異なるため，これを住宅ということで同一の保険料とするのは，不公平になる。したがって，木造とコンクリート造ではそれぞれのリスクに見合った保険料でなければならないというのが，この原則である。この原則に従えば，コンクリート造というリスクを1つの集団（リスク集団）とし，そのリスク集団の中で危険を分担しあうということになる。

　この観点を高齢者の自動車保険に当てはめた場合，統計的に高齢者のリスクがその他の年齢よりも高いということであれば，給付反対給付均等の原則に基づけば，保険料も自ら高くなるという帰結になる。

　では，どのレベルまで細分したリスク集団でリスクを捉えるべきであろうか。単なる年齢別階層だけではなく，年齢以外の他の要素，たとえば運転の仕方（運転特性）によってもリスクが異なる可能性もある。特に，高齢者の特性の1つに個人差が大きいという点がある。同じ高齢者といっても，運動機能・感覚機能ともまったく衰えておらず，壮年層となんら差がないという

人もいれば，機能低下により本来は免許証を返納すべきだが，そのまま乗り続けているという人もいる．これらをすべて同種のリスクとみなすべきなのか，区分すべきなのかという論点である．

個々人のどのような運転機能差がリスクに反映されるべきものなのか（たとえば，筋力低下によりゆっくりブレーキを踏むことと，急ブレーキを踏むことのどちらのリスクが高いのか），またこうした差がどの程度まで乖離していれば同種のリスクとして捉えるべきではないのか，さらにそうした差をどうすれば捕捉できるのか，仮に捕捉できた場合であっても，そのデータが統計上客観的なものであり，かつ精度が高い十分な量のものであるか，など，検討を要する課題は多い．また，リスク集団を細かく分割することで，相互扶助性が阻害されることになれば，保険本来の役割に反することにもなる．どのような補償の提供を受け入れることが，社会として望ましいのかどうかについて，十分な検討を要すると考えられる．

さて，高齢被害者に対して保険はどうあるべきであろうか．高齢者は歩行中の事故が多く，さらに事故に遭った際には，より重篤となる傾向があり，損害賠償実務においては，高齢被害者の過失割合には交通弱者保護の観点から一定の配慮がなされているようである．

これに対し，現行の保険制度では，自賠責保険は被害者に70％以上の過失がなければ，過失部分が減額されずに保険金が支払われるため，一定の被害者保護が図られている．

今後は，被害者が高齢者の場合には，これ以上の保護が必要かどうかという論点があろう．たとえば，高齢者の場合は過失を問わないとすべきか，という点である．高齢者，特に歩行者は，交通ルールを知らないことから，赤信号を無視する，あるいは横断歩道以外の車道を横断するなど，ルールに反した行動を取ることも多く，それにより交通事故に遭うケースも少なくない．こうした高齢者の過失部分の負担を私保険に求めるべきか，あるいは社会保障として捉えるべきか，検討すべき事項は多い．社会全体が超高齢化を迎えるにあたって，保険としてどのようにサポートすることが望ましいかを十分に議論すべきであろう．

【参考文献】

北村憲康（2009）『安全運転寿命』企業開発センター交通問題研究室

─── （2013）『シニアドライバーのための安全運転習慣10』企業開発センター交通問題研究室

木幡繁嗣・小禄茂弘（2011）「高齢者交通事故低減に向けた取り組み」『国際交通安全学会誌』Vol. 35, No. 3, 161-173 頁

鈴木春男（2007）「高齢ドライバー事故の実態と対策」『予防時報』228 号, 14-19 頁, 日本損害保険協会

─── （2011）「高齢ドライバーに対する交通安全の動機づけ──交通社会学的視点」『国際交通安全学会誌』Vol. 35, No. 3, 194-202 頁

一般社団法人日本損害保険協会（2011）『自動車保険データにみる交通事故の実態』

第3章　高齢者の交通事故をめぐる対策と課題

北村　憲康

1　はじめに

　わが国は高齢化が進んでいる。この点は，免許人口にもあてはまる。今後20年間で，現在40〜60歳代である約4,000万人近い免許保有者が65歳以上となる。一方，交通事故は，死亡者数，負傷者数，事故件数ともに減少している。ただ，高齢者が被害者となる事故は全体の減少に比べ鈍いため，一層，高齢者における事故比率の高止まりが目立っている。
　現状では，高齢歩行者が被害者となるケースが多いが，今後は，免許保有者の高齢化に伴い，高齢ドライバーが加害者にも被害者にもなる事故が増えることが予想される。本章では，まず高齢者に関する交通事故の実態について，どのような事故がどの程度起きているかをドライバー側，歩行者側の双方から俯瞰する。これにより高齢者の交通事故に関するリスクを明らかにする。次に警察庁を中心とした，ここ10年程度の交通安全対策の推移をまとめる。交通事故死亡者は大幅に減少しているものの，高齢者だけを見ると目立った成果が得られておらず，高齢者には新たな対策が必要なことを示唆している。後半では，その新たな対策を高齢者の実際の事故やリスクに合わせた安全教育と位置づけ，必要な考え方と具体的な事例も紹介する。

2　高齢者の交通事故の実態

　国内の交通事故は減少を続けている。図3-1は警察庁による交通事故の推移を示したものである。2013（平成25）年における交通事故発生件数は62万9,021件であり前年を下回り，ここ10年を見ても，その事故件数は減少傾向にある。死亡者数，負傷者数においても同様に減少している。とりわけ交通事故死亡者数においては，10年前で8,000人近くいたものが，2013年の統計では5,000人を割り，大きく減少していることがわかる。2003年では7,768人の死亡者数であったものが，2013年では4,373人になり，その減少率は43.7％にまでなった。

　ところが，高齢者の交通事故という観点では，全体の減少幅に比べると鈍い（本章では高齢者は65歳以上とする）。高齢者の交通事故は大きく2つに分けることができる。1つは高齢者がドライバーとなって，事故の加害者となったもの，もう1つは高齢者が歩行者となって被害者となったものである。図3-2は高齢者がドライバーとして加害者となった事故件数と比率の推移を，図3-3は高齢者が歩行者として交通事故の被害者となった人数の推移を示し

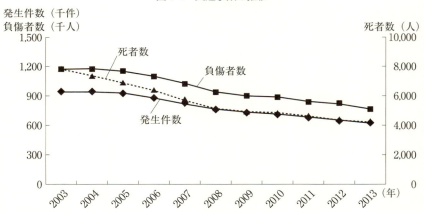

図3-1　交通事故の推移

出所：「平成25年中の交通事故の発生状況」（警察庁）。

ている。

　図3-2を見ると，高齢者がドライバーとして加害者となっている事故は増加傾向にあり，2007年には10万件を超え，2013年には10万2,997件発生している。また，図3-3を見ると，歩行者の被害事故全体は減少傾向にある

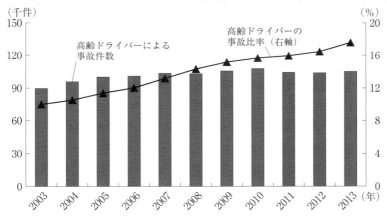

図3-2　高齢者が加害者（ドライバーで第一当事者）となった交通事故とその比率の推移

出所：「平成25年中の交通事故の発生状況」（警察庁）。

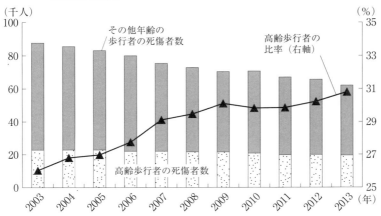

図3-3　高齢者が被害者（歩行者で第二当事者となった場合）となった事故とその比率の推移

出所：「平成25年中の交通事故の発生状況」（警察庁）。

ものの，高齢歩行者の被害事故の減少は鈍く，高止まりの状況であり，高齢歩行者の占める比率も高止まりである。全体の交通事故が大きく減少したことは，ここ10年程度の成果である一方，高齢者事故については減少が鈍く，今後さらに高齢社会が進展することを考えると見逃すことができない大きな課題と言える。さらに以降では，高齢者の交通事故をドライバーと歩行者に分けて，事故の特徴を概観する。

3　高齢ドライバーの事故の特徴

（1）高齢ドライバーの事故パターン

高齢ドライバーによる事故件数の推移については，図3-2で示したとおりであるが，図3-4は，ある損害保険会社の自動車保険金支払いデータから，年齢層別に事故のパターンを示したものである。

これにより注目すべき点は，年齢層が引き上がるにつれて，つまり，加齢

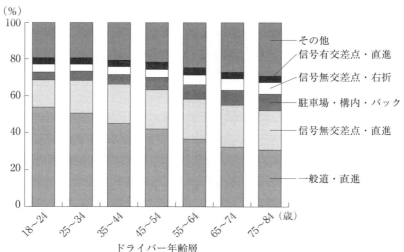

図3-4　年齢層別の事故パターン（任意損害保険会社の自動車保険支払いデータによる）

出所：籾田・北村・小木・西村（2013）9頁。

に伴い増加する事故パターンがあるということだ。具体的には駐車場・構内バック事故，信号無交差点・直進（主に出合い頭）事故，信号無交差点右折事故である。比率の推移を見ると，加齢に伴い，特に一般道・直進に代表される追突事故割合が少しずつ減少するも，それに代わってバック，出合い頭，右折事故が増加していることがわかる。

　一方，一般道・直進事故はすべての年齢層で最も多い。これは追突事故に代表されるもので，主に相手が前車になるもので，前車から割り込まれる，あるいは歩行者・自転車などの飛び出しも含まれるが，前車との追突事故の割合が高い。つまり，すべての年齢層で，一般道走行中に前車との追突，あるいは前方に飛び出し，割り込んでくるリスクが事故としては最も多い。こうした傾向はあるものの，加齢に伴い別のリスクの比率が上がることについては検討を加える必要がある。

　この点，仮説の域を出ることは難しいが，恐らく，加齢に伴い，分別や落ち着きが出てきて，少なくとも若年時に比べ，一般走行の速度は抑えられ，前車との車間距離も安全に維持されるようになり，追突を中心とした前車とのリスクは下がってくるのではないかと考えられる。一方，加齢に伴い走行環境への慣れ，運転や確認についての癖もあり，バック，出合い頭，右折事故などの複数の安全確認を連続的に行わなければならない交通環境で十分な安全確認を伴った運転ができていないことが考えられる。また，複数の安全確認を連続的に行うこと自体，高齢者のみならず，ほぼすべての年齢層でヒューマンエラーが起きやすいことが考えられる。

　このように年齢別の事故割合に関する推移を見ると，若年層を中心とする比較的若い層では，前車との事故が多く，速度や車間距離などを中心とした運転態度の修正を事故防止の中心と考えてよいが，加齢に伴い中年層，高齢者層では，前車との事故が減り周囲との事故が増えることから，速度や車間距離もさることながら，それらに加えて周囲への基本的な安全確認を確実に行うことを事故防止の中心に据えることが望ましいのではないかと考えられる。

（2）高齢ドライバーの事故原因

　高齢ドライバーの事故を分析するうえで，その事故原因を検討するのは不可欠である。ただ，実際に起きている事故1件ずつに対して，正確に原因をまとめることは原因が多岐にわたり過ぎてしまい難しい。ここでは，一般的な事故原因のうち，高齢ドライバーの事故原因として考えられるものとして，身体的機能，慣れ，運転癖を中心にまとめる。

1）身体的機能からのアプローチ

　高齢ドライバーの事故原因として，最もよく言われることが高齢ドライバーの身体的な機能低下によるものである。身体的な機能低下は，個人差はあるものの，加齢に伴いほぼすべての高齢ドライバーにあてはまるものと考えられる。まずは考えられる身体的な機能低下をまとめておきたい。運転は認知→判断→操作の手順で行われると言われている。たとえば，自車が優先である停止義務のない交差点通過場面では，通過する交差点手前で減速し，左右，後方に危険がないかを見渡し（認知），危険がなければ，そのまま交差点へ加速せず進入することを決め（判断），その後，それに合わせた加速を大きくしない直進の運転操作を行う（操作）という具合だ。

　高齢ドライバーの身体的な機能低下の中で，最も安全運転に影響することが想定されるのが，認知機能，つまりは主に視覚機能の低下である。運転に必要な情報の約90％は視覚機能により得るためだ。運転の手順で言えば，最初の段階である認知に影響するということになる。たとえば夜間で複雑な交通環境では，同時に複数の危険を見通すことが難しくなることがある。また，認知以外の判断では，事象を見て，すぐさま次の操作への判断をするということも年齢を追うごとに難しくなる可能性があり，さらに，認知でミスや遅れが生じていれば，その後の判断にも影響する。また，操作段階でも，アクセルとブレーキを踏み間違えるなどの事故は実際に一定程度ある。つまり，認知，判断，操作のすべての段階で機能低下の影響が考えられ，実際に事故につながっている可能性を考えなければならない。ただ前述のように，この身体的な機能低下は個人差が大きく，高齢ドライバーに何らかの機能低下があるということは言えるが，それが運転手順のどこに，どの程度影響し

ているかを一様に言うことはできない。つまり，このことは高齢ドライバーに対して，一様に機能低下を前提とした教育や政策がとりにくいことを意味しているのである。

2) 慣れ，運転癖からのアプローチ

高齢ドライバーの事故原因を考える際，忘れてならないことは，身体的機能低下だけではなく慣れや運転癖によるものだ。高齢ドライバーの多くはベテランドライバーであり，基本的な運転操作には不安はないものの，確実な安全確認などはむしろ抜けやすい可能性がある。

慣れや運転癖にはよいものと悪いものと双方がある。よいものは，車両の大きさ，幅をよく理解し，操舵性に問題がない状態を作ることができることである。これはベテランドライバーとしての利点である。一方，慣れは悪い方にも働く。いつも走行している環境では，多少の安全確認をしなくても，また，速度を抑えなくても事故にはならないだろうという思い込みと，実際に事故にならなかったという経験の積み重ねによりリスクをとる運転をしてしまうことがある。これがリスクテイクと呼ばれるもので，事故につながる不安全行動と言える。これはベテランドライバーとしてのリスクとなる。

このように，操舵性などについては慣れも必要だが，リスクをとらない運転を安定的に行うためには慣れがむしろ阻害要因になることがある。高齢ドライバーの場合，慣れがよい方に向かっていれば模範ドライバーとなるが，悪い方に向かった場合はリスクをとりがちなドライバーになってしまう。このことは，高齢ドライバー個人のこれまでの運転の積み重ねが影響し，そのまま個人差になってしまうことが多い。このため，高齢ドライバーの安全対策も身体機能でも述べたように，一様に同じことを行うことはあまり効果的ではない可能性がある。

3) まとめ

加齢に伴い事故を起こしやすい環境は，バック，出合い頭，右折といった連続して複数の安全確認をしなければならないところであり，追突など前車とのリスクが下がる一方，このように連続して前方だけではない，周囲への

安全確認は不十分になりやすいというリスクは十分にとりきれていないと考えられる。また，高齢ドライバーの特徴では，何らかの身体的機能低下があることは前提として考えなければならないものの，運転の手順である認知→判断→操作のいずれの段階でも起きている可能性が高く，さらに個人差も想定され，一様に身体的機能低下を前提とした対策は慎重に考えなければならず，さらに，もう1つの特徴である慣れについては，よいもの，悪いものとあるが，悪いものはリスクテイク行動であり，事故につながる危険行動と考えなければならない。さらに，これについても身体機能と同じく個人差が大きいと言える。

　これらのことから，加齢に伴い増加する事故は，高齢ドライバーのみならず，もともと誰しもヒューマンエラーを起こしやすい複数の安全確認が必要な環境での比率が増えており，事故原因として言われやすい身体的機能低下，あるいはベテランドライバー特有の慣れや癖はあるものの，ヒューマンエラーを起こしやすいところでの確実な安全確認を取り戻す努力を対策の中心として考えるのが妥当であろう。ただ，注意しなければならないことは，慣れや癖に気づいてもらい安全確認を取り戻すことができることは対策の成果として評価してよいが，身体的機能低下により，これらの安全確認そのものを行うのが困難である場合も想定しなければならず，慎重かつ客観的な見極めも必要である。

4　高齢歩行者の事故の特徴

　これまで高齢ドライバーの事故を中心に見てきた。高齢ドライバー事故は，最近10年の推移で増加傾向にあり，今後の免許保有人口の高齢化を鑑みてさらに大きなリスクとなることが確実である。一方で，高齢歩行者の事故は現状ですでに深刻な状況にある。ここでは高齢歩行者の事故の特徴について述べる。図3-5は高齢歩行者の死亡事故のうち，事故発生時の行動と昼夜の影響を示したものだが，事故は横断中が多く，昼夜では夜が昼の2倍以上になっていることがわかる。また，注目すべきは横断中においても，横断歩道

図 3-5　事故発生時の歩行中の高齢者行動と昼夜の影響（2009 年度）

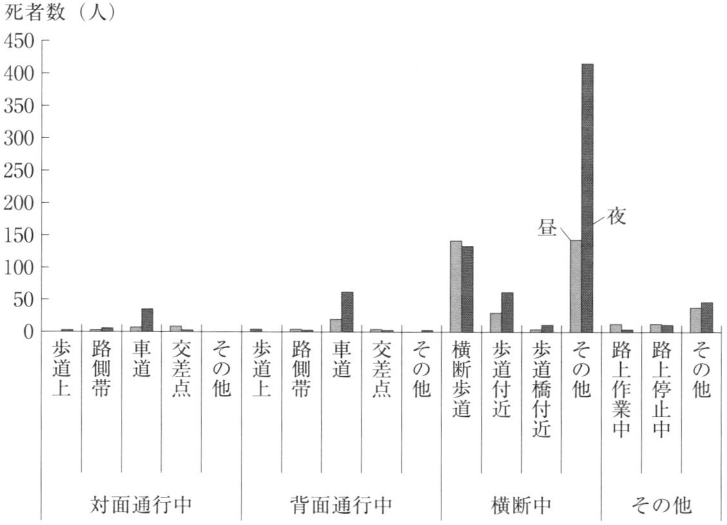

出所：公益財団法人交通事故総合分析センター統計資料（平成 22 年）より作成。

以外の横断中に事故に遭っていることが目立つ。

　このことは，高齢歩行者側に安全な横断が必ずしもできていないというリスクテイク行動が死亡事故の中に多くあることを示しており，身体的機能低下よりも前段階での安全態度の修正が求められる。この点，自転車乗りの死亡事故にも同様のことがあり，約 7 割が自転車乗りの信号無視などの違反が原因とされている。ドライバーでは，加齢に伴い，速度や車間距離などの基本的な運転態度が修正されていることが事故分析により推測されるものの，その交通相手となっている高齢歩行者や自転車乗りについては基本的な運転態度の修正がまずは求められる点は注目すべきである。この要因として考えられることは免許制度の有無であり，ドライバーのように，免許更新や交通法規に基づく違反取り締まりを日常的に体感している者と，歩行者や自転車といった免許制度がなく，日常的にあまり制約を受けていない者との間での違いである可能性がある。

　さらに，図 3-6 は高齢歩行者の夜間死亡事故のうち，横断歩道以外の単路を横断中に起きたものを分析したものである。これを見ると，横断歩道以外

図 3-6 高齢歩行者「横断歩道以外の単路を横断中」夜間死亡事故（2009 年度）

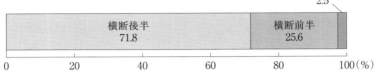

出所：公益財団法人交通事故総合分析センター統計資料（平成 22 年）より作成。

の横断中で，その前半，つまりは自車線側よりも，その後半，反対車線側で事故に遭っている率が圧倒的に多いことがわかる。これは，横断時，高齢者の注意範囲が狭く，自車線側に集中してしまい反対車線側に及んでいないことが考えられる。また，仮に反対車線側まで注意が及んでいたとしても，走行する車両への認知遅れや速度感覚などが十分でなければ事故につながることもある。注意範囲や認知，速度感覚については，身体的な機能低下も原因と考えなければならないが，それ以前に横断歩道以外のところでの横断が目立つなどを鑑みると，高齢者のリスクテイク行動も否定しにくく，機能低下，リスクテイク双方が原因に絡んでおり，事故環境やその当事者により異なるものと考えなければならない。

5　最近の交通安全対策の現状と課題

（1）現状

　前述のようにここ 10 年程度，交通事故は減少している。この要因として，道路交通法（以下，道交法）を中心とした規制強化を中心とする交通安全対策を挙げることができる。では具体的にどのような対策が講じられてきたのだろうか。ここでは法律・政策，交通安全教育・啓発活動，道路交通環境の整備・車両の安全性確保の 3 つの視点でまとめた。表 3-1 は高齢者向けを含む交通安全対策を簡易にまとめたもので，最近 10 年でもさまざまな対策が講じられているのがわかる。

表 3-1 交通安全対策の推移（全体，2003～2014 年）

年	法律・政策	交通安全教育・啓発活動	道路交通環境の整備・車両の安全性確保
2003	本格的な高齢社会への移行に向けた総合的な高齢者交通安全対策について」が交通対策本部で決定（3月27日）		「あんしん歩行エリア」（第1次）の指定（7月）
2004	・道路交通法の一部改正 ・携帯電話等の使用に関する罰則の見直し ・暴走族対策の強化 ・飲酒検知拒否に対する罰則の引き上げ（11月施行） ・「標準仕様ノンステップバスの認定制度」の創設（1月）		後付けされたタイヤおよびチャイルドシートに対する後付け装置リコール制度の創設（1月1日施行）
2005		警察庁および都道府県警察による反射材活用キャンペーン（9月～翌年1月）	自動車のボンネット部の歩行者保護性能に関する基準を適用（9月）
2006		「参加・体験・実践型の高齢者安全運転普及事業」の実施	・人交通安全環境研究所にリコール技術検証部を設置 ・第4期先進安全自動車推進計画の開始
2007	自動車運転過失致死傷罪が新設される（6月施行）		
2009			「あんしん歩行エリア」（第2次）の指定（3月）
2011			第5期先進安全自動車推進計画の開始 「ゾーン30」（生活道路対策）の取り組みを開始（9月）

表 3-1（続き）

年	法律・政策	交通安全教育・啓発活動	道路交通環境の整備・車両の安全性確保
2012	「安全で快適な自転車利用環境創出ガイドライン」を策定（11月）		
2013	・道路交通法の一部改正 安全な運転に支障を及ぼすおそれがある病気等に係る運転者対策 ・悪質・危険運転者対策 自転車利用者対策（6月公布）		自動車のバンパー部の歩行者保護性能に関する基準を適用（4月）
2014	自動車運転死傷行為処罰法（5月施行）		

（2）課題

　全体に対しては，飲酒運転，危険運転に対する厳罰化などの規制強化を中心とした交通安全政策が目立つ。さらに，注目すべきことは，規制強化を中心とした交通安全政策は，社会的に大きな影響のあった重大交通事故を契機として，検討・施行されたことである。たとえば，2007年の飲酒運転に対する制裁強化は，前年の2006年8月，福岡市で飲酒運転の乗用車に追突された車が海に転落し，幼児3名が死亡した事故をきっかけとしたものと言ってよい。一方，高齢者に対しては，高齢ドライバーに対する免許返納制度を中心として，さらに認知症の予備検査の導入など高齢ドライバーのリスクをなるべくキャッチして運転そのものの見直しを促すものがあり，その他は高齢ドライバーの高齢運転者マークの表示など，高齢ドライバーへの直接的な対策というよりは，全体として高齢者保護を訴える啓蒙的なものが目立つ。

　これらの状況を通じて課題としている言えることは，まず，交通安全対策はさまざまに行われているものの，一般ドライバーの認識の中には，上記のような道交法改正や免許制度にかかる規制の行方以外はあまり知られていな

いということだ。制度面，それにまつわる規制がどのように変わったかというだけではなく，それらを通じて，道路環境の整備，交通安全教育がどのようにつながり，実践されているかをもっとわかりやすく伝える必要があるだろう。

　次に，課題として言えることは，道交法などの規制強化はリスクの先取りというよりは後追いになることが，法律による取り締まりという性質上避けられないということだ。危険運転や飲酒運転の改正についても，悲惨な事故による社会的影響を受けてのもので，それらを予見し，先取りして規制強化をすることは難しい。この点，交通安全対策はリスクの後追いとしての規制作り，あるいは規制強化を中心とするというよりは，むしろ，リスクを先取りした交通安全教育を中心に据える必要があるだろう。つまり，規制ありきの抑止ではなく，リスクの実態をその都度，即時に反映した事故防止そのものを狙いとした交通安全教育をもっと前面に出した対策が必要であるということだ。このような現状となる要因として考えられることは，交通安全対策の中心が警察庁であるということだろう。取り締まり機能を持つ警察は規制を示し，それに対する取り締まり強化を実践し，悪質な，またはリスクの高いドライバーを監視することで一定の安全環境づくりをしてきた。このことは重要であり，今後も必要である。一方でリスクを詳細に分析し，その実態に応じた安全教育を行うという機能は警察庁の人員だけでは十分に発揮することは難しい。さらに，高齢者への安全対策では，ドライバーの免許制度に関するものが最も世間で知られているが，ここにも大きな課題がある。現状のリスクでは，高齢歩行者が被害者となる死亡事故がなかなか減少しない状態であり，これへの対策が求められるが，免許制度のない歩行者への働きかけは警察中心の交通安全対策では限界があるのが現状である。一方で交通安全対策そのものが取り締まりなどの警察によるリードが主であったため，これを転換，あるいは役割を代替する機関が出にくく，有効な手立てを打てずにいるのである。

　また，高齢ドライバーについても，そのドライバー数の増加に伴う事故の高止まりへの対策も必要であることは言うまでもない。ただ，現状では，免許返納制度が最もドライバーに知られている対策であり，それ以外の教育活

動なども，一部では行われているものの，拡大および浸透というレベルには至っていない。また，免許返納という考え方も取り締まり機能を持った警察中心の考え方である。飲酒や悪質な運転等は，誰から見ても交通から排除すべき存在であり，著しい身体的機能低下のある高齢者も運転を継続すべきではないだろう。それらへの規制強化はコンセンサスが得やすい。しかしながら，高齢ドライバーの中には，運転が不安と思っていても，さほど著しい身体的機能低下は見られず，安全確認を取り戻すことで安全運転力を回復することができるドライバーも少なくない。また，一定年齢になっても生活に必要で運転を継続せざるを得ない層も少なくなく，特に公共交通機関網が乏しい地方では深刻な問題である。ここでも，高齢ドライバーに対する安全教育を行うことで，運転を継続できる層を増やすことを試みる必要がある。

　このように道交法改正を中心とする規制強化や制度依存だけではなく，警察のみならずさまざまな機関が，現状のリスク実態を反映させた安全教育を行う必要がある。特に高齢者については，規制強化そのものが歩行者にはできず，ドライバーにも返納という形でしか対応できず，高齢者自身が交通から排除されることにコンセンサスが得られない中では限界がある。今後，さらに増加する高齢者への安全教育による安全性の向上は社会的に取り組まなければならない課題と言ってよい。これまで高齢者の事故，安全対策を見てきたが，これらを通じて，安全教育では現状の高齢者のリスクに合わせ，具体的にどのような安全教育が必要なのかをドライバー，歩行者に分けて次にまとめることとする。

6　高齢ドライバーと安全教育

　高齢ドライバーのリスクを一様に括ることは難しい。性格，身体的機能についても個人差があるからだ。一方で，事故分析により高齢ドライバーでは，交差点出合い頭，バック，右折事故については加齢とともに増加する事故パターンであった。したがって，まずは事故分析の成果をもとに，加齢に伴い増加する高齢ドライバーの多発事故パターンの対策を基本として教育内容に

盛り込む必要がある。では，基本対策に盛り込む場合，具体的にどのような内容にするかを検討する。

　安全教育を行う場合，「出合い頭，バック，右折で加齢に伴い事故が多くなっているので気をつけましょう」というようなスローガン的な内容がまずは考えられる。この内容をポスターにして街頭に掲示する，また，小冊子にして配布したりなどである。内容は事実であるし，簡潔であるが，課題もある。高齢ドライバーが，出合い頭，バック，右折で何にどのように気をつけたらよいかが明確ではないことである。

　この点は，高齢ドライバー教育に限らず，交通安全教育全体で散見されることだ。たとえば，「事故多発交差点」という表示が交差点付近に設置されていることがある。これにより，通過するドライバーは，事故が多い危険な交差点と理解することができるが，具体的に特にどのような危険があり，何に気をつけなければならないかという情報はほとんどない。つまり，危険を知らせることにとどまり，その後の安全行動のとり方はドライバーへお任せという状態である。このような情報発信には意味はあるとしても，ドライバーがとるべき具体的な安全行動を提示していないので，教育的な効果を望むのは難しいと考えなければならない。

　高齢ドライバーについて戻ると，出合い頭，バック，右折で，どのような不安全行動があり，それをどのように防止するのかという具体的な提示が求められる。ここでは，これらの事故多発交通環境において，高齢ドライバーと非高齢ドライバーの運転がどのように違うのかについて実験をしたものがある。これにより，一部ではあるが，高齢ドライバーに対して，何を教育し，どのように安全行動をとってもらうことが望ましいかを示すことができる。実験は，出合い頭，バック，右折場面において，本来，行わなければならない安全確認がどの程度できているかを中心に検証を試みたものである。

　たとえばバックする際には，バック前に駐車スペース，車の後方，左右の確認を予め行っておく必要があるが，高齢ドライバーの場合，慣れや身体的機能低下から，駐車スペースの確認をせずにバックしてしまう。また，駐車スペースの確認はしているが，すでに車が後方へ動き出してしまうなどの安全確認不良がよくある。ここでは，確認せずに操作をしてしまうことを省略，

確認はしているが次の操作に移ってしまっていることを先行と考え，それが高齢ドライバーにおいてどの程度あるかに注目している。以下は実験の概要とその結果である。

（1）高齢ドライバーのリスク実態を示す実験
実験概要

加齢に伴い増加する事故である交差点右折場面などを走行コース上に設定し，高齢ドライバーとその他年齢層ドライバーで安全確認の省略や先行がどの程度起きているか，また，高齢者はその他年齢層に比べて省略や先行が顕著かどうかなどを実車走行実験にて調べた。また，ドライバーの安全確認行動を見るために，視線計測カメラ，運転席等にビデオカメラを設置して確認した。

実車走行実験のコースと被験者

実車走行実験のコースについて図3-7に示した。

実験コースは，高齢者において多発かつ，年齢層が上がるにつれて多発する事故である環境の「A．信号無交差点直進」「B．駐車場・構内バック」「C．信号無交差点右折」を含むように設定した。被験者は，高齢者（65歳以上）11名（平均70.7歳），比較対照として非高齢者（20～30歳代）10名（平均31.4

図 3-7　実車走行実験のコース

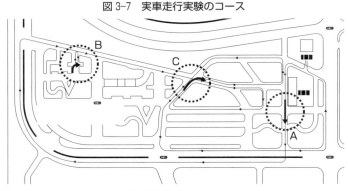

出所：粂田・北村・小木・西村（2013）1071頁。

歳）である．被験者には3周走行してもらい，コースを覚えた後の2周目および3周目の測定データを分析の対象とした．

測定結果と考察

実車走行実験では，特に「信号無交差点右折」において，高齢者と非高齢者の間で安全確認行動の差が見られた．「信号無交差点右折」での測定データを表3-2にまとめた．

ここで，安全確認項目数とは，以下に示す，信号無交差点右折時での望ましい確認項目のうち，被験者が実施した安全確認項目の数である．また，操作前確認項目数とは，ハンドル操作前に実施した確認項目の数である．なお，信号無交差点右折時の望ましい安全確認行動は以下のとおりである．

① 停止線で停止
② 右サイドミラーで右後方確認
③ 発進し交差点進入口で再度停止
④ 交差点左方を目視で確認
⑤ 交差点右方を目視で確認
⑥ 対向車を目視で確認
⑦ 右後方を目視で確認
⑧ 右折先を目視で確認

不安全行動の評価については，安全確認の省略は安全確認項目数で評価し，操作の先行は操作前確認項目数にて評価した．つまり，安全確認項目が少ないことは，行わなければならない安全確認を怠り，安全確認を省略したと考える．また，ハンドル操作前での安全確認を示す，操作前確認項目数が少な

表3-2　信号無交差点右折での安全確認行動の違い

	高齢者平均	非高齢者平均
安全確認項目数	4.73	5.42
操作前確認項目数	2.82	3.89

出所：粂田・北村・小木・西村（2013）1071頁．

いことは操作が先行していると考える。ここで，表3-2を見てみると，高齢者と非高齢者を比較すると，安全確認項目数と操作前確認項目数ともに高齢者の方が少なく，操作前確認項目数の差がより顕著である。高齢者は右折時間が長く，ゆっくりとした運転行動をとっている反面，右折のためのハンドルの回し始めを基準としたとき，右方確認のタイミングが遅れハンドル操作が先行する傾向にあり，その結果，ハンドル操作前の安全確認が省略されている状態，つまり，操作先行が起こりやすいということが言える。

（2）高齢ドライバー教育の考え方

　このように，安全確認における省略と先行について着目した実験では，特に信号無交差点右折場面において，高齢者は操作先行が起きやすいことがわかった。このことを交通安全教育に活用すれば，右折時に事故が多いというだけではなく，右折時に必要な複数の安全確認項目が，十分に行われないままハンドル操作に移行してしまっている傾向があることを伝え，さらに，十分な安全確認をするために，右折時には早く曲がることを優先し，右折軌道を最短距離にとることをせず，ゆっくりと曲がり，確認ができ，回るような軌道をとることを教育することができる。安全教育は情報発信と啓発にとどまることなく，データ分析と共感できる具体的な運転方法までをカバーすることが行動変容につながる前提と言える。また，高齢ドライバーは，その大半がベテランドライバーでもあり，データに基づく，個別，具体的な共感材料がより求められる。この場合，高齢ドライバー一人ひとりに応じた共感材料が望ましいが，同じ年齢層という括りでの分析を踏まえたものから始めることも有効であろう。同年齢層のリスク傾向を押さえることは，むしろ前提として考えてよいことである。

（3）高齢ドライバー教育の事例

　図3-8は『"これから世代"のための　セイフティドライバーマニュアル　運転の流儀』というものだ。小冊子型の安全運転マニュアルだが，高齢ドライバー向けに作られたもので，その構成は以下のようになっている。

図3-8　高齢ドライバーのための安全運転マニュアル

① 事故実態と慣れ，過信の危険
② 高齢ドライバーの運転に必要な身体的機能チェック
③ 運転力向上のための7つの習慣

　上記①から③では，高齢ドライバーの事故実態を正確に把握し，自身で安全レベルチェックを行うことを前提としている。次に，高齢ドライバーが起こしやすい事故に合わせて，具体的にどのような運転をすべきかを7つの安全習慣として掲げている。

① 両肩をシートにつけてミラーを調整（運転時の視野を維持，確保する）
② 速度変化が小さい運転を心掛ける（加速を大きくして運転時の視野を狭めないこと）
③ 停止時は必ずサイドブレーキを引く（発進時の追突事故をふせぐため）
④ 非優先道路から信号のない交差点への進入は二段階停止で行うこと（非優先時の停止の徹底）
⑤ 優先道路から信号のない交差点への進入・通過時はアクセルを足から離す（優先時に事故も多く，安全航行の徹底を図るため）
⑥ 駐車場でのバック時は，バックギアに入れる前に周囲を指さし確認を

行うこと（周囲確認を十分に行うため）
⑦　右折時は大きく，ゆっくり回るように進む（右折時にハンドル操作が安全確認よりも先行しないため）

　これは損害保険会社が高齢ドライバー契約者へ試行的に配布したもので筆者も作成に関わっている。小冊子という媒体ではあるが，高齢ドライバーのリスク実態とそれらに合わせた具体的な安全行動を示したもので，自身のリスクチェックも可能とした。媒体の形態や継続的な展開にまだまだ課題を残すものの，スローガンや情報発信だけにとどめない具体的な行動へ踏み込んだ事例と言える。

7　高齢歩行者と安全教育

（1）高齢歩行者教育の考え方
　高齢歩行者への安全教育も，基本的には高齢ドライバーと同様に考えてよい。つまり，高齢歩行者のリスク実態に合わせた情報発信にとどまらない具体的な安全行動を示して教育することにほかならない。前述のように，高齢歩行者は夜間，横断歩道以外での死亡事故が多いことが特徴であった。このことを踏まえ，夜間の行動を控え，横断歩道以外で横断しないことを徹底して教育することが求められる。また，自車線側ではなく，反対車線側での事故も多いことなどを加えて，横断前の安全確認も具体的に示すことが望まれる。

（2）高齢歩行者教育の事例
　図3-9は　高齢歩行者の安全教育の一例として，横断時のシミュレーション訓練として開発された体験型の安全教育機器である。
　これは，秋田大学水戸部一孝教授とエーピーアイ株式会社（秋田県大仙市）が2005年に共同研究を開始し，2007年に製品化した体験型の歩行者用シミュレータで，60インチの3面式のスクリーンに疑似的な交通環境を表示

図3-9 体験型歩行者用シミュレータ

し，実際の道路を横断しているかのような体験ができる装置となっている。体験者の頭部・身体運動を測定して，車道横断に必要な歩行能力と判断力をチェックし，結果のフィードバックやリプレイ機能を通じて，実際に防止策を身につけてもらうものだ。すでに，一部の警察本部でも導入され交通安全講習会等でも活用されている。この取り組みで大事なことは，高齢歩行者で多い横断中事故というリスクに合わせて，さらに自らが安全レベルをチェックできることだ。一過性のイベントに終わりやすいという課題はあるが，免許を持たない，あるいは運転機会が少ない高齢歩行者には，情報発信，具体的な行動のほかに，このような体験型教育の機会となるシミュレータの活用は有効と言える。

8 高齢者安全教育の共通課題

　高齢ドライバー，高齢歩行者それぞれで教育の考え方と内容を示した。さらに，双方の教育で共通に必要なことがある。それは継続性である。交通安全教育は年に1回などのイベントとして行われることが少なくない。これは

図3-10　教育前後の確認回数の変化

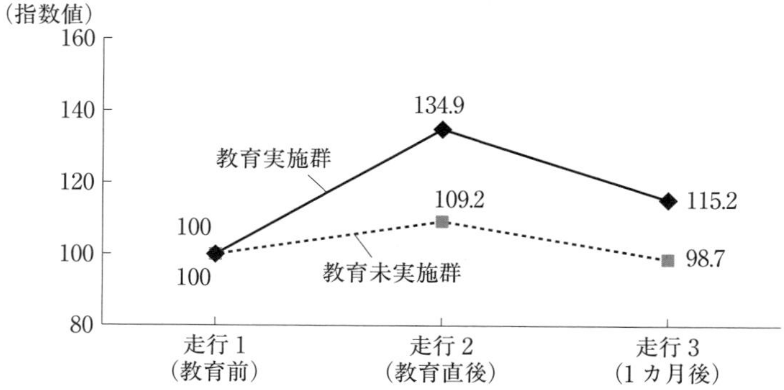

(指数値)

教育実施群: 走行1（教育前）100 → 走行2（教育直後）134.9 → 走行3（1カ月後）115.2

教育未実施群: 走行1（教育前）100 → 走行2（教育直後）109.2 → 走行3（1カ月後）98.7

出所：蓮華他（2010）10頁。

主に情報を受け取る，適性検査を体験することなどが目的の啓発的活動と言える。これ自体は重要なことだが，本章で提案している教育はリスクを知ることだけではなく，その防止策を身に着けてもらうことにある。具体的な安全行動を決め，それを習慣として取り入れ，継続的に実践をしてもらうことを目的としている。したがって教育内容と同じくらいに継続性が求められる。

　また，教育効果としても一過性，単発での実践は効果が得にくい。ここで，一度の安全教育では時間の経過とともに効果が低下してしまうことを研究事例で示す（蓮華他（2010））。研究事例においては，教育前にテスト走行を行い，走行中の運転を映したビデオを提示して，運転行動のチェックとフィードバックの形で安全運転教育を実施する。さらに，教育効果の測定のために，教育直後と教育1カ月後にテスト走行を実施し，教育前の運転行動との比較を行っている。その教育効果については図3-10に示したとおりである。これを見ると，教育実施群においても，教育前の安全確認回数を100としたときに，教育直後は安全確認回数が大きく引き上がるが，1カ月後の安全確認回数は下がってしまうことが示されている。特に安全確認回数などの日常運転で頻度が高く行われるものは，教育による効果は望めるものの，日常運転環境での慣れなどにより安全確認をしなくなってしまうことも前提として考えなければならない。したがって，教育機会を1回とせず，なるべく定期的かつ継続的に行うことが望ましいと言える。

9 今後の課題

　高齢歩行者が犠牲になる事故は高止まりで，高齢ドライバーが加害者となる事故は今後増えることが予想される．本章では，事故につながるリスクの洗い出しと具体的な安全行動を身につけるための教育の必要性を述べた．しかしながら，このことには課題もある．教育そのものを行う担い手の不在である．現状では，リスクに合ったプログラム構築を担う機関も完全とは言えない．今後はこれまで交通安全対策の中心を担ってきた警察庁のみならず，高齢者に関わる多くの人々の交通安全教育への参画が必要である．高齢者の家族，友人などはもちろん，高齢者が居住する自治体，高齢者が車を購入するカーディーラー，高齢者が自動車保険に加入している損害保険会社など，なるべく多くの関係者が役割や機能を分担して，高齢者の安全教育を不断なく行う環境づくりが必要である．たとえば事故情報を多く持つ損害保険会社はリスクに合ったプログラム構築を担い，また高齢者を顧客として持ち，接点も多いカーディーラーや損害保険代理店などでは教育実施を担い，地域の危険情報や高齢歩行者への安全パトロールを自治体などが行うことなども考えられる．さらに，家族や友人はいつも関心を持って高齢者の安全を見守るということも大切である．

　また，新たな技術の開発も安全教育を担う候補と言える．具体的には通信機能が付いたテレマティクス型ドライブレコーダ，運転支援に関わる情報を発信できるカーナビ，自動車メーカーが競って開発する自動運転機能などが挙げられる．安全技術で大事なことは全自動運転車ではない限り，開発された1つの技術ですべての安全を担保することはできないと考えることだ．それぞれが機能を持って開発されたものなので，その適用範囲を正確に理解し，あくまで人が車を操作することを前提としなければならない．ただ，今後は上述の安全技術は飛躍的に向上し，バリエーションも増えることが予想されるため，人が車を操作するというよりは，人が車をマネージメントするような時代になるかもしれない．また，歩行者に対しても，交通環境内にさまざまITS技術が普及するようになり，車が歩行者を回避してくれる時代は現

実的になっていると言ってよい。

　ただ，交通安全教育の必要性は，車の安全技術，交通環境のITS技術など，それぞれが完全に普及するまでのつなぎの機能ではない。ドライバーは車をマネージメントし，歩行者は先進交通環境へ参加するというように，それぞれの技術レベルが上がった段階でも，完全にすべてが自動化されることは考えにくく，必ず人が行わなければならない安全機能は残ると考えるべきである。事故につながるリスクとは何か，そもそもの安全行動とは何か。リスクを回避した交通行動がとれるよう安全技術とともに人も進化をしなければ，真の安全環境を構築することはできない。

【参考文献】
北村憲康（2009）『安全運転寿命』企業開発センター交通問題研究室
――――（2013）『シニアドライバーのための安全運転習慣10』企業開発センター交通問題研究室
北村憲康・籾田佳奈・小木哲朗・西村秀和（2013）「事故多発環境における高齢ドライバーの運転適性と安全確認行動の関係について」『自動車技術会論文集』Vol. 44, No. 4, JULY 2013, 1067-1072頁
籾田佳奈・北村憲康・小木哲朗・西村秀和（2013）「事故分析による高齢ドライバーの事故多発環境の特徴把握」『自動車技術会学術講演会前刷集』No. 24-13, 9-12頁
警察庁（2013）『平成25年中の交通事故の発生状況』
財団法人交通事故総合分析センター（2010）『イタルダ・インフォメーション高齢者の歩行中の事故』交通事故総合分析センター
国土交通省（2003-2013）『国土交通白書』各年版
蓮華一己・太田博雄・向井希宏・小川和弘（2010）「コーチング技法を用いた高齢ドライバーへの教育プログラムの効果」『交通心理学研究』Vol. 26, No. 1, 1-13頁

第4章　高齢者の交通事故と賠償法理
―― 損害賠償の基礎理論および社会保険との調整

加瀬　幸喜

1　はじめに

　自動車損害賠償責任保険（以下「自賠責保険」という）など，責任保険の保険金の支払いを受けるためには，賠償責任（不法行為責任）が生ずることが前提である。そこで，本章では，賠償法理について検討する。まず，交通事故が生じた場合の賠償責任（不法行為責任）の成立要件を説明する（第2節）。次に，人身損害額の一般的な算定方法について概説する（第3節）。
　さらに，人身損害のうち，公的年金受給権の逸失利益性（第4節）および高齢被害者の死亡慰謝料（第5節）について，掘り下げた検討を加える。これらは，高齢者事故に特有な論点であるからである。
　最後に，健康保険および介護保険と損害賠償との調整について考察する（第6節）。これは今後紛争が生ずる可能性がある問題であり，かつ私保険および社会保険の守備範囲の調整に関わる問題であるからである。

2　不法行為責任の成立

（1）一般的な不法行為責任

　不法行為責任とは，大まかに言えば，人が他人に損害を与えた場合に，生

じた損害を賠償するものである。

民法709条は不法行為責任に関する一般原則を定めている。すなわち，同条は，「故意又は過失によって他人の権利又は法律上保護される利益を侵害した者は，これによって生じた損害を賠償する責任を負う」旨を規定する。この規定によれば，不法行為責任が成立し賠償責任を負う要件は，①故意または過失による行為（加害行為）を行ったこと，②その加害行為によって他人の権利または法律上保護される利益を侵害したこと，および③それによって損害が生じたことである。

1）故意または過失

不法行為責任が成立する第1の要件は，加害者が故意または過失がある行為をしたことである。故意とは，「結果の発生を認識ないし予見しながらそれを容認して行為をする心理状態」をいう。他方，過失は，かつて「違法な結果（損害）の発生を予見すべきであるにもかかわらず不注意のためにこれを予見しないという心理状態である」と定義されていた（主観的過失）。しかし，この定義は批判を受けるようになった。この説は，過失を当該行為者の主観的な心理状態と捉えているにもかかわらず，過失の有無を判断するときは，通常人ないし標準人を基準として判断する（客観的過失）からである[1]。

そこで，今日では，過失は行為者の主観的な心理状態ではなく注意義務（客観的に措定される行為義務）違反と捉えられている。すなわち，この注意義務は，他人に損害を生じさせないように精神的に緊張しているといった無形の注意にとどまらず，このような状況においてはこういう行為をせよ（損害回避義務）という有形かつ具体的な注意義務である。したがって，過失とは，違法な結果（損害）の発生を予見しその発生を防止すべき注意義務（損害回避義務）を怠ることと定義することができる[2]。

2）違法（法益侵害）性

不法行為責任が成立する第2の要件は，加害行為により「他人の権利また

---

1) 森島（1987）174頁，窪田（2007）45頁。
2) 幾代（1993）38頁，吉村（2010）72頁，窪田（2007）45頁。

は法律上保護される利益」を侵害したことである。この要件は，不法行為責任が生ずる客体（対象）の範囲を定めるものである。これを被害者の側から見ると，この要件は，不法行為法に基づき損害賠償を受けることができる範囲を限定するものである。すなわち，われわれは自由競争社会で生活しているが，競争の結果，損害（不利益）を被ることがある。その場合に，民法709条に基づき賠償を受けることができる損害は，「権利または法律上保護される利益」を侵害されたことにより生じた損害に限られる。したがって，たとえば，大規模なスーパーマーケットが近隣に開業したため閉店を余儀なくされた個人商店は，閉店によって被った損害が「権利または法律上保護される利益」を侵害されたことにより生じたものではないときは，その賠償を受けることはできない。

　ところで，現行民法709条の「法律上保護される利益」の文言は，2004年の民法改正によって追加されたものである。この文言の追加の背景には，次のような判例法理の展開があった。2004年改正前の709条は，「他人ノ権利ヲ侵害シ」と規定されていた。大審院は，大判大正3年7月4日刑録20輯1360頁（桃中軒雲右衛門事件）において同条の権利侵害を厳格に解釈し，具体的な権利を侵害しない限り不法行為責任は成立しないと判示した。しかし，この判決は社会的にも評判の悪いものであった。その後，大審院は，大判大正14年11月28日民集4巻670頁（大学湯事件）において上記大正3年判決の解釈を変更し，法律上の権利といえなくても，「法律上保護すべき利益」の侵害があれば不法行為が成立するという解釈を打ち出した。現行の709条は，上記大正14年判決の解釈を踏まえたものである。したがって，同条の「法律上保護される利益」の「法律上」は，「具体的な制定法において」という趣旨ではなく，わが国の実定法上保護に値すると評価されるものであれば，同条の適用を受けることができると解される[3]。

3）損害の発生

　不法行為責任が成立する第3の要件は損害が生じたことであるが，これに

---

[3] 窪田（2007）88頁，吉村（2010）41頁。

ついては，第 3 節で概説する。

（2）自動車事故による不法行為責任

1）自賠法 3 条

　自動車損害賠償保障法（以下「自賠法」という）3 条は，自動車事故によって人身損害が生じた場合に適用する規定である。同条は民法 709 条の特則であり，加害者は，同条但書きに定める 3 つの免責要件を証明しない限り，賠償責任を負わなければならない。したがって，この責任は無過失責任に近い厳格な責任である。

　自賠法 3 条の責任は，自賠責保険金が支払われる前提条件である。自賠法によれば，自賠責保険は，同法 3 条の運行供用者責任（賠償責任）の履行を担保するための制度（同法 5 条以下）であるからである。自賠責保険は，被保険者が自賠法 3 条の賠償責任を負うことにより被った損害を填補する保険であり[4]，したがって，自賠責保険金が支払われるためには，自賠法「第 3 条の規定による保有者の損害賠償の責任が発生」することが前提である（同法 11 条）。

　自賠法 3 条は，①自己のために自動車を運行の用に供する者（以下「運行供用者」という）が賠償責任を負うこと，そして，運行供用者責任は，②自動車の運行によって，③他人の生命または身体を害したときに成立すること，および④運行供用者が同条但書きの免責要件を証明したときは，免責されることを定めている。これらの論点について，順次検討する。

2）運行供用者

　自賠法 3 条本文は，運行供用者が人身事故の賠償責任を負う旨を規定するが，同法には，運行供用者を定義する規定はない。判例および通説によれば，運行供用者とは，加害車両について「運行支配」および「運行利益」が帰属

---

[4] 自賠責保険の被保険者は，保有者と運転者である。保有者とは，運行供用者でその自動車を使用する権利を有するものをいう（自賠法 2 条 3 項）。したがって，ドロボウ運転者は，運行供用者ではあるがその自動車を使用する権利を有しないから，保有者に該当せず，自賠責保険の被保険者ではない。

する者をいう。判例は，運行支配とは，「自動車の運行について指示・制禦をなしうべき地位」[5]，「自動車の運行を事実上支配，管理することができ，社会通念上自動車の運行が社会に害悪をもたらさないよう監視，監督すべき立場」[6]であると解している。運行利益は，客観的・抽象的に捉えられており，たとえば，最一小判昭和46年7月1日民集25巻5号727頁は，無断私用運転中の事故について「運行を全体として客観的に観察するとき，本件自動車の運行が所有者のためになされていたものと認めることができる」と判示する。

ところで，認知症の高齢者が人身事故を引き起こす事例が報道されているが，この場合に，認知症の加害者は自賠法3条の運行供用者責任を負うのだろうか。民法713条は，精神上の障害により責任能力がない状態で加害行為を行った者は，不法行為責任を負わない旨を規定するので，同条の規定が運行供用者責任に適用されるか否かを検討する必要がある。下級審裁判例は，民法713条の適用を否定している[7]。たとえば，東京地判平成25年3月7日判タ1394号250頁は，運転中に低血糖により意識障害に陥り責任能力が否定された者が引き起こした事故について，「自賠法3条は，自動車の運行に伴う危険性等に鑑み，（中略）民法709条の特則を定めたものであるから，このような同条の趣旨に照らすと，行為者の保護を目的とする民法713条は，自賠法3条の運行供用者責任には適用されないものと解するのが相当である」と判示する。したがって，認知症などにより責任能力のない高齢者が人身事故を引き起こした場合でも，その高齢者は運行供用者責任を負うものと解される。

3) 自動車の運行

「運行」とは，人または物を運送するとしないとにかかわらず，自動車を当該装置の用い方に従い用いることをいう（自賠法2条2項）。「自動車を当該装置の用い方に従い用いること」とは，走行装置により位置の移動を伴う

---

5) 最一小判昭和45年7月16日判時600号89頁など。
6) 最三小判昭和50年11月28日民集29巻10号1818頁。
7) 大阪地判平成17年2月14日判時1917号108頁など。

走行状態に置く場合だけでなく，たとえば，特殊自動車であるクレーン車を走行停止の状態に置き，操縦者において，固有の装置であるクレーンをその目的に従って操作する場合も含まれる[8]。

4) 他人性

運行供用者責任が生ずる対象は「他人の生命または身体」である。「他人」とは，「自己のために自動車を運行の用に供する者（運行供用者）および運転者以外の者」をいう[9]。運行供用者の妻など親族も，この「他人」に該当する[10]。ただし，当該自動車を日常的に使用しているときは，運行供用者と評価される場合がある。

運行供用者と評価される者が複数存在する場合がある（たとえば，自動車の所有者とそれを借りて使用する者）。これらの者を共同運行供用者と呼ぶが，共同運行供用者間で加害者・被害者になることがある。この場合の被害者は，「他人」に該当するだろうか。最高裁判所は，被害者である共同運行供用者と加害者である共同運行供用者との運行支配の程度態様を比較し，前者の運行支配が「直接的，顕在的，具体的」であるときは，「他人」にあたらないと判示する[11]。

5) 免責要件

自賠法3条は，運行供用者が次の3つの免責要件をすべて証明しない限り賠償責任を負うと規定する。すなわち，①自己および運転者が自動車の運行に関し注意を怠らなかったこと，②被害者または運転者以外の第三者に故意または過失があったこと，ならびに③自動車の構造上の欠陥または機能の障害がなかったことである。運行供用者は，免責を受けるためには，①の要件を証明するだけでは足りず，②および③の要件をも証明しなければならないのであるから，事実上，無過失責任を課せられていると言えよう。ただし，

---

[8] 最一小判昭和52年11月24日民集31巻6号918頁。
[9] 最二小判昭和37年12月14日民集16巻12号2407頁。
[10] 最三小判昭和47年5月30日民集26巻4号898頁。
[11] 最三小判昭和50年11月4日民集29巻10号1501頁。

判例によれば，事故の発生と因果関係のない免責要件については，因果関係がないことを証明すれば足りる[12]。

3　人身損害額の算定

（1）損害の意義

不法行為責任が成立する第3の要件は，損害が生じたことである。では，損害はどのように定義されるのだろうか。

1）差額説

差額説は，損害は加害行為の結果として現に存在する利益状態とその加害行為がなかったと仮定したならば存在したであろう利益状態との差であると定義する。差額説は民法学説における通説である[13]。

最高裁判所も，基本的に差額説を採用している。たとえば，最二小判昭和42年11月10日民集21巻9号2352頁は，「損害賠償制度は，被害者に生じた現実の損害を塡補することを目的とするものであるから，労働能力の喪失・減退にもかかわらず損害が発生しなかった場合には，それを理由とする賠償請求ができないことはいうまでもない」と判示する。

しかし，差額説に対しては，人身損害額の算定に関し問題点が指摘されている。第1には，差額説が定義する損害概念は，財産的損害にはあてはまるとしても，精神的損害（慰謝料）には適合しないのではないかというものである。第2には，たとえば，被害者に後遺障害が残った場合でも，本人の努力によって収入の減少を防止したときは，差額説によれば，損害が生じていない（精神的損害を除く）ことになるが，それは適正なものであるかという問題点である[14]。

---

12)　最一小判昭和45年1月22日民集24巻1号40頁。
13)　森島（1987）330頁，吉村（2010）96頁。
14)　吉村（2010）97頁。

2）労働能力喪失説

労働能力喪失説は，差額説の上記の第2の問題点を克服する学説である。すなわち，同説は，人身損害の逸失利益について，人は労働し収入を得る能力（労働能力）を持っており，生命または身体が害されたことによりその能力が失われたことを損害と解する説である[15]。下級審裁判例は，後述するように，逸失利益の一部を労働能力喪失説によって算定している。

3）死傷損害説

死傷損害説の出発点は，生命・身体を経済的（金銭的）に評価することは不可能であると考える点にある。そこで，この説は，死傷それ自体を損害と捉え，人間の平等・個人の尊重の精神（憲法13条，14条）から，たとえば生命を害したときの損害額は，被害者の年齢・性別・職業を問わず，一律の金額であると主張する[16]。

死傷損害説は少数説の地位にとどまっている。その理由は，この説による場合には，賠償額が全体として縮小するのではないかという懸念が生じているからである。また，この説は，人身損害額は一律（定額）にすべきであると主張するが，それをいくらにすべきかの具体的な基準を提示していないので，実務は死傷損害説を採用することに躊躇しているものと思われる[17]。

4）修正差額説

下級審裁判例は，差額説を一部修正した考え方を採り入れている。すなわち，個別損害項目積上げ方式を前提として，逸失利益の一部に労働能力喪失説を採用している。裁判実務では，すでに発生した逸失利益（休業損害）は，差額説によって算定するが，将来生ずる逸失利益（死亡逸失利益および後遺障害逸失利益）は，労働能力喪失説によって算定する[18]。

---

15) 吉村（2010）98頁。
16) 西原（1967）149頁。
17) 幾代（1993）284頁，吉村（2010）163頁。
18) 北河（2011）95頁。

（2）損害賠償の範囲

　不法行為責任が成立すると，加害者は，加害行為によって生じた損害を賠償しなければならない（民法709条，自賠法3条）。しかし，加害行為から生ずる損害は，無限に拡がる可能性があるから，どの範囲の損害を賠償すべきかが問題となる。大連判大正15年5月22日民集5巻386頁は，加害行為との間に相当因果関係が認められる損害に限り賠償する必要があると解している。

（3）個別損害項目積上げ方式

　交通事故賠償の実務は，人身損害額を算定する方法として，「個別損害項目積上げ方式」と呼ばれる算定方式を採用している[19]。この方式は，裁判実務においても採用されている。個別損害積上げ方式によれば，人身損害は，①積極的損害，②消極的損害および③慰謝料の3種類に大別される。

1）積極的損害

　積極的損害とは，治療費や入院費，葬祭費など，被害者が現実に支出した費用をいう（ただし，事故と相当因果関係を有する費用に限られる）。

　高齢被害者の場合には，加齢に伴い身体機能が低下しているから，治療費は高額化するものと予測される。高齢被害者が既往症を持っている場合には，治療費が事故と因果関係を有するものであるか否かが争点になるが，実務では，被害者が医療機関に支払った治療費は，過剰診療を除き，その全額が損害賠償の対象となる[20]。また，高齢被害者を治療する場合には，それ以上治療を継続しても症状が改善されない状態（これを「症状固定」という）になる場合があると予測されるが，症状固定後の治療費が損害賠償の対象となるかという争点もある。症状固定後の治療費は，原則として損害賠償の対象外である。ただし，治療を受けない場合には，症状が悪化するおそれがあるときは，症状固定後の治療費も損害として認定されることがある[21]。

[19) 北河（2011）89頁。
[20) 北河（2011）100頁。
[21) 北河（2011）103頁。

2) 消極的損害

消極的損害とは，被害者が得られたはずの利益（逸失利益）をいう。たとえば，けがの治療のために休業した場合には，休業中の収入の喪失（休業損害），後遺障害により労働能力の全部または一部を喪失した場合には，労働能力の低下による就労可能期間（症状固定時から67歳までの期間）の収入の喪失または減少（後遺障害逸失利益），死亡した場合には就労可能期間（死亡時から67歳までの期間）の収入の喪失（死亡逸失利益）である[22]。

高齢被害者の場合には，大多数が就労していないと思われるから，休業損害など労働不能による逸失利益は生じないと考えられる。ただし，高齢被害者は一般に公的年金を受給しているから，事故により死亡した場合には，死亡による年金受給権の喪失が逸失利益に該当するか否かが問題になる。この問題については，第4節において検討する。

3) 慰謝料

慰謝料の意義

慰謝料は，伝統的には被害者が被った精神的苦痛に対する賠償と理解されてきたが，今日では，このほかに「金銭的な評価が可能な無形の損害」も慰謝料に含まれると解されている。たとえば，最一小判昭和39年1月28日民集18巻1号136頁は，慰謝料請求の根拠法条である民法710条の「財産以外の損害」について，「いわゆる慰藉料を支払うことによって，和らげられる精神上の苦痛だけを意味するものとは受けとり得ず，むしろすべての無形の損害を意味するものと読みとるべきである」と判示するからである。

慰謝料の定額化

慰謝料は，その性質上金銭による評価が困難な損害であるから，訴訟においては，裁判官が諸般の事情を考慮し裁量によりその金額を算定することに

---

[22] 就労可能期間の終期は，実務では67歳とされている。その理由は，第12回生命表（昭和44年）の男性の平均寿命（67.74歳）を採用したからである。ただし，被害者が高齢者である場合には，労働能力喪失期間は，67歳までの年数と平均余命の2分の1のいずれか長い方とする（北河（2011）192頁）。

なる。考慮すべき事情には，被害者側の事情（被害者の年齢，被害の程度など）のみならず，加害者側の事情（事故の態様，事故後の対応など）も含まれると解されている[23]。

　慰謝料の算定は，裁判官の裁量に委ねられているから，その金額がまちまちになるおそれがある。そのため，慰謝料の算定を一定の基準に基づいて定型化する傾向がある。たとえば，「自動車損害賠償責任保険の保険金等及び自動車損害賠償責任共済の共済金等の支払基準」（以下「自賠責基準」という）[24]によれば，傷害の場合には1日につき4,200円，後遺障害が残存した場合には障害等級ごとに定めた額，死亡の場合には死亡本人の慰謝料は350万円，遺族の慰謝料は慰謝料請求者が1人の場合は550万円，2人の場合は650万円，3人以上の場合は750万円などと定められている。このほかに，日弁連交通事故相談センター専門委員会編『交通事故損害額算定基準』（以下「青本」という），日弁連交通事故相談センター東京都支部編『民事交通事故訴訟損害賠償額算定基準』（以下「赤い本」という）および大阪地裁民事交通訴訟研究会編著『大阪地裁における交通損害賠償の算定基準（第3版）』（以下「大阪地裁基準」という）が慰謝料額の算定基準を公表している[25]。

　高齢者が交通事故により死亡した場合の慰謝料については，第5節において検討する。

（4）賠償額の減額事由

　加害者は，上記の算定方式に基づいて算定された損害額全額を賠償しなければならないかというと，必ずしもそうではない。たとえば，被害者に過失がある場合のように，被害者の行為などが損害の発生および拡大に寄与していることがあるからである。これらの場合には，公平の理念に基づいて，賠償額が減額されることがある（民法722条2項）。

　判例法理によれば，被害者に素因（疾患など）があり，これが損害の発生

---

23)　窪田（2007）353頁，吉村（2010）159頁。
24)　平成13年金融庁国土交通省告示第1号。
25)　日弁連交通事故相談センター専門委員会編（2012），日弁連交通事故相談センター東京都支部編（2013），大阪地裁民事交通訴訟研究会編著（2013）。

および拡大に寄与した場合には，賠償額の減額事由になると解されている[26]。高齢者の多数は既往症を有しているから，高齢者が被害者となったときは，素因減額の適用を受けるか否かが争点になる。高齢者の素因減額については，第6章において検討される。

4　公的年金受給権の逸失利益性

（1）年金制度の概要

　高齢者は一般に公的年金を受給しているから，交通事故により高齢者が死亡したときは，その受給権が逸失利益に該当するか否かが争点となる。大多数の高齢者は就労していないので，年金受給権が逸失利益に該当するか否かは，損害額に大きな影響を及ぼすものと考えられる。

　現行の公的年金制度（1986年4月施行）は，2階建て構造になっている。すべての国民を対象とする国民年金（基礎年金，いわゆる1階部分）およびその上乗せとしての被用者年金（いわゆる2階部分）である。後者の被用者年金は被用者を対象とする職域年金で，これには民間企業の従業員が加入する厚生年金および国家公務員，地方公務員などが加入する各種の共済年金がある[27]。

　これらの年金制度に基づき給付する年金は，①被保険者が法定の年齢に達した時から支給する老齢年金（老齢基礎年金，老齢厚生年金または退職共済年金），②被保険者に重度の後遺障害が残存した場合に支給する障害年金（障害基礎年金，障害厚生年金または障害共済年金）および③被保険者が死亡した場合に一定の遺族に支給する遺族年金（遺族基礎年金，遺族厚生年金または遺族共済年金）である。

---

26)　最一小判昭和63年4月21日民集42巻4号243頁，最一小判平成4年6月25日民集46巻4号400頁など。
27)　来司（2001）66頁。

（2） 逸失利益性に関する学説の対立

公的年金受給権の逸失利益性については，肯定説と否定説とが対立する。肯定説の主たる支持者は裁判官など実務家である。他方，否定説の支持者は社会保障法研究者などである。学説の対立点は錯綜しているが，おおよそ次の4つの論点にまとめることができる。

1） 法益侵害性

不法行為責任の成立要件の1つは，「権利または法律上保護される利益」を侵害したことである（民法709条）が，第1の対立点は，公的年金受給権がこの「権利ないし利益」に該当するか否かである。すなわち，年金受給権は不法行為法上保護を受けることができる財産的価値を持つ権利であるか，あるいは，それは，社会保障上の権利にすぎず，不法行為法により保護を受ける権利に該当しないかである。後者であるとすると，たとえば生活保護の受給者が交通事故により死亡した場合には，その受給権の喪失は逸失利益に該当しないと解されているが[28]，これと同様に，年金受給権の喪失も逸失利益に該当しないことになる。

年金受給権の逸失利益性を肯定する説は，年金受給権は，長年にわたり保険料を支払うことによって取得したものであるから，財産的性質を有し，したがって，事故により年金受給権が侵害されたときは，損害（逸失利益）として算定することが可能であると主張する[29]。また，厚生年金や共済年金の保険料の2分の1は，被保険者を使用する事業主が負担しているので（厚生年金法82条など），賃金の後払い的性格を持つことを指摘する説もある[30]。他方，年金受給権の社会保障性を強調し，逸失利益性を否定する説がある。この説の根拠は，基礎年金（厚生年金および共済年金の基礎年金部分を含む）の給付の2分の1は国庫が負担していること（国民年金法85条），および公的年金の財政運営が積立方式（保険料を積み立てて将来の年金給付を賄う方式）でなく，賦課方式（毎年度の保険料によって毎年度の年金給付を賄う方式）を採用

---

28) 岡山地判平成21年6月19日交民42巻3号759頁など。
29) 南（1995）414頁。
30) 広田（1975）115頁。

していることにある[31]。

ところで、年金受給権を国に対する債権という観点に立って分析すると、それは財産的価値の弱い債権である。債権が財産的価値を有するか否かは、経済取引においてそれを譲渡・処分することが可能か、また、それを相続することができるかといった要素で判断することができるが、年金受給権は、それを譲渡または担保に供することができない（国民年金法24条、厚生年金法41条1項。ただし、担保に関しては例外がある）からである。また、受給権は、受給権者の死亡により消滅するので（国民年金法29条、厚生年金法14条1号）、それを相続することもできないからである。

2) 損害の意義

第2の対立点は、損害をどのように理解ないし定義するかである。前述のように、損害の意義については差額説と労働能力喪失説とが対立するが、この対立が年金受給権の逸失利益該当性にも影響を及ぼしている。すなわち、差額説によれば、「死亡によって退職年金の受給権を喪失する事実がある以上、そこに損害を観念しないわけにはいか」ないことになる[32]。他方、労働能力喪失説によれば、年金収入は労働能力と無関係な収入であるから、年金受給権の喪失は逸失利益（損害）に該当しないことになる[33]。

しかし、両説の対立は、年金受給権の逸失利益性の肯定または否定に必ずしも直結するわけではない。たとえば、最高裁判所は差額説を採用しているが、それにもかかわらず、遺族年金受給権を喪失した場合については、逸失利益にあたらないと判示する[34]。他方、労働能力喪失説を支持する説にも、老齢厚生年金、退職共済年金など被保険者が得ていた報酬に比例する年金については、労働能力を金額的に表象するものであると捉え、逸失利益性を肯定する説もある[35]。

---

31) 若林 (1999) 105頁、堀 (2013) 545頁以下。
32) 滝澤 (1996) 483頁。
33) 楠本 (1974) 135頁。
34) 最三小判平成12年11月14日民集54巻9号2683頁。
35) 最大判平成5年3月24日民集47巻4号3039頁における園部逸夫裁判官など3裁判官の意見。

3) 損害発生の可能性

第3の対立点は，そもそも年金受給者に年金の剰余金（生活費などに使用した残額）が生じるのだろうかという指摘がある。公的年金は，本来，受給した年金のすべてを受給者およびその家族の生活のために費消することを前提とした制度であるからである[36]。年金の剰余金が生じないとすると，仮に年金受給権の喪失が逸失利益に該当するとしても，その損害額はゼロ円（事実上，年金受給権の喪失は逸失利益に該当しない）になるのではないだろうか。交通事故賠償の実務では，これと同様の発想に基づき，年金生活者の生活費控除率を比較的高く認定する傾向にある（本節(4)参照）。

4) 二重取りの妥当性

第4の対立点は，死亡した年金受給者の相続人は年金を「二重取り」する可能性があるが，それは妥当であるかというものである。すなわち，年金受給権の喪失を逸失利益と解する場合には，死亡した年金受給者の相続人は，加害者からその損害賠償（死亡した受給権者の年金相当額（生活費相当額を除く））を受け，他方では遺族年金を受給する場合があるからである。ただし，「二重取り」は一部調整され，現実に受給した遺族年金および受給することが確定した遺族年金の合計額は，加害者に対する損害額から控除される[37]。

「二重取り」を妥当でないと主張する説の論拠は，現行の年金制度では，被保険者（年金受給権者）が死亡したときは年金受給権が消滅し，一定の遺族には遺族年金が給付される仕組みになっていることにある[38]。すなわち，遺族年金は，被保険者死亡により受給権が消滅した年金が切り替わった（消滅した年金から派生した）ものであるから，遺族年金と受給権が消滅した年金の年金相当額とを取得することは，二重取りになると指摘する。

他方，「二重取り」を容認する説は，論拠として，社会保険給付と民事賠償給付とは本来独立した関係であることを指摘する。そして，社会保険と民事賠償の二重給付が行われたとしても，そのことは著しく正義に反するもの

---

36) 永谷（1991）47頁。
37) 最大判平成5年3月24日民集47巻4号3039頁。
38) 岩村（1993）71頁。

ではないが，しかし，社会保険給付の目的が加害者の賠償責任を減縮することでないことは明らかであるから，社会保険給付により加害者の賠償責任が減縮した場合には，それは正義に反するものであると主張する[39]。

(3) 最高裁判例
1) 判例の論理

最高裁判所は，老齢年金および障害年金の受給権（前記の2階部分を含む）については，逸失利益に該当する旨を判示する[40]。しかし，遺族年金の受給権（前記の2階部分を含む）については逸失利益性を否定する[41]。その基準は，①年金給付と保険料とに牽連性があるか否か，および②受給権の存続が確実であるか否かである[42]。

最二小判平成11年10月22日民集53巻7号1211頁（以下「平成11年判決」という）は，障害年金の受給権について，逸失利益性を肯定し，次のように判示する。

「国民年金法に基づく障害基礎年金も厚生年金保険法に基づく障害厚生年金も，原則として，保険料を納付している被保険者が所定の障害等級に該当する障害の状態になったときに支給されるものであって（中略），程度の差はあるものの，いずれも保険料が拠出されたことに基づく給付としての性格を有している。したがって，障害年金を受給していた者が不法行為により死亡した場合には，その相続人は，加害者に対し，障害年金の受給権者が生存していれば受給することができたと認められる障害年金の現在額を同人の損害として，その賠償を求めることができる」。

また，最三小平成12年11月14日民集54巻9号2683頁（以下「平成12年判決」という）は，同様の基準に基づき，遺族年金の受給権の逸失利益性

---

39) 菊池 (2000) 224頁。
40) 最三小判平成5年9月21日判時1476号120頁，最二小判平成11年10月22日民集53巻7号1211頁。
41) 最三小平成12年11月14日民集54巻9号2683頁。
42) 平成11年判決の最高裁調査官解説によれば，②の要件は副次的なものである（河邉 (2002) 616頁）。

を否定し，次のように判示する。

> 「遺族厚生年金は，（中略）その受給権者が被保険者又は被保険者であった者の死亡当時その者によって生計を維持した者に限られており，妻以外の受給権者については一定の年齢や障害の状態にあることなどが必要とされていること，受給権者の婚姻，養子縁組といった一般的に生活状況の変更を生ずることが予想される事由の発生により受給権が消滅するとされていることなどからすると，これは，専ら受給権者自身の生計の維持を目的とした給付という性格を有するものと解される。また，右年金は，受給権者自身が保険料を拠出しておらず，給付と保険料とのけん連性が間接的であるところからして，社会保障的性格の強い給付ということができる。加えて，右年金は，受給権者の婚姻，養子縁組など本人の意思により決定し得る事由により受給権が消滅するとされていて，その存続が必ずしも確実なものということもできない。これらの点にかんがみると，遺族厚生年金は，受給権者自身の生存中その生活を安定させる必要を考慮して支給するものであるから，他人の不法行為により死亡した者が生存していたならば将来受給し得たであろう右年金は，右不法行為による損害としての逸失利益には当たらない」。

2) 判例の論拠に対する批判

最高裁判例が年金給付と保険料との牽連性を年金の逸失利益性の判断基準とすることについては，批判が加えられている。その1つは，牽連性の有無に対する批判である。国民年金の老齢基礎年金および障害基礎年金の受給権は逸失利益性が認められているが，国民年金の第3号被保険者（国民年金法7条1項3号）は，自ら保険料を支払うわけではなく，その保険料は厚生年金および共済年金の被保険者全体の拠出によって賄われており（同法97条の3），年金給付と保険料との牽連性は間接的である。これらの年金について逸失利益性を認める以上，年金給付と保険料との牽連性を逸失利益性の根拠とすることは疑問である[43]。もう1つの批判は，保険料を拠出していることを強調し，年金給付をあたかも貯蓄の払出しのように考えることに向けられ

ている。公的年金は，生活保障的見地から支給される社会保障給付であり，その財源調達方法が保険料拠出方式であるかあるいは租税方式であるかは政策選択の問題にすぎず，財源調達方式によって社会保障給付の法的性質が変わるわけではないからである[44]。

3) 判例変更の可能性

　最高裁判例は，老齢年金および障害年金の受給権について逸失利益性を肯定するが，これは今後変更される余地がある。これらの判決の最高裁調査官解説によれば，判例変更の可能性が示唆されているからである。退職年金（現行退職共済年金の前身）の逸失利益性を肯定する最大判平成5年3月24日民集47巻4号3039頁（以下「平成5年大法廷判決」という）の調査官解説は，将来年金制度が拡充されたときは，退職年金受給権の逸失利益性を否定しても，被害者の救済に欠けるところがないことになるかもしれないが，現時点では，それを否定することは被害者の救済を後退させることにもなりかねないと指摘する[45]。また，前掲平成11年判決の調査官解説は，現行の社会保険方式が改められ，税方式（年金財源の全額を税金で賄う方式）が導入された場合には，逸失利益性を認めるのが困難になると主張する[46]。

（4）生活費控除
1）生活費控除の意義

　生活費控除とは，被害者が死亡した場合には，生活費（食費，服飾費など）の支出は不要になるから，支出不要になった金額を損害額から差し引いて損害賠償額を算定することを言う。生活費控除は，「損益相殺」法理が適用される場合の1つであり，損益相殺とは，不法行為の被害者が損害を被った原因と同一の原因によって利益を受けた場合に，損害額からその利益の額を差し引いてその残額を賠償すべき損害額とする法理である。損益相殺は，民法

---

[43]　西村（1987）418頁。
[44]　平部（2000）230頁，菊池（2000）223頁。
[45]　滝澤（1996）484頁，注25。
[46]　河邉（2002）617頁。

典などに明文の規定はないが，損害賠償が被害者の原状回復を目的とするものである以上当然のことであるとされている[47]。

生活費の算定には，具体的証拠に基づいて認定する方法，世帯構成別のエンゲル係数など統計上の数値を使用して認定する方法などが考えられるが，現行の交通事故賠償実務においては，生活費控除は，被害者の属性による区分ごとに一定率を定めそれを適用し控除額を認定している。

2) 生活費控除基準

自賠責基準によれば，生活費の立証が困難な場合には，生活費控除率は，被扶養者がいるときは35%，被扶養者がいないときは50%である[48]。前記青本によれば，生活費控除率は，被害者が一家の支柱である場合および女性（女児・主婦を含む）である場合は30～40%，男性単身者（男児を含む）である場合は50%である。女性の生活費控除率を男性単身者より低く定めているのは，女性の基礎収入額は一般に男性より低額であるので，生活費控除率を低率に定め，損害額が妥当な金額になるように調整しているからである[49]。

3) 年金生活者の生活費控除率

被害者の収入が年金のみである場合には，上記の基準より高い割合の生活費控除率が適用される。年金は，本来受給者の生活に全額費消されるべき性質を有するものだからである。東京地裁民事27部（交通専門部）では，年金収入のみの場合には，年金の金額を考慮して，生活費控除率を50～80%の間（年金収入のみの一般的事案では60%）に設定している[50]。前記青本には，「年金逸失利益の生活費控除割合」に関する裁判例が掲載されている。それらは，2008（平成20）年から2011（平成23）年までの36件の裁判例であるが，それらの生活費控除率（就労可能期間経過後）は，40%と認定する裁判例が4件，50%が14件，60%が11件，70%が4件，80%が1件，90%が

---

47) 幾代（1993）303頁，吉村（2010）171頁。
48) 第4 死亡による損害2 逸失利益(3)。
49) 日弁連交通事故相談センター専門委員会編（2012）130頁。
50) 河邉（2002）13頁。

1件，および就労可能期間（平均余命の2分の1の年数）に限り年金の逸失利益を認める裁判例が1件である。生活費控除率90％の事案は，被害者が66歳女性で老齢年金が年額約36万円である。生活費控除率80％の事案は，被害者が83歳女性で老齢年金が年額約36万円である。他方，生活費控除率40％の事案は，不動産収入が見込めるもの（2件），国民年金（年額約79万円）のほかに遺族厚生年金（約162万円）を受給していたものなどである[51]。

（5）年金給付と損害賠償の調整
1）調整の法的方法

　第三者の加害行為によって障害年金または遺族年金の給付が開始されたときは，年金受給者（被害者）が第三者に対して有する損害賠償請求権と給付する年金とを調整する規定が定められている（国民年金法22条，厚生年金法40条）。それは，保険者である政府と受給権者との関係を規律する規定で，①「代位」と呼ばれる方法と②「年金給付の停止」である。①の代位とは，年金を給付したときは，給付した価額の限度で年金受給者が第三者に対して有する賠償請求権を政府が取得する制度である。したがって，代位の規定が適用された場合には，加害者は，損害賠償額のうち，被害者が受給した年金の価額に相当する金額については政府に対し，その残額については被害者に対し，それぞれ支払うことになる。②の年金給付の停止は，年金の行政実務では2年を限度として行われている[52]。

　上記の代位および年金給付の停止のほかに，公平の見地から，「損益相殺」の法理が適用されることがある。損益相殺は，加害者と被害者との間を規律する法理で，不法行為によって被害者に利益が生じたときはその利益を外形上の損害額から控除し実損害額を算出する法理である（本節(4)参照）。したがって，損益相殺が適用された場合には，損害額自体が減少することになる。

51）　日弁連交通事故相談センター専門委員会編（2012）138頁。
52）　堀（2013）308頁。

2) 判例法理
調整の根拠

前掲平成5年大法廷判決は，退職年金の受給者が交通事故により死亡した場合に，妻が受給する遺族年金は損害賠償額から控除することができるか否かが争点となった事案において次のように判示する。

>　「被害者が不法行為によって損害を被ると同時に，同一の原因によって利益を受ける場合には，損害と利益との間に同質性がある限り，公平の見地から，その利益の額を被害者が加害者に対して賠償を求める損害額から控除することによって損益相殺的な調整を図る必要があり，また，被害者が不法行為によって死亡し，その損害賠償請求権を取得した相続人が不法行為と同一の原因によって利益を受ける場合にも，右の損益相殺的な調整を図ることが必要なときがあり得る」。

この事案では，損害（年金受給権の喪失）を被ったのは夫で，利益（遺族年金の受給）を受けたのはその妻であり，損害を被った者と利益を受けた者とが異なるから，「損益相殺的な調整」[53]が行われたが，この判決によれば，年金給付と損害賠償との調整の根拠は「公平」である。

調整対象の損害

前掲平成11年判決は，障害年金の受給者が不法行為により死亡した場合に，死亡した受給者の相続人が受給する遺族年金は，不法行為の損害のうち，どの損害項目と損益相殺的調整を図るべきであるかの争点について，次のように判示した。

>　「遺族年金をもって損益相殺的な調整を図ることのできる損害は，財産的損害のうちの逸失利益に限られるものであって，支給を受けることが確定した遺族年金の額がこれを上回る場合であっても，当該超過分を他の財産的損害や精神的損害との関係で控除することはできないというべきである」。

---

53) 滝澤（1996）481頁．注15．

前掲平成5年大法廷判決は,「損害と利益との間に同質性がある限り,(中略)損益相殺的な調整を図る必要があ」ると判示するが,前掲平成11年判決は,受給する遺族年金と「同質性がある」損害は被害者の逸失利益に限られると判示する。

3) 判例法理の検討

損害保険判例における「代位および損益相殺」と公的年金判例におけるそれらとを次の3点について比較し,両者の異同を検討してみよう。結論を先取りすれば,両者はかなり異なるものである。

原因の同一性

最三小判昭和50年1月31日民集29巻1号68頁(以下「昭和50年判決」という)は,家主が借家人に対して家屋焼失による損害賠償を請求した訴訟において,家主が受け取った火災保険金が損益相殺の対象となるかが争点となった事案である。最高裁判所は次のように判示する。

「家屋焼失による損害につき火災保険契約に基づいて被保険者たる家屋所有者に給付される保険金は,既に払い込んだ保険料の対価たる性質を有し,たまたまその損害について第三者が所有者に対し不法行為又は債務不履行に基づく損害賠償義務を負う場合においても,右損害賠償額の算定に際し,いわゆる損益相殺として控除されるべき利益にはあたらない」(傍点引用者)。

この判決は,損害保険金は保険契約に基づく給付(払い込んだ保険料の対価)であるから,不法行為または債務不履行に基づく損害賠償債権とは発生原因が異なり,したがって,両者は損益相殺の対象外であると判示する。ところで,公的年金の給付も各種の年金法に基づくものであり,したがって不法行為の賠償請求権とは債権の発生原因が異なるものである。しかし,最高裁は,不法行為の損害額を算定するときに,公的年金を「同一の原因によって利益を受ける場合」と解し[54],損益相殺の対象であると判示する。この判示は,損害保険金に関する上記昭和50年判決の理解と異なるものである。

同質性相互補完性

①前掲昭和50年判決は，損害保険金と損害賠償請求権との関係を次のように判示する。

「保険金を支払った保険者は，商法662条所定の保険者の代位の制度により，その支払った保険金の限度において被保険者が第三者に対して有する損害賠償請求権を取得する結果，被保険者たる所有者は保険者から支払を受けた保険金の限度で第三者に対する損害賠償請求権を失い，その第三者に対して請求することのできる賠償額が支払われた保険金の額だけ減少することとなるにすぎない」。

この判決は，保険者が「代位の制度により，（中略）被保険者が第三者に対して有する損害賠償請求権を取得する結果，被保険者たる所有者は（中略）第三者に対する損害賠償請求権を失」う，と判示する。したがって，この判決によれば，被保険者が損害保険金を受け取った場合でも，被保険者（被害者）の損害は消滅せず（損害と損害保険金との同質性の否定），第三者に対する損害賠償請求権は存続していると解しているものと思われる。

②最小三判平成20年10月7日判時2033号119頁は，被害者（原告）が受け取った人身傷害保険金（損害塡補型の傷害保険）は加害者の賠償額を算定する場合にどのように取り扱うべきかが争点となった事案である。最高裁判所は，次のように判示する。

「本件保険契約においては，（中略）いわゆる代位に関する約定があるというのであるから，保険会社は，本件傷害保険金の支払によって，被害者の加害者に対する損害賠償請求権（以下「本件損害賠償請求権」という。）の一部を代位取得する可能性があり，保険会社が代位取得する限度で被害者は上記損害賠償請求権を失うことになるのであって，本件傷害保険金の支払によって直ちに本件傷害保険金の金額に相当する本件損害賠償請求権が消滅するということにはならない」（傍点引用者）。

---

54) 前掲平成5年大法廷判決，平成11年判決など。

この判決は,「傷害保険金の支払いによって直ちに（中略）損害賠償請求権が消滅するということにはならない」と判示する。つまり,被保険者が傷害保険金を受領した後でも,被保険者の損害は消滅しない（損害と傷害保険金との同質性の否定）と解しているものと思われる。

これら2件の判決は,いずれも,生じた損害と損害保険金との同質性および相互補完性を否定しているものと解される。

しかし,最一小判平成22年9月13日民集64巻6号1626頁（以下「平成22年判決」という）は,社会保険給付との間で損益相殺的な調整を行うべき損害について,「本件各年金給付については,これによるてん補の対象となる損害と同性質であり,かつ,相互補完性を有する関係にある後遺障害による逸失利益の元本との間で損益相殺的な調整を行うべきであ」ると判示する。これは,上記①および②の損害保険金に関する2件の判決とは異なる理解である。

ところで,議論の展開から少しずれるが,上記平成22年判決について疑問がある。同判決が審理の対象とする各種年金のうち,労働者災害補償保険法に基づく給付は,不法行為の損害と同質性を認めても妥当であると思われるが,国民年金法および厚生年金保険法に基づく障害年金は不法行為の損害と同質性ないし相互補完性を持つものではないと思われる。というのは,労働基準法84条は,労働者災害補償保険法に基づく給付がなされたときは,使用者は,同一の事由について,労働基準法の災害補償責任および民法の損害賠償責任を免れる旨を定めているから,この規定を使用者以外の第三者が加害者である場合に類推適用し,第三者の不法行為責任について,労災保険の年金を損益相殺の対象と解する余地がある。しかし,国民年金法および厚生年金保険法に基づく障害年金は,年金額の算定方法が損害額と無関係なもの（定額給付性）であるから,これらの年金を不法行為の損害と同質性ないし相互補完性を有する関係にあると解し,損益相殺の対象とすることは疑問である。

代位の根拠

保険者の請求権代位の根拠について,保険者自身に保険金の支払いという

損害が生じたからであると理解する学説がある。この説は，固有請求権理論と呼ばれ，フランスにおいて19世紀半ばから20世紀前半まで有力に主張されていた。しかし，今日では，これを支持する学説はないとのことである[55]。

ところで，公的年金給付における代位の根拠は，固有請求権理論と同一の理由によって説明されている。たとえば，前掲平成5年大法廷判決が審理の対象とする地方公務員等共済組合法50条1項の趣旨は，代位によって共済組合の経済的基盤の保持・充実を図ることにあり，その規定が適用されるのは，共済組合が共済給付の支給によって損害を受けたこと，端的に言えば，第三者の不法行為がなければ支給する必要がなかった共済給付を支給した場合であることが要件となると説明されている[56]。そして，同判決では，遺族年金の額は退職年金の額より低額であるから，共済組合に損害が生じないので，代位の規定を適用することができなかったと考えられている[57]。したがって，保険法25条に規定する請求権代位と各種の公的年金法に規定する政府等の「損害賠償請求権の取得」（いわゆる代位）とは，性質が異なる制度であると理解すべきである。

5　高齢者の死亡慰謝料

（1）死亡慰謝料基準

高齢者が交通事故により死亡したときは，慰謝料額は，他の年齢の被害者が死亡したときより低額でよいという主張がある。その論拠は，高齢者の平均余命が短いことおよび高齢者は一般に家族を扶養する必要がないことにある[58]。では，高齢被害者の慰謝料額は他の年齢の被害者と比べ低額なのだろうか。

---

55)　金澤（1966）180頁以下。
56)　滝澤（1996）486頁。
57)　最大判平成5年3月24日民集47巻4号3039頁における藤島昭裁判官の反対意見，岩村（2001）88頁，注14。
58)　東京三弁護士会交通事故処理委員会慰謝料部会編（1996）137頁（厚井乃武夫執筆）。

1970(昭和45)年頃から各種の慰謝料算定基準が公表されてきたが，1990年代までは高齢者の慰謝料を低額とする基準が公表されていた。たとえば，当時，損害保険各社が使用していた「自動車対人賠償保険（任意保険）支払基準」は，年齢による区分を設定し，1994(平成6)年6月1日以降の事故について，死亡者本人の慰謝料は18歳未満のときは1,200万円，65歳以上のときは1,100万円，その他の年齢のときは1,300万円としている[59]。このほかに，前記青本および赤い本も年齢による区分を設けていた時期（1980年頃）がある[60]。

しかし，今日公表されている慰謝料算定基準は，いずれも被害者の年齢による区分を設定していない（傷害および後遺障害の慰謝料額を含む）。たとえば，自賠責基準によれば，死亡本人の慰謝料は350万円，遺族の慰謝料は遺族の人数により異なり，3人以上の場合は750万円である。このほか，前記青本，赤い本および大阪地裁基準も，同様に被害者の年齢による区分を設定していない。

（2）死亡慰謝料額の実態

古笛恵子編著『事例解説 高齢者の交通事故』は，高齢者死亡事案の慰謝料額に関する1995(平成7)年から2005(平成17)年までの裁判例を掲載している。同書に掲載されている90件の裁判例のうち，慰謝料額が2,000万円未満の裁判例は25件（27％）である。そのうち慰謝料額が1,800万円未満の裁判例は10件であるが，6件は東京地方裁判所の裁判例である。当時は，東京地方裁判所の高齢者慰謝料認定額は，他の地方裁判所よりも低額であった[61]。

しかし，今日では，高齢者死亡事故の慰謝料額は，他の年齢の被害者と同水準にあると言える。参照することができた裁判例は，『交通事故民事裁判例集』に掲載されている，2005(平成17)年から2012(平成24)年までの裁

---

59) 東京三弁護士会交通事故処理委員会慰謝料部会（1996）118頁（岡本好司執筆）。なお，任意保険基準は，1998年からの保険自由化により，現在では破棄されている。
60) 東京三弁護士会交通事故処理委員会慰謝料部会（1996）146頁以下（手塚正枝執筆），古笛（2007）84頁以下。
61) 古笛（2007）90頁。

判例15件である。被害者の年齢は65歳から86歳までであるが，これら15件の判決が認定した慰謝料額は，2,100万円から2,600万円までの範囲である。それらの慰謝料額は，前記青本，赤い本および大阪地裁基準の慰謝料基準に適合するものである。また，東京地方裁判所の認定額も他の地方裁判所の認定額と同水準である。

(3) 慰謝料の補完的機能

　慰謝料は，今日では，前述のように，精神的損害（苦痛）や金銭的な評価が可能な無形の損害を塡補するものであると解されている。したがって，訴訟においては，立証や算定が困難な財産的損害を「慰謝料」に組み入れることにより，賠償額を全体として妥当な金額に引き上げて認定することがある。これは，慰謝料の補完的機能ないし調整的機能と呼ばれている[62]。

　高齢被害者の死亡慰謝料においても，補完的機能ないし調整的機能が働いているものと考えられる。被害者の遺族の納得を得るためには，損害額を全体として妥当な金額に認定する必要があるからである。大多数の高齢者は就労していないので，その逸失利益は，他の年齢の被害者と比べ低い金額に算定されるものと思われるが，その上，高齢者であることを理由として慰謝料額まで低額に認定するときは，遺族の納得を得るのは困難である。そのため，高齢者死亡の場合には，むしろ，慰謝料の補完的機能ないし調整的機能を働かせ，損害額を妥当な水準まで引き上げているものと思われる[63]。

6　健康保険・介護保険と損害賠償との調整

(1) 健康保険との調整

　高齢者が受傷したときは，その治療は長期化し，症状固定後も治療を受けることが予想される。症状固定後の治療費は原則として損害賠償の対象外であり，したがって，被害者は健康保険を利用し治療を受けることになる。た

---

[62] 幾代（1993）300頁，吉村（2010）159頁。
[63] 東京三弁護士会交通事故処理委員会慰謝料部会（1996）138頁（厚井乃武夫執筆）。

だし，治療を受けない場合には，症状が悪化するおそれがあるときは，症状固定後の治療費が交通事故の損害として認定されることがある（第3節(3) 2)参照）。このときは，被害者は，自動車保険金の支払いを受けることが可能である。

ところで，『日本経済新聞』2010年3月3日朝刊38頁は，東京都町田市（国民健康保険の保険者）が，自動車保険社に対し症状固定後の治療費を支払うよう提訴することを報じている。すなわち，国民健康保険の保険者である町田市が，被保険者（被害者）に対し療養の給付をすることにより被害者の賠償請求権を代位取得し（国民健康保険法64条1項），加害者および加害者の自動車保険社に対し症状固定後の治療費を請求する訴訟である[64]。

健康保険組合の財政状態は悪化しているので，今後，症状固定後の治療費を自動車保険社に請求する事例が多発すると予想される。その原因の1つは，「後遺障害」の法的な意義と医学的な取り扱いとの齟齬にあると思われる。後遺障害とは，法的には「傷害が治ったとき身体に存する障害をいう」（自賠法施行令2条1項2号柱書）と定義されている。他方，後遺障害は，医学的には次のように取り扱われている。「後遺障害診断書」には，症状固定日が認定されそれが記載されるが，症状固定前の最終の「診断書」の転帰（傷病の治療結果またはその経過をいう）には，「治ゆ」ではなく「中止」と記載されている。したがって，医学的には，治療を再開することが可能であり，被害者が健康保険を利用したときは，健康保険組合がその治療費を加害者の自動車保険社に請求することになるのである。

（2）介護保険との調整

高齢被害者は，後遺障害により介護が必要となったときは，加害者に対し将来の介護費用を請求することが可能であり，他方，介護保険法に基づき介護給付を受給することができる（介護保険法40条）。この場合には，被害者

---

[64] 第1審判決は，被害者（男性42歳）が主張する反射性交感神経性ジストロフィー（RSD）は保険会社との関係においては当該自動車事故により発症したとは認められないと判示し，町田市の自動車保険会社に対する請求を棄却した（東京地判平成26年3月18日 LEX/DB 文献番号25503627）。

が加害者（またはその自動車保険社）から受け取る損害賠償額（介護費用）と介護保険給付とを調整する必要がある。

1）損益相殺

被害者（女性72歳）が後遺障害1級の認定を受けた事案の将来の介護費用について，さいたま地判平成17年2月28日LEX/DB文献番号28111009は，「そもそも，介護給付を受けるか否かは，原告（被害者）の選択によること，介護施策が未来永劫に同一であるとの保証はなく，法改正により，施策の変更される可能性があること，介護度の変化は予測困難であること，介護給付は，福祉的給付であり，損害賠償義務者の負担を軽減する制度でないことから」，損益相殺の対象とするべきではない旨を判示する。

2）代位または給付停止

被害者・加害者間の損害賠償額が，示談，訴訟などにより確定する以前に，介護保険法に基づく介護給付が行われることがある。この場合には，介護保険給付を行った保険者は，その給付の価額の限度で損害賠償請求権を代位取得することが可能である（介護保険法21条1項）。ただし，介護保険の給付要件と損害賠償額算定における介護の必要性の認定基準とは異なるものであるから，前者の給付が行われたからといって，必ずしも後者の基準において介護の必要性が認定されるわけではない。したがって，介護保険者は，介護保険給付を行った場合でも，損害賠償額の算定において介護の必要性が認定されないときは，加害者（またはその自動車保険社）に対し，損害賠償を代位請求することができないと解される。

他方，被害者が加害者（またはその自動車保険社）から介護費用について賠償を受けたときは，介護保険者は保険給付を免責される（介護保険法21条2項）。この場合には，一般に，介護費用は平均余命期間に要する費用全額が一括して支払われるのであるから，介護保険者は，規定上，その被害者が生存している間介護給付を行う必要はないことになる。しかし，介護保険料を老齢年金などから強制的に徴収（天引き）する（介護保険法131条，135条）以上，介護保険者が介護保険給付をまったく行わないことは困難であろう。年

金実務においては，年金給付の停止は2年を限度として行われている（第4節(5) 1) 参照）。

（3）制度論的な検討

　交通事故によって生ずる治療費や介護費用は，賠償法理に基づき加害者（賠責保険）が負担することも，他方，社会保障の理念に基づき社会保険が負担することも可能である。現行制度では，それらを加害者（賠責保険）が負担することになっているが，社会的費用の観点からそれに検討を加える必要があると思われる。たとえば介護費用について言うと，後遺障害1級の認定を受け平均余命期間の介護費用の賠償を受けた被害者は，介護保険者に介護保険料を支払い続けても，規定上，介護給付を受けることができないはずである（介護保険法21条2項）。しかし，実際には，介護保険者がこの措置を執ることは困難であろう。そうだとすると，加害者が負担する介護費用は，被害者が介護保険給付を受給することが可能な65歳までの期間に限定することによって，加害者および介護保険者が65歳以降の介護費用を二重に負担するおそれを回避することが可能となる。賠償法理をこのように変更する余地があるのではないだろうか。

7　むすびにかえて

　高齢被害者は，損害額の算定に関し，他の年齢層の被害者と比べ同等な取り扱いを受けていると言える。大島眞一判事の「交通損害賠償訴訟における虚構性と精緻性」と題する論文は，その事情を次のように述べている[65]。

　「将来の損害については，かなり不確定な中で，できる限り蓋然性のある額を算定しているのであり，生活費控除率のように損害額算出の過程で調整もされており，また，慰謝料額については，財産的損害を補完すると

---

65)　大島（2006）30頁。

いう観点も含め一切の事情を考慮して決められているのであって，裁判所の裁量は相当広く，結論として，当該事案における当該被害者の損害額として相応な額となるように損害額の算定をしているといえる」。

　裁判官は，高齢被害者の事案についても，被害者および加害者が納得可能な「相応な額」を認定しているものと思われる。
　しかし，賠償法理と社会保障との調整には，解決困難な課題が残されている。1つは理念の問題であり，被害者が加害者から損害賠償の支払いを受けかつ社会保険給付を受給した場合に，それを「二重取り」と解するか否かという対立である。もう1つは調整技術上の問題であり，損害賠償が一時金賠償であるのに対し，社会保険給付は定期的な給付（年金）であることから，両者の調整が困難であるということである。

【参考文献】
幾代通／徳本伸一補訂（1993）『不法行為法』有斐閣
岩村正彦（1993）「判例批評」『ジュリスト』1027号，67-74頁
―――（2001）『社会保障法Ⅰ』弘文堂
大阪地裁民事交通訴訟研究会編著（2013）『大阪地裁における交通損害賠償の算定基準（第3版）』判例タイムズ社
大島眞一（2006）「交通損害賠償訴訟における虚構性と精緻性」『判例タイムズ』1197号，27-41頁
金澤理（1966）『保険と民事責任の法理』成文堂
河邉義典（2002）「判例解説」『最高裁判所判例解説民事篇平成11年度（下）』法曹会，594-633頁
―――（2002）東京三弁護士会交通事故処理員会編『新しい交通賠償論の胎動』ぎょうせい，3-44頁
菊池高志（2000）「判例批評」『判例時報』1718号，221-224頁
北河隆之（2011）『交通事故損害賠償法』弘文堂
楠本安雄（1974）「逸失利益の算定と所得額」有泉亨監修『現代損害賠償法講座7』日本評論社，133-162頁
窪田充見（2007）『不法行為法』有斐閣
来司直美（2001）「遺族年金の逸失利益性」『判例タイムズ』1057号，66-72頁

古笛恵子編（2007）『事例解説　高齢者の交通事故』新日本法規
滝澤孝臣（1996）「判例解説」『最高裁判所判例解説民事篇平成5年度（上）』法曹会，454-496頁
東京三弁護士会交通事故処理委員会慰謝料部会編（1996）『交通事故慰謝料算定論』ぎょうせい
永谷典雄（1991）「各種年金等の受給権喪失と逸失利益」『判例タイムズ』744号，36-50頁
西原道雄（1967）「損害賠償額の法理」『ジュリスト』381号，148-155頁
西村健一郎（1987）「公的年金の逸失利益性」『同志社法学』54巻3号，400-424頁
日弁連交通事故相談センター専門委員会編（2012）『交通事故損害額算定基準（23訂版）』日弁連交通事故相談センター
日弁連交通事故相談センター東京都支部編（2013）『民事交通事故訴訟損害賠償額算定基準（42版）』日弁連交通事故相談センター東京都支部
平部康子（2000）「判例批評」『ジュリスト』1179号，228-230頁
広田富雄（1975）「遺族年金受給権者の逸失利益」加藤一郎他編『交通事故判例百選（第2版）』有斐閣，114-115頁
堀勝洋（2013）『年金保険法（第3版）』法律文化社
南敏文（1995）「不法行為と年金給付」『民事法と裁判（上）貞家最高裁判事退官記念論文集』民事法情報センター，407-427頁
森島昭夫（1987）『不法行為法講義』有斐閣
吉村良一（2010）『不法行為法（第4版）』有斐閣
若林三奈（1999）「公的年金の逸失利益性」大河純夫他編『高齢者の生活と法』有斐閣，93-119頁

第5章　高齢者の交通事故と自動車保険
―― 任意自動車保険の現代的課題

竹井　直樹

1　はじめに

　本章では，自動車保険の現代的課題として，特に高齢者に関する問題を中心に考察する。近年，自動車保険が抱える最大の課題は，保険収支の悪化，とりわけ構造的赤字からの脱却である。損害保険料率算出機構[1]（以下「料率機構」という）では，2009年7月に参考純率[2]の引き上げ（平均5.7%）と記名被保険者[3]の年齢別料率区分の導入を，さらに2011年10月には参考純率に位置づけられているノンフリート等級別料率制度[4]（以下「等級制度」という）を大幅に改定した。また，2014年7月には消費税率の引き上げなどを理由に，参考純率をさらに引き上げた（平均0.7%）。これらの改定は自動車

---

[1]　「損害保険料率の算出に関する法律」に基づいて設立された，いわゆる特殊法人。日本で営業する損害保険会社が会員会社となって組織されている。
[2]　料率機構が行う業務の1つで，価格に相当する保険料率のうち，保険金支払いに充当する部分を純率（純保険料率）と言い，これを会員会社から収集した1契約ごとのデータから算出する。参考純率は金融庁へ届け出て，審査を受ける。審査を経ると会員会社へ提供される。会員会社は，この参考純率をもとに，社費や代理店手数料で構成される付加率を加味して売値である保険料率を算出するが，参考純率をそのまま使うこともできるし，修正することもできる。一般的には，料率機構が参考純率を会員会社へ提供した後，1年程度を経てから，会員会社は実際の売値を変更する場合が多い。
[3]　保険を付している自動車をもっぱら運転する者で，保険契約時に1名を特定する。
[4]　ノンフリートとは，個人の保険契約者が自動車保険を契約する場合を言い，その場合に事故の有無により料率の割増引を行うのが等級別料率制度である。

保険の収支の悪化がその引き金になっている。

　そこで，まずその収支悪化がどのような要因から生じているのか，高齢社会の進展が収支悪化にどのような影響を及ぼしているのか，を考えてみる。そして料率（価格）体系の観点からどのような対応が考えられ，また実際に行われてきたか，さらに将来的にはどのような展望が考えられるのかなどについて，損害保険業界から見た交通事故の現状，自動車保険マーケットや契約構造の状況，保険金支払いの実態，高齢者関連事故の状況などを通じて論じたい。

2　損害保険業界から見た交通事故の現状

　昨今，交通事故が減少しているという認識が一般化してきた。それは警察庁が公表している交通事故件数，負傷者数および死亡者数のトレンドがいずれも減少しているからである。国土交通省が発表している自動車の保有台数もこの数年，減少に転じていて，世の中で走っている自動車の数が減ってきた印象もある。しかし，損害保険業界に，交通事故が減少しているという認識はない。この乖離の原因は次の2つである。

　第1に，自動車損害賠償責任保険（以下「自賠責保険」という）の保険金支払件数はこの数年，高水準にあり，警察庁の統計とはまったく異なった傾向を示している（図5-1）。2012年度では年間115万4,000件にのぼり，1日平均では3,000件以上の支払いがあることは，数的にも驚異である。この件数と負傷者数との差の原因は，警察庁の統計が人身事故として受けつけた件数であるのに対し，自賠責保険の統計には人身事故の届出がない場合でも保険金を支払っている事例が含まれるからである。もちろん，そうした事案は保険金単価としては少額であるが，件数では一定の規模に達している。

　第2に，警察庁の統計にはそもそも物損事故は含まれていない。自動車保険は人身事故のほか，物損事故（対物賠償保険と車両保険）も対象にしているが，その実態は保険会社の保険統計によるしかなく，一般にはあまり知られていない。図5-2を見ると，2012年度の物損事故に関わる保険金支払件数

図 5-1　交通事故死傷者数と保険金支払件数の推移

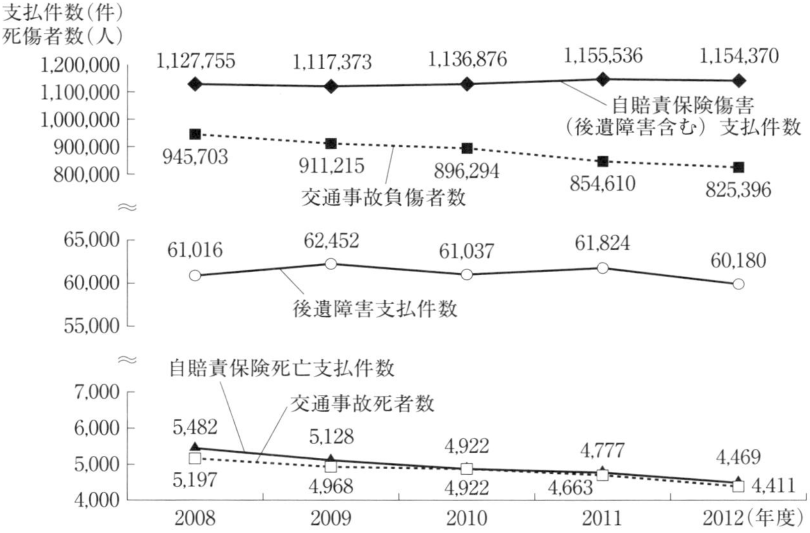

支払件数(件)
死傷者数(人)
1,200,000
1,100,000
1,000,000
900,000
800,000
1,127,755
1,117,373
1,136,876
1,155,536
1,154,370
自賠責保険傷害
(後遺障害含む)支払件数
945,703
911,215
896,294
854,610
825,396
交通事故負傷者数
65,000
60,000
55,000
61,016
62,452
61,037
61,824
60,180
後遺障害支払件数
自賠責保険死亡支払件数
交通事故死者数
7,000
6,000
5,000
4,000
5,482
5,128
4,922
4,777
4,469
5,197
4,968
4,922
4,663
4,411
2008
2009
2010
2011
2012(年度)

出所：警察庁が公表している各年の交通事故の発生状況と損害保険料率算出機構『自動車保険の概況』各年度版をもとに筆者が作成。

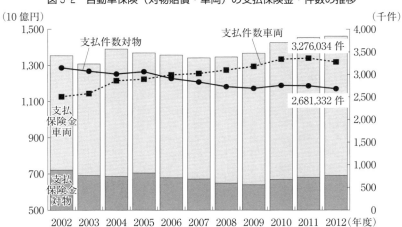

図 5-2　自動車保険（対物賠償・車両）の支払保険金・件数の推移

(10 億円)
(千件)
1,500
1,300
1,100
900
700
500
4,000
3,500
3,000
2,500
2,000
1,500
1,000
500
0
支払件数対物
支払件数車両
3,276,034 件
2,681,332 件
支払
保険金
車両
支払
保険金
対物
2002
2003
2004
2005
2006
2007
2008
2009
2010
2011
2012(年度)

出所：損害保険料率算出機構『自動車保険の概況』各年度版をもとに筆者が作成。

は約600万件で,しかも支払保険金はこの数年増加傾向にある。

　以上から,自動車保険に関する交通事故の現状としては,人身事故が減少傾向にある一方,物損事故は増加傾向にあり,しかも,後述するが,件数割合で見ると圧倒的に物損事故が占めている[5]。

3　自動車保険の商品概要

　ここで簡単に自動車保険の商品概要について説明する。自動車保険は,賠償責任保険,傷害保険およびいわゆる物保険をセットした,自動車をめぐるリスクを包括的に対象とする総合保険である。具体的には,賠償責任保険は対人賠償保険(一般的には自賠責保険の上乗せである)と対物賠償保険(自賠責保険の対象ではないから最初から補償する)に分かれる。傷害保険は,保険を付している自動車(被保険自動車)に搭乗中の自動車事故に起因するけがを対象とする搭乗者傷害保険,そして自動車の損壊や盗難を対象とする車両保険で構成される。このうち搭乗者傷害保険については,その後1998年に誕生した「人身傷害補償保険」[6]に取って代わりつつあり,傷害(その結果としての死亡を含む)に対して,定額給付する傷害保険から,損害をてん補する損害保険に変化している[7]。現在は,この自動車保険の基本型に,保険会社ごとにさまざまな特約が用意され,さらに被保険自動車の事故時や故障時のいわゆるロードサービスも付加されている。保険商品としての自動車保険

---

5)　人身傷害補償保険の統計はないため,その部分は反映してない。
6)　人身傷害補償保険は,被保険者が自動車事故等で死傷した場合に,治療費,休業損害,精神的な損害などを保険約款に定められた基準に基づいて損害額として算定し,その額を保険金として支払うものである。自分の損害を自分の保険でてん補するというファースト・パーティーの保険で,被保険者(被害者)に過失があっても,その分を含めててん補される。
7)　人身傷害補償保険の位置づけは各保険会社によって異なり,搭乗者傷害保険と人身傷害補償保険をセットで販売するもの,いずれか一方を選択させるもの,搭乗者傷害保険を人身傷害補償保険の特約とするものなどさまざまである。また,補償範囲についても各社各様であり,被保険自動車が関わらない歩行者の交通事故,自転車同士の事故,鉄道事故などを補償範囲に含めるものもある。なお,人身傷害補償保険の普及状況については,90%という数値がある(『保険毎日新聞』2014年2月28日号)。

の特徴は，責任保険，物保険，費用保険に加え傷害保険をも包含した組み合せ保険であることであり，まさに損害保険の多様性を如実に表していると言える[8]。

なお，料率機構では，自動車保険のなかで対人・対物賠償保険，搭乗者傷害保険および車両保険の参考純率を算出しているが，人身傷害補償保険は参考純率の対象としていない。

4　自動車保険の位置づけ

損害保険の歴史は海上保険から始まり，企業間取引を中心に発展してきたが，その歩みを大きく変えたのが自動車保険の大衆化である。日本で自動車保険が誕生したのは 1914 年とされ[9]，歴史的には相当古い。しかし，当時は自動車保有者数も保有台数も少なく，したがって交通事故も少なかったため，自動車保険のニーズも限られ，対人賠償保険ニーズよりは車両保険ニーズの方が高かったと言われている。自動車保険が大衆化するきっかけは，日本経済が戦後の復興から発展へと転機を迎えた 1960 年代のモータリゼーションである。自動車が消費者にとって身近な，しかも不可欠なツールになったことで，保有台数が飛躍的に伸び，他方，交通事故も激増するようになった[10]。こうした背景から自動車保険は加害者責任を補償する賠償保険として顕著な発展を遂げ，それが自動車保険の大衆化，ひいては損害保険の大衆化が一気に実現することとなった（表 5-1）。今や，自賠責保険を含めると全損害保険マーケットの約 60％ を占めるに至っている。

ところで，自動車保険の進展をきっかけとして損害保険が大衆化したことは，損害保険会社の経営にも大きな影響を与えた。第 1 は保険代理店を中心

---

[8]　費用保険の例としては，事故時の代車を借り入れる費用を補償する特約や，保険契約者・被保険者が被害者になった場合の弁護士相談等の費用を補償する特約などがある。
[9]　安藤・太田（2012）178 頁。
[10]　警察庁の統計によれば，交通事故（人身事故に限る）の激増の最初のピークは 1970 年である。

表5-1　元受正味保険料（積立保険料を除く）の保険種目別構成比の推移

(%)

年度	1950	1960	1970	1980	1990	2000	2010	2013
自動車	−	13.0	23.0	34.5	39.7	49.0	47.8	45.3
自賠責	−	−	34.1	20.2	19.5	13.3	11.1	12.2
（小計）	（−）	（13.0）	（57.1）	（54.7）	（59.2）	（62.3）	（58.9）	（57.5）
火災	73.3	50.1	26.3	21.7	15.1	15.2	15.6	16.4
傷害	−	−	2.6	6.8	10.8	9.4	9.4	9.1
海上・運送	22.9	27.6	10.5	9.8	5.0	3.4	3.6	3.4
新種	3.8	9.3	3.5	7.0	9.9	9.7	12.5	13.6
合計	100.0	100.0	100.0	100.0	100.0	100.0	100.0	100.0

出所：保険研究所『インシュアランス損害保険統計号』各年版をもとに筆者が作成。

にした販売網の整備であり，第2は交通事故の「被害者」という一般消費者を相手にする保険金支払体制の整備である。いずれも一般消費者を対象にしていることから，長年培ってきた企業間取引とは異なるビジネスモデルが必要となる。情報量が少なく知識に乏しい消費者に対していかに理解を得るか，商品自体はもちろんのこと，その説明方法にもいろいろな工夫を凝らさなければならない。しかし，1996年に始まった保険自由化[11]はこうした基本的な問題を後回しにし，各保険各社は商品開発競争や価格競争に突入した。その結果，商品の複雑化や保険代理店の資質低下等によって保険金の不払問題や保険料の取りすぎ問題（以下，これらを合わせて「保険金不払問題」という）を惹起させたのである[12]。

---

11) 保険の自由化は1996年に施行された保険業法の大幅改正に端を発している。商品や料率に関する行政の規制が緩和され，商品開発競争や料率（価格）競争が激化した。

12) 自動車保険では，保険自由化により，さまざまな特約が誕生したが，その特約により支払われるべき保険金が支払われていなかったり，人身傷害補償保険と搭乗者傷害保険の双方が保険金の支払対象だったにもかかわらず，一方しか支払われていなかったりした例がある。
　現在，自動車保険を中心に，消費者にとってわかりやすい商品とすべく，さまざまな商品簡素化，あるいは平易化が図られ，保険金支払いの場面でも交通事故被害者や保険契約者・被保険者からの苦情に適切・公正に対応するためのADR（裁判外紛争解決機関）が整備された。こうした取り組みを損害保険業界では「業務品質の向上に向けた取り組み」と言うが，消費者視点・顧客視点が問われる昨今，当然の帰結である。竹井（2012）119-120頁。

ただし，損害保険会社にとって，自動車保険が大衆化商品の代表格として，良きにつけ悪しきにつけ，その商品構成，料率制度，販売体制，損害査定体制などのビジネスモデルをリードしてきたことはまぎれもない事実である。自動車保険のこうした位置づけから，その事業運営には相当な社会的責任を負い，料率の見直しや制度改定なども自ずと社会的な問題をはらむようになり，換言すれば強い社会性を有するようになってきたということである。

5　自動車保険マーケットと契約構造

（1）損害保険の市場概要

　まず，損害保険全体のマーケット規模やその構成を見てみよう。図5-3は保険自由化前と現在の主な保険種目別の保険料構成の対比である[13]。全体ではこの15年ほどの間に10兆円規模のマーケットが8.5兆円規模に縮小している。しかし，その内訳を見ると，市場規模縮小の最大要因は傷害保険の激減[14]であり，自動車保険では微増である。自動車保険マーケットは，激しい価格競争に晒されながらも，構成比は増加し，引き続き中枢を占めていることがわかる[15]。

　次に損害保険全体の収支状況と経営効率を見てみたい。損害保険の収支状況を把握する指標は損害率であり，経営効率を把握する指標は事業比率である。図5-4のとおり，損害率は自然災害が多発すると跳ね上がるため，特に上陸台風が多かった2004年度と，東日本大震災とタイの大洪水があった2011年度に顕著な上昇が見られる。ただし，構造的には上昇傾向にあることがわかる。一方，事業比率については，保険自由化に対応するために販売

---

[13]　この数値は，一般社団法人日本損害保険協会（損保協会）の会員会社の合計であり，外資系の損害保険会社は含まれていない。以下，出所が損保協会の場合は「損保協会会員会社計」，出所が料率機構の場合は「日本社・外国社計」である。

[14]　傷害保険の激減は，満期時に一定の返戻金がある積立型傷害保険の販売が，低金利の定着によって低迷したためである。

[15]　自動車保険が保険自由化前とほとんど変わらない保険料規模を有しているのは，1998年に誕生した人身傷害補償保険が貢献していると考えられる。

図 5-3　損害保険市場における保険商品の構成比

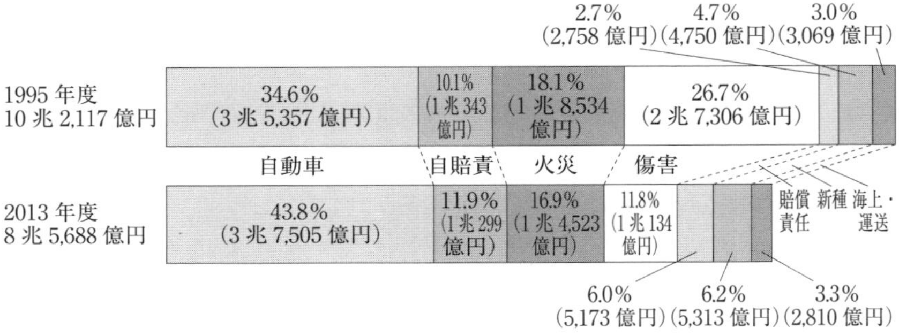

1995年度
10兆2,117億円

自動車	自賠責	火災	傷害	賠償責任	新種	海上・運送
34.6%（3兆5,357億円）	10.1%（1兆343億円）	18.1%（1兆8,534億円）	26.7%（2兆7,306億円）	2.7%（2,758億円）	4.7%（4,750億円）	3.0%（3,069億円）

2013年度
8兆5,688億円

自動車	自賠責	火災	傷害	賠償責任	新種	海上・運送
43.8%（3兆7,505億円）	11.9%（1兆299億円）	16.9%（1兆4,523億円）	11.8%（1兆134億円）	6.0%（5,173億円）	6.2%（5,313億円）	3.3%（2,810億円）

出所：日本損害保険協会が公表している種目別統計表の各年度版をもとに筆者が作成。

図 5-4　損害率と事業費率

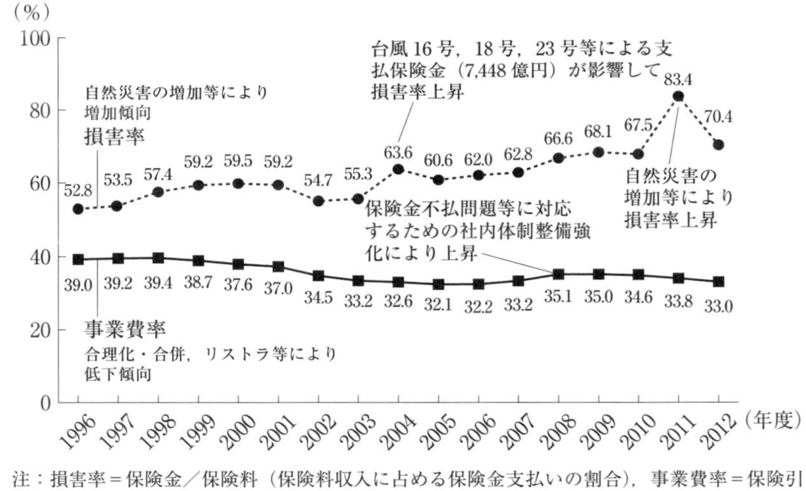

台風16号，18号，23号等による支払保険金（7,448億円）が影響して損害率上昇

自然災害の増加等により増加傾向
損害率

保険金不払問題等に対応するための社内体制整備強化により上昇

自然災害の増加等により損害率上昇

事業費率
合理化・合併，リストラ等により低下傾向

損害率：52.8, 53.5, 57.4, 59.2, 59.5, 59.2, 54.7, 55.3, 63.6, 60.6, 62.0, 62.8, 66.6, 68.1, 67.5, 83.4, 70.4

事業費率：39.0, 39.2, 39.4, 38.7, 37.6, 37.0, 34.5, 33.2, 32.6, 32.1, 32.2, 33.2, 35.1, 35.0, 34.6, 33.8, 33.0

（1996～2012年度）

注：損害率＝保険金／保険料（保険料収入に占める保険金支払いの割合），事業費率＝保険引受に関わる事業費／保険料（保険料収入に占める経費の割合）。
出所：日本損害保険協会『損害保険会社の概況』各年度版の数値をもとに筆者が作成。

網，システム，要員などの合理化・効率化が図られ，下降傾向にあったが，2005～2006年に発生した保険金不払問題によってインフラ整備が必要になり，上昇に転じた。近年ではまた下降している。

第 5 章　高齢者の交通事故と自動車保険　105

図 5-5　自動車保険の収支状況の動向

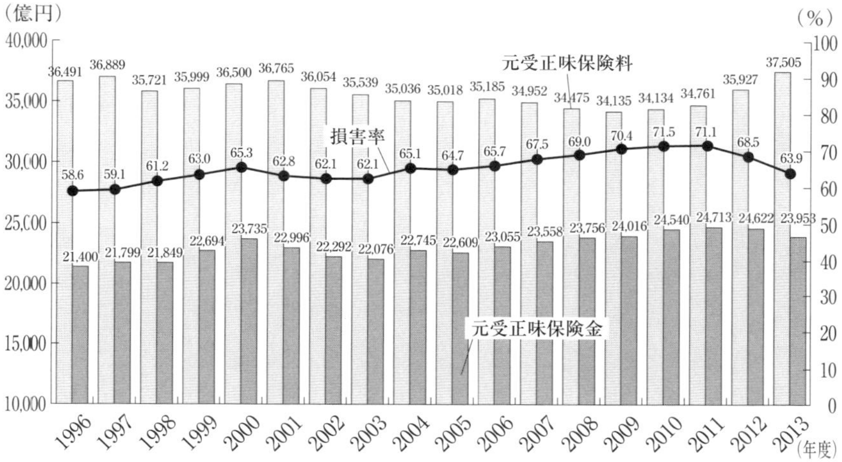

（棒グラフ・折れ線グラフ：元受正味保険料、元受正味保険金、損害率）

年度	元受正味保険料（億円）	元受正味保険金（億円）	損害率（%）
1996	36,491	21,400	58.6
1997	36,889	21,799	59.1
1998	35,721	21,849	61.2
1999	35,999	22,694	63.0
2000	36,500	23,735	65.3
2001	36,765	22,996	62.8
2002	36,054	22,292	62.1
2003	35,539	22,076	62.1
2004	35,036	22,745	65.1
2005	35,018	22,609	64.7
2006	35,185	23,055	65.7
2007	34,952	23,558	67.5
2008	34,475	23,756	69.0
2009	34,135	24,016	70.4
2010	34,134	24,540	71.5
2011	34,761	24,713	71.1
2012	35,927	24,622	68.5
2013	37,505	23,953	63.9

出所：保険研究所『インシュアランス損害保険統計号』各年版をもとに、損害協会会員会社ベースで筆者が作成。会員会社は、あいおいニッセイ同和損保、アイペット損保、アクサ損保、朝日火災、アニコム損保、イーデザイン損保、エイチ・エス損保、SBI 損保、au 損保、共栄火災、ジェイアイ、セコム損害保険、セゾン自動車火災、ソニー損保、損保ジャパン日本興亜、そんぽ 24、大同火災、東京海上日動、トーア再保険、日新火災、日本地震、日立キャピタル損保、富士火災、三井住友海上、三井ダイレクト損保、明治安田損保（計 26 社）。

表 5-2　自動車保険の参考純率の推移

参考純率届出月	1998 年 5 月	2000 年 7 月	2003 年 6 月	2009 年 6 月	2014 年 6 月
平均改定率	－2.0%	＋5.2%	－6.0%	＋5.7%	＋0.7%

（2）自動車保険の収支状況

　では，自動車保険の収支状況はどうであろうか。前述したように自動車保険は，自賠責保険を合わせると損害保険市場全体の約 60% を占める主要種目である。当然，損害保険会社の経営にとっても，経営戦略上，最優先の分野であると言え，収支状況の分析は重要なテーマである。図 5-5 からいくつかの特徴が指摘できる。

　第 1 に，保険料については，2002 年度から減少傾向が始まり，2009 年度を底に，2010 年度からは上昇に転じている。この推移は，表 5-2 に示す参考純

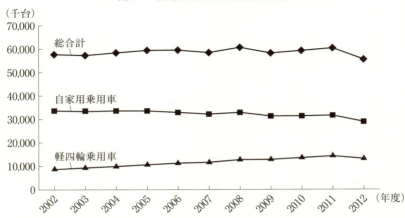

図 5-6 自動車保険の契約台数の推移

出所：損害保険料率算出機構『自動車保険の概況』各年度版をもとに筆者が作成。

率の改定とほぼリンクしているが，価格競争の激化や契約構造の変化も影響していると思われる。ちなみに，自動車保険の契約台数の推移を自家用乗用車と軽自動車に分けたのが図 5-6 である。全体ではほぼ横ばいだが，自家用乗用車が減少，軽自動車は増加の一途をたどっており，契約構造の観点では，保険料単価が低い軽自動車へのシフトが明らかである。ただし，2012 年度に一転して落ち込みが顕著になったことは，今後の自動車保険マーケットの縮小を暗示させる。なお，2010 年度からの保険料の増加については，参考純率の引き上げによるもののほか，各損害保険会社が独自に行っている保険料の引き上げも影響している。後述する損害率の悪化に対応する措置である。

　第 2 に保険金の推移を見ると，2000 年度をピークに若干減少するが，2004 年から増加の一途をたどり，構造的な支払過多の状況に陥っていることがわかる。

　第 3 は損害率である。保険金支払いが増加しても，それに見合う保険料を確保していれば損害率は健全に，安定して推移する。しかし，前述のとおり保険料の推移は減少傾向にあるため，保険金の増加はそのまま損害率の悪化を招き，赤字構造を引きずることとなった。2012 年度からは，前述した保険料引き上げ効果が顕著に表れている。

図 5-7　自動車保険における支払保険金の内訳

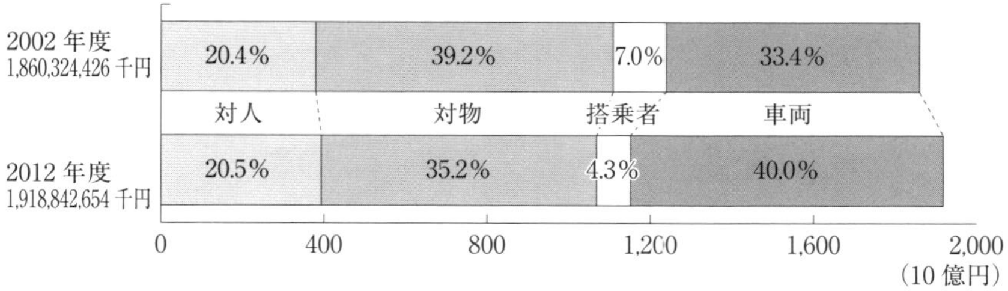

	対人	対物	搭乗者	車両
2002 年度 1,860,324,426 千円	20.4%	39.2%	7.0%	33.4%
2012 年度 1,918,842,654 千円	20.5%	35.2%	4.3%	40.0%

（10 億円）

出所：損害保険料率算出機構『自動車保険の概況』各年度版をもとに筆者が作成。

6　自動車保険の保険金支払状況

　まず，自動車保険の支払保険金の内訳を見てみよう。図 5-7 は 10 年前との比較を示している。保険金の総額はおよそ 1 兆 9,200 億円[16]で，10 年前と比べて微増しているが大きな差異はない。では，構成比はどうだろうか。顕著な違いは車両保険の構成比である。10 年前の 33% が直近では 40% に上昇し，対物賠償保険の比が減少したとはいえ，物損全体では 75% を占め，自動車保険の支払保険金の 4 分の 3 は人身損害ではなく物損害であることが特徴的である。ここに，最近の自動車保険が抱える大きな課題がある。

　次に，担保項目ごとのトレンドを見てみよう（図 5-8）。対人賠償保険では，2007 年度に支払保険金総額が増加に転じた後，減少傾向が続く。1 件当たりの支払保険金については，10 年前に 100 万円程度であったものが，直近では 80 万円程度に減少している。このことは，対人賠償保険では，支払保険金総額は頭打ちとなり，これからは減少傾向が定着することを予想させる。ただし，支払件数は微増傾向にあるため，比較的少額の保険金支払いがやや増える傾向が続くのではないかと推測される。なお，2007 年度に保険金が増加したのは，保険金の不払問題から生じた保険金支払いの適正化に向けた取り組みによるものである[17]。

---

16) この数値は料率機構が発行した『自動車保険の概況』を使用している。このため，参考純率を算出する担保項目のみが表示され，人身傷害補償保険は含まれていない。
17) 臨時費用特約の保険金支払漏れなどである。

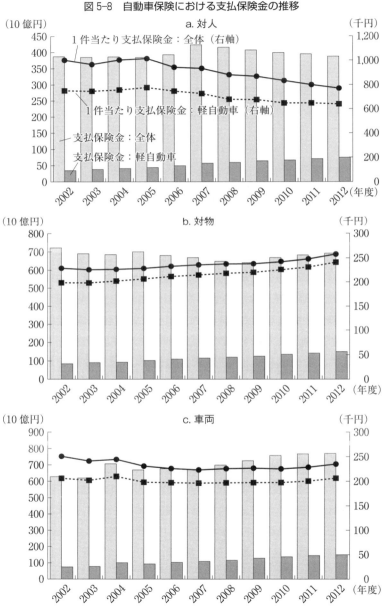

図 5-8 自動車保険における支払保険金の推移

出所：損害保険料率算出機構『自動車保険の概況』各年度版をもとに筆者が作成。

対物賠償保険では，支払件数は各年度のバラツキはあるものの減少傾向にあり，支払保険金総額は減少傾向であったものが 2010 年度から上昇に転じた。1 件当たりの支払保険金については，支払保険金総額の推移とは関係なく少しずつ増加する傾向にあるのが特徴的である。平均は直近で 25 万円ほどになる。なお，搭乗者傷害保険は，これを廃止したり，独立した担保項目から人身傷害補償保険の特約に改編したりするなど個社の動きによるところが大きいため，ここでは割愛する。

　車両保険を見ると，支払件数はこの 10 年間，ほぼ増加の一途をたどり，支払保険金総額も 2005 年度を除けば増加傾向が続いている。直近の 1 件当たり平均は 23 万円で，推移としては上昇傾向にある。このことから車両保険では保険事故自体が増えており，したがって保険金支払いも増え，自動車保険全体に占める支払保険金の構成比を押し上げている。

　一方，物的損害を補償することでは同じ対物賠償保険は，直近 4 年ほどの支払保険金の増加傾向とこの 10 年のほぼ一貫した支払件数の減少によって，1 件当たりの支払保険金は顕著な上昇を続けているところが大きな特徴である。これらは自動車の修理単価の上昇を意味している。たとえば，セダン型が減少してハッチバック型やワンボックス型が増えたことなどの自動車の形状の変化や，電子化・電気化が進み，部品自体が高額化し，さらに交換が前提の修理が一般化しているなどの自動車の構造の変化がその要因として考えられる。

7　最近の料率改定の動向と高齢者問題

（1）年齢別料率区分の導入

　以上のような全体の傾向を踏まえたうえで，高齢者が交通事故の発生に与える影響を見ていこう。人身事故に関しては，警察庁の統計によって最近の動向を大枠ながら把握することができる。図 5-9 は現在と 10 年前の比較で，第一当事者[18]（加害者）の年齢層別交通事故件数の推移である。16 歳から 29 歳までの若年層が 33% から 25% に減少しているのに対し，60 歳以降の

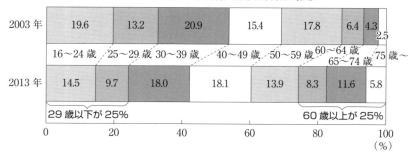

図 5-9　加害者の年齢層別交通事故件数の推移

出所：警察庁が公表している各年の交通事故の発生状況をもとに筆者が作成。

　高年齢層は 15% から 25% へ跳ね上がり、急激な高齢社会への進行が人身事故の構成にも大きな影響を与えていることがわかる。高齢の運転免許保有者の増加率は高齢者人口増加率を上回っており、高齢ドライバーのリスクが著しく高まってきていると言える。

　料率機構は 2009 年 7 月、自動車保険の記名被保険者について年齢別料率区分を導入する参考純率の改定を行った。これまでは「年齢条件」として、被保険自動車を運転する者を限定しない「全年齢補償」、そして「21 歳以上補償」、「26 歳以上補償」および「30 歳以上補償」が設けられていた[19]。これは若年運転者のリスクが高いことを考慮し、そのリスク実態を反映させたものであるが、近年の少子高齢社会の急激な進展によって運転年齢の構成割合が高年齢にシフトし、しかも高年齢運転者のリスクが高まってきたことから、年齢区分の細分化が行われた。具体的には、記名被保険者の年齢が、30 歳未満、30 歳以上 40 歳未満、40 歳以上 50 歳未満、50 歳以上 60 歳未満、60 歳以上 70 歳未満、70 歳以上の 6 区分を設けた[20]。料率水準のカーブは、50 歳以上 60 歳未満を底に、すり鉢状に描くことができる。この参考純率の改

---

18)　警察庁の統計では過失割合の大きい方を第一当事者と定義している。
19)　各保険会社が実際に採用している年齢区分は、参考純率の区分とは異なり、「全年齢」、「21 歳以上補償」、「26 歳以上補償」および「35 歳以上補償」が一般的である。
20)　参考純率では 60 歳以上 70 歳未満と 70 歳以上の区分で保険料差はないが、各保険会社では 70 歳以上についてさらに保険料を引き上げているのが一般的である。

定は，高齢ドライバーのリスク実態の高まりに対する1つの対応であるが，各保険会社はこれに自社のデータを加味しながら最終的な純率を算出しているようである。特に70歳以上の区分については参考純率の水準よりは高い純率を使用している模様である。

（2）等級制度の改定

2011年10月，料率機構は，等級制度の大幅な見直しを行う改定を行った。等級制度とは，保険事故を起こして保険金を受領した者に対して，翌年の契約の保険料を引き上げ，保険事故がなかった者には翌年の保険料を割り引く制度である。自動車保険の契約は，保険事故の有無によって最も保険料の高い1等級（改定前は52%割増）から最も保険料の安い20等級（改定前も改定後も63%割引）までランクづけがされている。また，新規契約は6等級（改定前は17%割引，改定後は19%割引）または7等級（改定前は23%割引，改定後は30%割引）から始まる。そして，保険事故がなければ1等級上がり，保険事故があれば3等級下がる仕組みとなっている。これは契約者間の保険料負担の公平性を確保するためのものである。

しかし，最近は，「若者の車離れ」によって6等級に該当する若年契約者層が減少し，その一方で高年齢層契約と高割引等級契約へのシフトが進むという契約構造の変化が生じた。このため，割増引率自体の見直しと，従来は単一のテーブルであった等級表を，事故ありテーブルと事故なしテーブルの2つに分け，同じ等級でも事故を起こした者と事故を起こしていない者とで格差を設ける仕組みに改めた[21]。ただし，この等級制度改定は，契約者間の保険料負担の公平性を是正したもので，保険料の引き上げを意図したものではない。

高齢者問題の観点からこの改定を見ると，この改定自体は高齢者の加害事故の増加に対応することを目的としていないが，一定の効果は期待できると思われる。契約構造の変化はまさに高齢ドライバーの増加が主因である。若

---

[21] 等級制度改定の詳細は，『（自動車保険）参考純率改定（ノンフリート等級別料率制度改定）のご案内』（料率機構，2011年10月公表）を参照。なお，自動車盗難，台風・洪水など「等級据置事故」についても改定し，据え置きではなく1等級下げる仕組みとした。

年層の運転者が減少する中で高齢ドライバーが増加し，かつ，高割引率等級へのシフトが一段と進むことは，保険料収入の伸びが期待できないことを意味する。では一律に料率を引き上げればよいのかというと，高齢ドライバーのリスク実態を反映させて多少の引き上げは納得を得られても，長年，保険金を受領していない契約者にとって，それ以上の高負担は耐えられないだろう。そう考えれば，保険金を受領している者の保険料に格差をつけることは合理的であり，高齢ドライバーで，かつ事故を頻繁に起こす者に保険料高負担を求めることも効果的であると言える。

（3）年齢別料率区分の格差の見直し

2014年7月，料率機構は参考純率を平均で0.7％引き上げるとともに，年齢別料率区分の格差の見直しを行った。後者については，実績値をもとにそれぞれの区分の料率水準を見直し，30歳未満では引き上げ，30歳以上から60歳未満は引き下げた。さらに60歳以上では，60歳以上70歳未満と70歳以上の2つの区分でこれまで料率格差を設けなかったが，これを改め，60歳以上70歳未満では若干の引き上げ，70歳以上では大幅な引き上げを行った。前述したように，70歳以上の区分では，すでに各保険会社は格差を設けているので，この部分の見直しは結果的には後追いとなった。

8　高齢者と料率体系のあり方

（1）年齢別料率区分の導入

高齢者による加害交通事故の増加に対し，料率機構が選択したのは記名被保険者の「年齢別料率区分」の導入である[22]。損害保険では，契約者や被保険者の年齢・性別といった属性によって保険料格差を設けるのは一般的ではない。しかし，自動車保険だけは比較的早い時期から実施してきた[23]。

---

22) 保険会社が実際に引き受けている自動車保険における高齢者の事故率については，堀田（2012）52頁参照。特定保険会社の記名被保険者年齢層別の対物賠償保険と車両保険の事故頻度が紹介されている。

前述したように，従来は，若年者が起こす事故が多いという実態を考慮して，「年齢条件」という区分を設けてきた。しかし，現在は高齢者の加害事故が増えている実態を考慮してこの層の保険料水準を引き上げ，一方で相対的に事故が少ない中間の年齢層では，それに対応した保険料水準にすべく，料率区分の細分化が行われた。これが記名被保険者の年齢別料率区分である。

料率区分をどのように設けていくのかは，じつは保険技術上は最も難しい問題である。これは換言すれば，基準となる料率（以下「基準料率」という）とこれを調整する割増引率との関係，すなわち料率体系のあり方の問題である。自動車保険の料率区分は自動車の型式別に定められた基準料率[24]があって，それを調整する形で年齢条件，年齢別料率区分あるいは前述した等級制度などの割増引率がある[25]。

（2）高齢ドライバーのアフォーダビリティ問題

ところで，交通事故の発生可能性というリスクの評価においては，交通量が多いなどの外部環境の影響を当然受けるが，リスクを抱える者の認識や行動も大きな影響を与える。こうした個人の運転行動や運転癖（以下，単に「運転性向」という）は，ドライブレコーダや車載器[26]を自動車に取り付ければ一定程度は把握可能である。しかし，運転性向は各人の認識と行動の結果であるから千差万別であり，これを保険料に直接，反映することは困難であると言わざるを得ない。特に高齢者の運転性向は，若年や中年に比べると個人差がさらに大きくなると推測される。したがって，前述した年齢条件や年齢

---

23) 年齢条件については，1970年に対人賠償保険から順次導入された。
24) 「型式別料率クラス」と呼ばれるもので，料率機構が会員会社から収集した自動車保険の契約・支払データの収支をもとに自動車の型式別に料率クラス（保険料水準の最も低いクラス1から，最も高いクラス9までのクラス分けがされている）を定めている。この料率クラスは毎年1月1日付けで見直される。
25) 自賠責保険では自動車の車種ごとの基準料率があるのみで，割増引率は存在しない。したがって，年齢要素はいっさい加味されていない。保険技術上は明らかにリスクを反映した料率区分とはなっていないが，誰でも加入しなければならない強制保険であることから保険料格差を極力設けないことが政策的に要請される。こうした制度ゆえの政策的な理由も料率区分を決定する大きな理由になる場合がある。共済の掛金についても，リスク論ではなく協同組合論を優先させる場合がある。
26) ドライブレコーダとは，映像や音声を自動的に記録する車載装置である。車載器とは一般的には，自動車の運転情報を自動的に記録する車載装置で，通信設備を兼ね備えたものもある。

別料率区分といった年齢要素によって保険料格差を設けることが簡便であり，それなりの説得力があると言える。

　問題は，今後，自動車保険における高齢者の保険料水準がさらに引き上げられていく可能性があるということである。高齢ドライバーがさらに増えて，その加害交通事故が激増する中で，その改善の糸口はつかめていない。このままではますます保険料が高騰して，年金生活が一般的な高齢者の場合は，保険料が高額で契約締結を断念せざるを得ない，あるいは保険会社から引受拒絶をされることによって希望した自動車保険を買えない状況が生まれかねない[27]。このことは交通事故被害者が十分には救済されない事態を招来し，その結果，重大な社会問題を惹起するおそれがある。むろん，保険制度は，交通事故の発生自体を直接防止することはできない。しかし，万が一の交通事故に備えて自動車保険を安定的に供給できればこそ，その本来の役割を果たすことも可能となる。この超高齢社会において，自動車保険が安定的に供給できるよう，その体制や料率の仕組みを検討することは喫緊の課題であると言える。

　高齢者から見れば，事故を頻繁に起こす者に対して等級制度に基づいて保険料格差が設けられることには異論がないだろう。しかし，過去に事故を起こしたことがない，あるいは保険金請求をしたことがないという者からすると，もともとの保険料がなぜ高いのかという不満はあるだろう。前述したように，高齢者の運転性向にはきわめて大きな個人差があると推測され，安全運転へのマインド・判断力や体力が相当に高い高齢者も当然多く存在するだろう。こうした構造の高齢者の危険集団において何が適正，公平な保険料なのかということが問われている。

　ここで，英国の例を紹介したい。英国では，2010年4月に施行された「平等法」により，サービスの提供等の場で年齢等による差別が禁止された。これを踏まえて2012年4月に英国保険協会（Association of British Insurer: ABI），英国保険ブローカー協会（British Insurance Brokers' Association: BIBA）および英国政府の間で，自動車保険等において高齢者の保険購入を容易にするた

---

[27] 保険の購入者側からは，これをAffordability（アフォーダビリティ）といい，保険の購入可能性を意味する。

めの協定が締結された。これは高齢者に対するリスク評価や保険料設定と年齢との関連について情報公開を促し，透明性の向上をめざすものである[28]。

ただし，実際の交通事故の発生状況は日本と大きく異なり，高齢者ではなく若年者の加害交通事故が増加し，若年者層における自動車保険のアフォーダビリティが社会問題化している。保険料が大幅に高騰して保険を購入できない若年者が増え，無保険車が横行するなかで，どのような対応がとられているのかは，若年者と高齢者という彼我の違いがあるとはいえ，英国の対応は興味深い問題を提起している。次にこの点について解説する。

(3) テレマティクス自動車保険

前述したように，年齢だけを理由に高額な保険料を請求され，あるいは引受拒否されることは，常に安全運転を心がけ，保険金請求歴もない契約者の納得はなかなか得られない。こうした模範運転手に対する残る救済手段が「走行距離」と「運転性向」である。「走行距離」については，運転する距離が短ければ短いほどリスクの発現度合いは減少すると考えられる。「運転性向」については，運転速度，アクセル操作，ブレーキ操作などの運転の仕方の癖によってリスクの発現度合いが異なると考えられよう。さらに運転時間帯，場所，道路の種類なども情報として加えられる場合もある。この走行距離や運転性向を計測する，通信機能を有した装置を「テレマティクス」と言い，テレマティクスを使って保険料（通常は割引要素としてのみ適用）を算出するものをテレマティクス自動車保険と言う[29]。英国では若年層の自動車保険の保険料高騰を背景にして，若年者を主なターゲットにしたテレマティクス自動車保険の売り上げが2011年以降に急伸している。保険料高騰には2012年12月に導入された男女別保険料の禁止措置が影響していると言われ，それまで女性の保険料が相当に安かったことから，これが大幅に上昇するの

---

28) 武田（2012）52-53頁。
29) 以下は，佐川（2012）をもとに整理した。一口にテレマティクス自動車保険と言っても，収集する情報あるいは保険料に反映する情報には差異があり，走行距離のみのもの，GPS機能がないものもテレマティクスの一態様である。特にGPSについては，プライバシーの観点から付保を躊躇する動きは根強い。なお，テレマティクス自動車保険は，保険料を個々に割り引く手段として利用されるほか，むち打ち症の判断基準，保険金詐欺の傍証などの手段にも利用される。

ではないかという懸念があった。実際には，大幅な保険料の上昇はなかったが，依然として若年層の保険料水準が高いことは変わらないようである[30]。

ただし，ここで留意しなければならないのは，第1に保険技術上の問題としてテレマティクスはあくまでも保険料の割引あるいは割増要素として考えなければならないということである。保険加入者という個々の経済主体における一定のリスク差を許容することによって保険集団が構成されるのであるから，保険技術上は，千差万別の走行距離や運転性向は根本的なリスク差にはなりえない。すなわち，テレマティクス料率というものはありえない。

第2は，走行距離や運転性向による保険料の割増をどのように考えるのかということである。現実の適用例からもわかるように，顧客側からは割引要素とすることについては異論はないであろうが，割増要素となると，にわかには受け入れがたいというのが率直な受け止め方ではないか。しかし，運転性向を精査すれば事故を起こしやすいドライバーのカテゴリーが当然設けられることになり，高齢ドライバーの中には保険料のさらなる引き上げを求められる場合があることは必定である。結局，こうした高齢者層は，保険を購入できず，運転を断念せざるを得ないか，あえて無保険で運転する状況に追い込まれることになる。このことは，単に保険料負担の公平性を求めるだけでは高齢者問題は解決しないことを意味する。

第3に，こうした場合の対応策として，たとえば，高齢者専用の自動車保険スキームを創設することが考えられる。高齢ドライバーのアフォーダビリティが深刻な問題になる前に，たとえば対人賠償と対物賠償に限って，また優良高齢ドライバーの保険料負担が過度にならない範囲で，公的支援も視野に入れながら，何らかのスキームを検討する価値はあるだろう。ただし，このスキームでは，高齢ドライバーに対する，事故を起こさない運転技術の習得支援もセットで構築しないと意味がない。そもそもの高齢者問題は，アフォーダビリティの問題というよりは，高齢ドライバーの事故をいかに減らすかという問題である。この点で，テレマティクスによる運転性向等の情報は，事故防止を考えるうえできわめて有用であろう。高齢ドライバーへの支

---

[30] 「ジェンダー規制導入1年を経たイギリス自動車保険の動向」『Global Insurance Topics』Vol. 22（2014）損保ジャパン総研。

援の仕方（保険会社から見れば付帯サービス）が新たな保険制度の成否を決めると言っても過言ではない。

　第4は，テレマティクスによって収集する情報について，運転性向，道路情報等に関するさまざまな要素を，テレマティクスのメーカー，その発注者・利用者などがバラバラに運用しては，非効率的であるし，独りよがりになる可能性がある。したがって，収集するデータとその分析手法については一定の標準型を検討し，それらを可能なかぎり公開すべきであろう。もし，保険料の割引や割増として使用するなら，その根拠について説明責任を求められよう。さらに，社会全体として，収集された膨大なデータに基づいて安全運転のあり方や道路等の交通政策のあり方を検討して，その結果を積極的に情報発信していく道筋を作ることができれば，これからの自動車をめぐる国民生活や経済活動の持続的な発展に大いに寄与するだろう[31]。

9　おわりに

　日本の超高齢社会における自動車の役割は，高齢者の身体的なハンディキャップもあってますます重要さを増している。高齢ドライバーが激増するなかで交通事故の中身も変化し，被害者としての高齢者と，加害者としての高齢者の対策が急務になっている。自動車保険においても，高齢者の増加，少子化，そして「若者の車離れ」によって契約構造が大きく変化し，高齢者の保険料水準を引き上げる等の料率体系の見直しを余儀なくされた。しかし，保険料の高騰が無保険自動車を増やすことになっては本末転倒である。損害保険各社は研究者，行政とともに英知を集め，高齢者が安心して自動車を利用できる高齢ドライバー社会の発展を日々めざしていかなければならない。

　さらに，昨今，自動車の安全技術の進歩には著しいものがあり，特に高齢ドライバーをサポートする各種技術の進展にも大いに期待したい。

---

[31]　2014年6月18日に公表された国土交通省の「自動車関連情報の利活用に関する将来ビジョン検討会」の中間とりまとめでは，テレマティクスの情報を使った自動車保険の可能性やその情報の「データフォーマットの統一化」・「データのオープン化」が触れられている。

【参考文献】

安藤豊明・太田貴久（2012）「自動車保険」大谷孝一・中出哲・平澤敦編『はじめて学ぶ損害保険』有斐閣

佐川果奈英（2012）「テレマティクス自動車保険——イギリスにおける動向を中心として」『損保総研レポート』第101号，29-69頁，損害保険事業総合研究所

竹井直樹（2012）「損害保険の市場と損害保険会社の経営」大谷孝一・中出哲・平澤敦編『はじめて学ぶ損害保険』有斐閣

武田朗子（2012）「イギリス保険業界における高齢運転者対策——若年運転者の対策を交えて」『損保総研レポート』第100号，43-59頁，損害保険事業総合研究所

堀田一吉（2012）「高齢者の交通事故と自動車保険」『保険研究』第64集，47-69頁，慶應義塾保険学会

第6章　高齢者の交通事故と過失相殺・素因減額
―― 自賠責保険制度を踏まえて

甘利　公人

1　自賠責保険の概要

（1）自賠責保険の創設

　自動車損害賠償保障法5条は,「自動車は, これについて法律で定める自動車損害賠償責任保険（以下,「責任保険」）又は自動車損害賠償責任共済（以下,「責任共済」）の契約が締結されているものでなければ, 運行の用に供してはならない」と規定しており, 同法10条が適用除外としている自動車以外のすべての自動車に契約の締結が強制されているのが自賠責保険である[1]。

　自賠責保険制度は, 戦後の復興によって車両台数が増加し, 同時に交通事故の被害者の保護が社会問題化した1955（昭和30）年に制定された。その制定の経緯から, 自賠責保険は任意保険とは大きく異なる内容となっている。すなわち, 自賠責保険は, 自動車の運行による人身事故を担保範囲とする対人賠償責任保険であり, 加害者が被害者に対して負担する人身損害のみを保険による損害填補の対象とする。そのため, 事故の相手方について生じた, 車両の破損による損害や積み荷の損害などの物的損害については, この自賠責保険では何らの保護も提供しない。自賠責保険は, あくまでも被害者に対する基本的補償の提供に目的があるため, 対人賠償に限定されている。

---

[1]　甘利・福田（2011）150頁参照。

提供される保険の内容も法によって画一化されており，被害者が死亡した場合には，1人について3,000万円を，被害者が介護を要する後遺障害等級1級となった場合には，1人について4,000万円を，後遺障害を伴わない単なる怪我の場合には，1人について120万円を，それぞれ上限として保険金が支払われる。保険契約の内容を個別に変更することは認められず，保険料も対象となる自動車の排気量や用途によって統一されており，年齢や事故歴などによる保険料の違いはない。

（2）損害額の算定

自賠責保険の支払いは，国土交通大臣らの定める支払基準に基づいて定型的に処理されている。これは，被害者に対する基本的補償と迅速な救済を目的とする自賠責保険の目的から導かれる。自動車事故によって生じた人身損害は，逸失利益などからなる財産的損害と慰謝料からなる精神的損害に分かれるが，自賠責保険は個別の事案をある程度類型化して損害の算定を行っている。したがって，交通事故の被害者が加害者に対して損害賠償請求の訴訟を提起した場合，この支払基準が裁判における損害額の算定を拘束するかが問題となる[2]。

また，交通事故が発生し，加害者の被害者に対する損害賠償額の算定が必要となる場合，何を基準として算定するべきか。交通事故は日常的にかつ不可避的に発生し，被害者の迅速な救済と定型的な処理が要請され，何らかの基準がそこには必要とされる。じつはこれには現在3種類の基準が存在している。この最高裁判決で問題となったのが，自賠責保険の基準，任意保険の基準，そして裁判所の基準の3つである。金額的には，自賠責保険基準，任意保険基準，そして裁判所基準の順に高く設定されている。しかしこれは，常に訴訟によって高額の賠償を得られることを意味しない。それは，自賠責保険の重過失減額制度と関連がある。

---

[2] 福田（2010）62頁参照。

(3) 重過失減額

　自賠責保険の場合，被害者に重大な過失があると判断された場合には，保険金額の削減が行われる。しかし，その方法は民法の不法行為における過失相殺の制度とは異なり，被害者に7割に満たない過失がある場合には減額を行わず（民法の場合は被害者の過失割合分が減額されることになる），7割を超え8割に満たない場合には2割，8割を超え9割に満たない場合には3割，9割を超え10割に満たない場合には5割を減額することになっている。なお，傷害の場合には，7割を超え10割に満たない場合には一律に2割を減額することになっている。これに対して，訴訟による場合にはこの重過失減額の制度は適用されず，損害額から被害者の過失割合分が純粋に減額されることになる。したがって，被害者の過失割合が大きい場合には，大幅な減額を受けることになり，訴訟によらない処理の方が高額の保険金支払いを受けることが可能であるケースもありうるのである。

　すなわち，支払いが減額される場合は次のとおりである。

1) 重大な過失による減額

　被害者保護を目的とする自賠責保険（共済）においては，被害者に重大な過失があった場合にのみ，その過失割合に応じて，表6-1のとおり損害額から20%，30%，50%の減額を行うことになっている。損害額が保険金額を超える場合には，保険金額から減額される。

表6-1　被害者に重大な過失があった場合の減額率

減額適用上の 被害者の過失割合	死亡による損害 後遺障害による損害	傷害による損害
7割未満の場合	減額なし	
7割以上8割未満の場合	20%減額	20%減額
8割以上9割未満の場合	30%減額	
9割以上10割未満の場合	50%減額	

出所：損害保険料率算出機構「自動車保険の概況　平成25年度」28頁。

表 6-2 支払いが減額される対象となる事故件数の推移

(件)

年度	減額適用上の被害者の過失割合			計	因果関係判断困難 (死亡事案)
	7割以上 8割未満	8割以上 9割未満	9割以上 10割未満		
2008	5,322	10,544	2,663	18,529	40
2009	5,224	10,372	2,582	18,178	40
2010	5,140	10,826	2,662	18,628	41
2011	5,200	10,710	2,625	18,535	57
2012	4,963	10,996	2,499	18,458	43

注:被害者が異議申立てを行った場合など,複数回の請求を行った場合は,複数件として集計する。
出所:前出,28頁。

2) 因果関係判断困難による減額

死因または後遺障害発生原因が事故による外傷であることの判断が困難な場合,自賠責保険(共済)では,「因果関係判断困難」として,死亡・後遺障害による損害額の50%を認定する方法が採られている。

「重大な過失による減額」および「因果関係判断困難による減額(死亡事案)」の件数の推移は,表6-2のとおりとなっている。

2 過失相殺

交通事故が発生した後,加害者と被害者の間の損害賠償関係において,被害者に過失がある場合には,その分被害者の加害者に対する損害賠償請求額が減額されるのが一般的である。これが過失相殺の結果であるが,はたして被害者が社会的弱者である高齢者や幼児の場合にまで,過失相殺の法理がそのまま原則的に適用されるべきかについては問題がある。

（1） 過失相殺の意義

　交通事故などの不法行為における損害賠償額の算定にあたって，被害者の過失を斟酌することができる（民法722条2項）。この過失の意味と被害者の責任能力については，特段の規定はない。

　過失相殺は，不法行為によって発生した損害を加害者と被害者との間において公平に分担させるという公平の理念に基づくものである[3]。また，過失相殺の問題は，不法行為者に不法行為の損害賠償責任があるかではなく，不法行為者が損害賠償責任を負うべきことを前提にして，その損害賠償の額を定める場合に，公平の見地から損害発生における被害者の不注意をどのように斟酌するかの問題である[4]。過失相殺における被害者の過失とは，民法709条における不法行為の成立要件としての過失とは異なり，被害者の責任能力を必要とせず，事理弁識能力をもって足りるものと解されている。

　しかし，被害者本人が事理弁識能力すら有していない場合においては，過失相殺を行うことができず，損害の公平な分担という目的を達成できないことになる。このような場合には，被害者側の過失として，被害者以外の者の過失を斟酌することが認められるようになった[5]。過失相殺制度の根拠を，被害者に対する非難可能性ではなく，被害者と加害者との間の損害の公平な分配に求めるならば，被害者本人が事理弁識能力を有しているか否かにかかわらず，被害者以外の者の過失を被害者側の過失として斟酌すべきことになる[6]。どのような要件のもとにおいて，被害者以外の者の過失を斟酌すべきであるのかが問題となり，これは被害者側の範囲の問題となる。

　以下では，現在の民法の通説である過失相殺制度の根拠を疑問として，被害者と加害者との間の損害の公平な分配に求めるならば，被害者本人が事理弁識能力を有しているか否を問題とすべきであることを再検討するものである。

---

3) 最判昭和51年3月25日民集30巻2号160頁。
4) 最大判昭和39年6月24日民集18巻5号854頁。
5) 朝見（1999）162頁参照。
6) 西原（1965）20頁以下参照。

（2）自賠責保険実務における過失相殺

また,『別冊判例タイムズ』の認定基準や『民事交通事故訴訟 損害賠償額算定基準』(赤い本),『交通事故損害額算定基準』(青本) に示されている認定基準では,過失相殺率の基準化がすでに定着している[7]。『別冊判例タイムズ』の認定基準によれば,歩行者が道路通行に際して行動能力が低い場合には過失相殺率を減じるという基本的な思想のもとで,幼児,児童のほか,おおむね65歳以上の高齢者が歩行者として自動車事故に遭った場合には,5%から10%の幅で過失相殺率を減らすという基準が設けられている。実務上,いわゆる高齢者修正と呼ばれている。

このような考え方は,自賠責保険実務においても採り入れられている。自賠責保険実務では,被害者に重過失があった場合にはじめて一定の減額を行う。具体的にはたとえば被害者に70%の過失があった場合に20%の減額処理を行うという,いわゆる重過失減額制度がある。

たとえば,赤信号を無視して横断歩道を渡り始めた歩行者を,青信号に従って進行してきた加害車が轢いてしまったという場合,被害者である歩行者の基本過失割合については,『別冊判例タイムズ』の認定基準によれば70%である。したがって,自賠責保険実務においても20%の減額処理を行うことになるが,被害者が高齢者であった場合,さらにその基本過失割合から10%過失を減じる修正を行うから,結果的には重過失減額を適用しないという結論になる。

学説では,さらにこうした考え方を一歩進めて,子どもや高齢者が歩行者や自動車搭乗者として被害者となった場合については,フランス並みの過失相殺排除規定を設けることを考えてもよいのではないかといった提言がなされている。

（3）被害者が幼児の場合の過失相殺

1) 最判39年以前の判例

大判大正4年6月15日民録21輯939頁は,民法722条2項の被害者の過

---

[7] 丸山（2001）49頁。以下の記述は,これによるものである。

失と加害者の過失は厳格に同じではないが，両者の心理上の性質は同じであるとしたうえで，民法712条の能力を欠く未成年者については，過失相殺の適用も認められないと判示した。最判昭和31年7月20日民集10巻8号1079頁は，小学校3年生の被害者が道路を横断する際に自動車に轢かれた事故について，責任無能力者の不注意を被害者の過失として，過失相殺を適用すべきではない，と判示した。

この趣旨は，次のように理解することができる[8]。まず，過失と責任能力の関係については，当時の通説によれば，過失は主観的責任能力すなわち故意に連続する意思の緊張の欠如と理解したうえで，責任能力はそうした過失の前提となる能力（過失能力）として把握されていた。したがって，民法722条2項の被害者の過失が，加害者の過失と同様のものであるとすれば，特段の規定がなくても，過失能力たる責任能力は当然に要求されることになったのである。学説では，前掲昭和31年判決のような立場が一般的であったが，加害者の過失と被害者の過失の相違を強調し，損害の発生を避けるのに必要な注意をする能力で足りるとする見解が主張されており[9]，また，そうした見解が支持されていたことは注目される[10]。

2）最判昭和39年判決

最判昭和39年6月24日民集18巻5号854頁は，次のとおりである。

【事実】 生コンクリートの製造販売を業とするY1社の被用者Y2は，コンクリート運搬用自動車を運転中，名古屋市内の交差点で，A（当時8歳2カ月）ならびにB（当時8歳1カ月）が二人乗りをしていた自転車に接触，転倒させ，後輪で二人を轢き，死亡せしめた。AとBの両親Xらは，Yらに対して，損害賠償請求をした。

第一審（名古屋地判昭和35・7・30）は，逸失利益の賠償を一切否定し，治

---

[8] 窪田（1999）164頁参照。
[9] 加藤（1957）247頁参照。
[10] 窪田（1999）164頁参照。

療費などの積極損害と慰謝料のみ認定し、これについてA・Bの過失ならびにXらの過失（監督義務の懈怠）を考慮して賠償を認めた。また、原審（名古屋高判昭和36・1・30）は、逸失利益の賠償も認め、監督義務の懈怠は証拠上認めなかったが、A・Bの過失については、当時すでに小学校2年生であった被害者等は、日頃学校および家庭で交通の危険につき充分訓戒されており、本件行為の危険性を弁識できたとし、約6割の過失相殺をなした。

　Xらより、従来の判例は過失相殺の適用に際して被害者に責任能力を要求しており、責任能力がないA・Bについて、過失相殺は認められないと主張して、上告がなされた。最高裁は、次のように判示して、上告を棄却した。

【判旨】　民法722条2項の過失相殺の問題は、不法行為者に対し積極的に損害賠償責任を負わせる問題とは趣を異にし、不法行為者が責任を負うべき損害賠償の額を定めるにつき、公平の見地から、損害発生についての被害者の不注意をいかにしんしゃくするかの問題に過ぎないのであるから、被害者たる未成年者の過失をしんしゃくする場合においても、未成年者に事理を弁識するに足る知能が具わっていれば足り、未成年者に対し不法行為責任を負わせる場合のごとく、行為の責任を弁識するに足る知能が具わっていることを要しないものと解するのが相当である。

　本判決は、従来の判例を変更し、①過失相殺の問題は、不法行為者に対し積極的に損害賠償責任を負わせる問題とは趣を異にし、損害賠償額を定めるにつき、公平の見地から、損害発生についての被害者の不注意をいかに斟酌するかの問題に過ぎないとし、②被害者たる未成年者の過失を斟酌する場合においても、未成年者に事理を弁識するに足る知能が具わっていれば足り、③行為の責任を弁識するに足る知能が具わっていることを要しない、としたものである。

　本判旨を分析すると次のようになる[11]。まず、①については、過失相殺制度の性質についての理解に関わるものであり、公平の見地からの賠償責任

11）　窪田（1999）164頁参照。

調整制度としての位置づけは，その後の素因に関する判例などにおいても，維持されている。こうした性質決定は，積極的な賠償責任の成立の問題と区別することによって，加害者の過失＝被害者の過失という図式からの離脱を可能とする。そして，そのことは過失能力としての責任能力が論理的に必要とされるわけではないという形で，③を導くことを可能とする。もっとも，本判決は，「事理弁識能力」という要件を設定しているが（②），こうした要件がなぜ設定されるかについては，判決からは，それがせいぜい①の公平に合致するという程度以上には説明は困難である。

3) 最判昭和 39 年後の学説の展開

本判決によって示された判例は，直接的には変更されていないが，その後の不法行為法の発展は，さまざまな観点から本判決の再検討を行っている。

事理弁識能力不要説の展開

学説では，本判決以後，事理弁識能力すらも不要であるとする見解が有力となってくるのであり，下級審裁判例にはこうした見解に沿ったものが見られるようになる。そして，この事理弁識能力不要説は，次のように分類される。

① 被害者の客観的な行為態様を問題とし，能力は要件ではないとするもの
　この見解においては，事理弁識能力は必要ではないが，客観的に過失と判断されるような行為態様（期待される行為規範とのずれ）の存在が前提となる。したがって，標準人であればどうであったかというレベルで抽象的な能力を問題とする余地がある。すなわち，標準人の能力を前提とした基準となる行為態様の認定ということになる。なお，こうしたアプローチに関連しては，責任能力自体が過失の論理的前提ではない（過失能力ではない）とする理解が一般的になってきたことも視野に入れておく必要がある。
② 加害者の違法性の度合いが問題であるとするもの
　この見解においては，必ずしも，違法性を縮減する要素としては「被害者の過失」に限定されない可能性がある。たとえば被害者の素因や自然力

の競合などがある。したがって，前述の①と異なり抽象的な能力（標準人の能力）も論ずる必要がないことになる。

③　部分的因果関係論や割合的因果関係論といった因果関係論による解決

この見解においては，過失相殺（被害者の過失）の問題は，因果関係論の真部分集合として解決される。もっとも，このように被害者の能力要件を緩和するさまざまな見解が主張されているが，いずれについても解決の困難な問題点が指摘されており，通説的地位を占めるには至っていない[12]。

因果関係競合事案との関係（過失相殺の類推適用）

別の観点から過失相殺における被害者の能力要件の再検討をするのが，因果関係競合事案の処理である。この典型例としては，自然力の競合，被害者の素因があるが，一時期の学説ならびに下級審判例では，こうした問題を因果関係論のレベルで解決しようとする流れが見られた。自然力の競合についての最高裁の立場は示されていないが，素因に関しては，最判昭和63年4月21日民集42巻4号243頁が，この問題について過失相殺の類推適用という解決を示し，すでにこれに沿った複数の最高裁判決が登場している。

このような過失相殺の類推適用の射程については判例においても動揺が見られるが，判例が示した過失相殺の類推適用というアプローチの中では，被害者の回避可能性や能力は必ずしも要件とされない。その結果，事理弁識能力を要件とする過失相殺との関係の説明が必要となっている。可能性としては，過失相殺の適用に関して，事理弁識能力を放棄することになるのか（本判決の変更），あるいは，事理弁識能力を要件とする過失相殺制度を維持しつつ，一定の場合に，事理弁識能力を問題とすることなしに過失相殺の類推適用を認めるといったことが考えられるが，この点については，現時点では，不透明であると言わざるを得ない。

こうした学説や判例の展開を踏まえ，過失相殺における被害者の能力をめぐる問題は，かなり混沌とした状況にある。過失相殺における被害者の過失を「当該加害者との関係での被害者の損害負担の正当化事由」と理解したう

---

[12]　窪田（1994）156頁以下参照。

えで，責任制度を前提とした加害者の責任能力に対置される，所有者危険負担という原初的な状態を前提とした被害者の危険回避能力という観点から，事理弁識能力を積極的に位置づけることは可能であると理解されている[13]。そのうえで，過失相殺の類推適用の意味と射程を厳格に検討すべきであるが，一方で，当事者の対等性という観点からは過失相殺制度を弁識する能力としての責任能力が必要とされるとしたうえで，責任能力を要求しない現在の法律状態を過失責任原理とは異なる領域原理によって説明し，過失相殺を再構成しようとする見解も有力である[14]。この問題は，今後の議論と判例の展開にゆだねられているのが現在の状況であると言われている[15]。

（4）最近の裁判例の傾向

以下では，高齢者の過失相殺についての裁判例を見てみることにする。

1）過失割合の認定に当たり高齢者の事情を考慮した判例

① 神戸地判平成20年11月21日交通民集41巻6号1459頁は，80歳の女性が道路を横断中に普通乗用車にはねられた事故につき，被害者は，歩行者としては道路の左右から進行してくる車両の有無および動静を注視し，事故の発生を未然に防止すべき注意義務があるのにこれを怠った過失があり，事故現場が横断歩道のない交差点であること，加害車両が道路を直進していたことなどの事情を考え合わせれば，被害者の過失割合は基本的には20％であるが，被害者の年齢が80歳と高齢であったことから，基本的な過失割合を被害者に5％有利に修正すべきであり，被害者の過失割合は15％となる，と判示した。

② 東京地判平成20年7月7日交通民集41巻4号908頁は，自転車と，時速約15kmで走行していた普通乗用自動車が信号機のない交差点において衝突し，自転車の運転者の男性（当時79歳）が死亡した場合において，自動車の運転者が日没後であるにもかかわらず前照灯を点灯させて

---

13) 窪田（1994）201頁参照。
14) 橋本（1995）31頁以下参照。
15) 窪田（1994）165頁参照。

いなかったこと，事故現場が住宅街にあり，左右の見通しがよくない交差点であったこと，被害者が横断歩道上を歩いていたことなどの事情を考慮すると，本件事故の発生については被害者に15%程度の過失割合を認めるのが相当である，と判示した。

2）加害者側の高齢者に対する注意義務
③　東京地判平成18年6月15日判夕1241号143頁（控訴審東京高判平成18年10月18日判夕1271号171頁）は，歩行中に早足にて歩行してきたY（当時25歳）に激突され路上に転倒させられた結果，右大腿骨頸部骨折などの傷害を負ったX（当時91歳）が，民法709条に基づく損害賠償を求めた事案で，健康な成人歩行者が道路を歩行するに当たっては，自己の進路上に幼児，高齢者，視覚等の障害者などの歩行弱者が存在しないかどうかにも注意を払い，もし存在する場合には進路を譲ったり，減速，停止したりして，それらの者が万一ふらついたとしても接触，衝突しない程度の間隔を保つなどしてそれらの者との接触，衝突を回避すべき注意義務があるとして，請求を一部認容した。

3　高齢者の素因減額[16]

（1）素因の意義：判例法理
　素因とは，医学的には，「あらかじめ個体自身の内部にあって病気にかかりやすい形態的または機能的性状をいう。すなわち病気に対する抵抗力が減退している内在的状態であって，疾病素因ともいわれる」と定義されているが[17]，最高裁判例によれば，賠償額を減額することができる「被害者の素因」は，次の2つの場合である。

16）　加瀬（2013）7-17頁参照。本文はそれによるものである。
17）　南山堂編（2006年）1475頁。

1）心因的要因

　最一小判昭和63年4月21日民集42巻4号243頁は,「身体に対する加害行為と発生した損害との間に相当因果関係がある場合において, その損害がその加害行為のみによって通常発生する程度, 範囲を超えるものであって, かつ, その損害の拡大について被害者の心因的要因が寄与しているときは, 損害を公平に分担させるという損害賠償法の理念に照らし, 裁判所は, 損害賠償額を定めるに当たり, 民法722条2項の過失相殺の規定を類推適用して, その損害の拡大に寄与した被害者の右事情を斟酌することができるものと解するのが相当である」と判示する。

　ただし, 心因的要因が損害の発生・拡大に寄与している場合であっても, 斟酌することができる要因は, 一定の場合に限られる。最二小判平成12年3月24日民集54巻3号1155頁は, 長時間残業が長期にわたり継続した後にうつ病に罹患し自殺した事案において,「労働者の性格が同種の業務に従事する労働者の個性の多様さとして通常想定される範囲を外れるものでない限り, 右労働者の心因的要因としてしんしゃくすることはできない」と判示するからである。

2）疾患

　最高裁判所は, 身体的素因について, それが「疾患」である場合には斟酌し, 賠償額を減額することが可能であると判示する。すなわち, 最一小判平成4年6月25日民集46巻4号400頁は,「被害者に対する加害行為と被害者の罹患していた疾患とがともに原因となって損害が発生した場合において, 当該疾患の態様, 程度などに照らし, 加害者に損害の全部を賠償させるのが公平を失するときは, 裁判所は, 損害賠償の額を定めるに当たり, 民法722条2項の過失相殺の規定を類推適用して, 被害者の当該疾患をしんしゃくすることができるものと解するのが相当である」と判示する。そして, 斟酌することができる疾患は,「加害行為前に疾患に伴う症状が発現していたかどうか, 疾患が難病であるかどうか, 疾患に罹患するにつき被害者の責めに帰すべき事由があるかどうか, 加害行為により被害者が被った衝撃の強弱, 損害拡大の素因を有しながら社会生活を営んでいる者の多寡等の事情によって

左右されるものではない」[18]。

しかし，最高裁判所は，身体的素因が「身体的特徴」にとどまるときは，賠償額減額事由である素因には該当しないと判示する。すなわち，最三小判平成 8 年 10 月 29 日民集 50 巻 9 号 2474 頁は，「被害者が平均的な体格ないし通常の体質と異なる身体的特徴を有していたとしても，それが疾患に当たらない場合には，特段の事情の存しない限り，被害者の右身体的特徴を損害賠償の額を定めるに当たり，斟酌することはできないと解すべきである。けだし，人の体格ないし体質は，すべての人が均一同質なものということはできないものであり，極端な肥満など通常人の平均値から著しくかけ離れた身体的特徴を有する者が，転倒などにより重大な傷害を被りかねないことから日常生活において通常人に比べてより慎重な行動をとることが求められるような場合は格別，その程度に至らない身体的特徴は，個々人の個体差の範囲として当然にその存在が予定されているものというべきだからである」と判示する。

（2）判例法理の検討
1）判例法理の問題点

上記の判例法理については，次の 2 つの問題点を指摘することができる。第 1 に，減額事由に該当する素因とそうでないものとの判定が困難であることである。上記平成 12 年判決によれば，心因的要因のうち「個性の多様さとして通常想定される範囲を外れるもの」に限り，賠償額減額事由に該当する。「個性の多様さ」は連続的なものであるから，多様さのうち，どこからが「通常想定される範囲を外れる」かの判断は，非常に困難である。他方，身体的要因も同様であると思われる。たしかに，身体的要因については，「疾患」という明瞭な基準が示されている（上記平成 4 年判決）が，「通常の体質と異なる身体的特徴」（上記平成 8 年判決）と疾患とは相対的なものであり，医師は，患者の自覚症状に対して保険医療として診療を行う必要があるから，診療録に何らかの疾患名を記載すると言われている。そうだとすると，たと

---

[18] 最三小判平成 8 年 10 月 29 日判時 1593 号 58 頁。

えば加齢に伴う身体的変性は，それが保険医療の観点からは疾患に該当するとしても，賠償額減額事由としての疾患には該当しない場合があると思われる[19]。

　第2の問題点は，素因減額の位置づけが不明確な点である。上記平成4年判決は，加害行為と素因とを同一のレベル（因果関係）で捉え賠償額の減額を行っている。他方，上記昭和63年判決は，損害賠償の範囲を相当因果関係によって絞り込んだうえで，素因を賠償額減額事由と捉えて減額を行っている。判例法理がいずれの考えに立っているかが判然としない。

　実際の訴訟においても，相当因果関係の問題と素因減額の問題とが明確に区別されているわけではない。被告（加害者）が因果関係を争い「単純否認」をすれば，因果関係の問題となり，被告が「抗弁事由」として過失相殺の類推適用を主張する場合には，素因減額の問題となる[20]。

2）学説による批判

　学説の多数は，素因減額に批判的である。その主な理由は次のとおりである。

　第1に，損害の発生には，加害行為以外にもさまざまな原因（被害者側に属するものも含む）が条件関係（「あれなければこれなし」の関係）を有することがあるが，それらのうちで被害者側の原因として問題となるのは，民法の規定によれば過失相殺に限られる。したがって，被害者が素因の存在を知りながら適切な措置を取らなかった場合のように，被害者にも何らかの意味で不注意と評価できるような事情があった場合に限り，過失相殺の規定を適用し賠償額を減額することができると解するべきである[21]。

　第2には，素因についてのリスクを被害者自身に負担させる場合には，素因を有する者の行動の自由が不当に制限を受けるおそれがある[22]。上記平成8年判決（判時1593号58頁）によれば，症状が加害行為以前に発現して

---

19)　天野（2005）89頁。
20)　古笛編著（2007）16頁，天野（2005）74頁註（4）参照。
21)　吉村（2010）180頁。
22)　窪田（1994）76頁参照。

いないときでも，素因減額を受けることがあるが，高齢者は，加齢により身体機能が低下しているから，慎重な行動を余儀なくされ，特にその制限を受けると思われる。

第3に，被害者の個性は多様であるにもかかわらず，素因の問題のみを賠償額減額事由とするのは，正当でない。たとえば，被害者が死亡した場合に，被害者が高額の所得を得ていたときと無収入であったときとでは，賠償額は著しく異なるが，それは問題となっていないからである[23]。

第4に，責任保険制度が完備している場合には，原則として被害者の素因を減額事由とするべきでない。責任保険は，被害者の健康状態に差があることを前提として制度を設計することができるからである[24]。自賠責保険が義務保険であり，任意保険の普及率も90％を超しているのであるから，少なくとも交通事故の被害者に関しては，素因減額をすべきでない。

(3) 高齢者の事例

1) 平成7年から平成17年までの下級審裁判例

古笛恵子編著『事例解説　高齢者の交通事故』(以下，「事例解説」)は，交通事故民事裁判例集に掲載された平成7年から平成17年までの下級審裁判例を網羅的に分析している。同書に掲載された裁判例のうち，「因果関係に関する裁判例」と「素因減額に関する裁判例」を検討する。上述のように，実際の訴訟では，因果関係の問題と素因減額の問題とが明確に区別されているわけではないからである。

2) 因果関係に関する裁判例

「事例解説」は因果関係が争点の裁判例を31件掲載するが，そのうち交通事故との因果関係を否定した事案は8件である（因果関係不明を含む）[25]。それらの裁判例のうち，たとえば，札幌地判平成9年6月17日交民30巻3号832頁は，駐車場から車道に出てきた自動車が歩行中の87歳の女性と衝突

---

[23] 窪田 (2007) 402頁。
[24] 能見 (1986) 251頁。
[25] 古笛編著 (2007) 149頁以下参照。

した事故である。被害者は，後遺障害7級4号が認定され，事故から約3年後に間質性肺炎を遠因，急性腎不全を近因として死亡した。判決は，事故と死亡との相当因果関係は認められないと判示した。また，名古屋地判平成12年4月28日交通民集33巻2号758頁は，事故時73歳の男性が運転する自転車と自動車が衝突した事故である。被害者には，糖尿病，狭心症，高血圧症などの既往症があり，事故による主な受傷は腓骨骨折で，37日間入院し，事故から約9カ月後に死亡した。判決は，死亡原因となった疾患は高血圧性心不全，急性肺水腫，重症肺炎および急性腎不全であり，したがって，事故と死亡との間に相当因果関係は認められないと判示した。

3) 素因減額に関する裁判例
加齢と疾患

椎間板ヘルニア，脊柱管狭窄症および変形性関節症は，加齢を原因とする疾患であるが，高齢被害者にこれらの疾患がある場合に，素因減額をすべきであろうか。疾患と身体的特徴の境界は，上述のように相対的なものである。また，たとえば，変形性関節症は75歳以上の人の80％以上に所見が見られるとの報告があるように[26]，「年齢相応の身体的変性」と捉えることが可能な疾患もある。

裁判例は，同年齢の平均的な人と比べ健康であったか病的であったかを生活面を含めて総合的に判断しているようである。したがって，変形性関節症の場合は，年齢によっては疾患であっても素因減額を考慮しないとする判断も可能である[27]。

上記判例法理によれば，加齢そのものを素因と捉えることはできないが，訴訟では，加齢を減額事由と主張することがある。裁判例の多くはそれを否定するが，それを肯定するものもある。被害者が90歳を超えるような場合には，老齢であることを理由として減額を認めた事例がある[28]。

---

26) 天野（2005）86頁参照。
27) 天野（2005）89頁参照。
28) 大阪地判平成14年5月23日交通民集35巻3号700頁。

「事例解説」掲載裁判例

「事例解説」に掲載されている素因減額に関する裁判例は 17 件である。そのうち，身体的素因により減額を認める事案は次の 5 件である。また，心因的素因による減額を認める事案は 3 件である。これら以外の 9 件の裁判例は素因減額を否定する。骨粗鬆症に関する裁判例は 3 件掲載されているが，いずれも素因減額を否定している。

① 肺気腫および慢性閉塞性肺疾患を持つ 79 歳の男性が事故から 42 日後に肺気腫および気管支ぜんそくによる呼吸不全および心不全で死亡した事案について，損害額の 30％ を減額した[29]。

② 高血圧である 80 歳の男性が事故により高血圧性脳出血を起こした事案について，損害額の 10％ を減額した[30]。

③ 以前の交通事故により頸椎の癒合変形および腰部脊柱管などの加齢性変性を持つ 66 歳の男性が事故により頸椎性脊髄症および腰部脊柱管狭窄症などを発症した事案について，損害額の 30％ を減額した[31]。

④ 事故により頭部外傷を受傷し精神機能の後遺障害（2 級 3 号）が残存した 75 歳の女性について，高齢による脳自体の加齢変化・可塑性の低下があったことおよび受傷前より年相応の脳萎縮があったと推定されることを理由として，症状固定後の逸失利益などの 20％ を減額した[32]。

⑤ 頸椎脊柱管狭窄症の既往症を持つ 74 歳男性が軽微な事故により併合 3 級の後遺障害を被った事故について，損害額の 30％ を減額した[33]。

---

[29] 大阪地判平成 8 年 9 月 27 日交通民集 29 巻 5 号 1442 頁。
[30] 大阪地判平成 11 年 9 月 17 日交通民集 32 巻 5 号 1416 頁。
[31] 大阪地判平成 13 年 3 月 15 日交通民集 34 巻 2 号 393 頁。
[32] 名古屋地判平成 14 年 9 月 27 日交通民集 35 巻 5 号 1290 頁。
[33] 名古屋地判平成 15 年 1 月 27 日交通民集 36 巻 1 号 49 頁。

4　交通事故と高齢者の認知症

（1）交通事故と認知症との因果関係

　神戸地判平成 10 年 8 月 28 日交通民集 31 巻 4 号 1257 頁は，次のように判示した。交差点を青信号により進行した普通乗用自動車が，信号を無視して道路を横断してきた歩行者に衝突した事故につき，自動車の運転手には，信号の意味を解しない，あるいは信号に従わない老人等の歩行者の不意の横断が予想されるのに，横断者の有無の確認に注意を払って進行しなかった過失があり，他方，被害者にも信号無視の過失があるから，被害者の年齢（当時 75 歳），能力（老人性痴呆の症状有）等の事情を考慮し，3 割の過失相殺をするのが相当である。事故後，老人性痴呆と診断されたことにつき，頭部外傷は軽度であり，それ自体が痴呆を促進するほどのものではなく，被害者は事故当時，すでに老人性痴呆を発症していたと認められるから，事故との間に因果関係は認められず，また事故後のせんもう状態の発症は，事故による精神的ショックを契機とするものであるが，その状態が継続したことは老人性痴呆としての見当識障害，認知力障害によるものであり，それに対する拘束や入院が痴呆の悪化を促進したと言えるから，事故と痴呆症の増悪との間には相当因果関係は認められない。

　広島地判平成 9 年 7 月 9 日判時 1677 号 112 頁は，次のように判示した。被保険者が傷害を被ったときにすでに存在していた身体障害または疾病の影響により傷害が重大となった場合は，保険者はその影響がなかったときに相当する金額を決定して支払う旨の約款につき，既存の疾病等がなかったと仮定した場合において損害が発生しなかったと認められるときであっても，保険者が全面的に免責されると解すべきではなく，事故と相当因果関係が認められる損害について疾病等が及ぼした影響の部分を想定し，それを控除した部分の保険金を支払うべきである。交通事故により被保険者に当座生じた症状が既存の疾病等の加齢変性等による増悪を考慮に入れなければ約 1 カ月の通院治療で軽快する程度のものであり，その後の症状固定時に至るまでの症状はもっぱら加齢変性等により生じたものである場合，症状固定時に至るま

での症状は，疾病保険等と守備範囲を分担するとともに保険金の支払いを通常生じうる損害の範囲に限定して保険契約全体として適正な保険料率を定めようとする保険約款の趣旨から見て，本件事故との相当因果関係を欠き，保険の保護の対象外となる。

　控訴審の広島高判平成10年7月2日交通民集31巻4号985頁は，次のように判示した。交通事故の被害者の症状固定時の症状について，既存の加齢変性の脊柱管狭窄症等（症状としては発現していなかったもの）が，事故を契機として増悪したため，一定の症状が発症し，これも本来1カ月程度の通院治療により軽快するところが，その後も，加齢変性および心因性因子によりさらに増悪したものであると認められる場合において，被害者に当座生じた症状について，既存の疾病等が与えた影響の程度と事故が与えた影響の程度とのいずれが大きいとも断定できない場合には，事故の寄与割合は各50％と認めるのが相当である。

（2）後遺障害と認知症

　交通事故に遭った高齢者にもともと認知症があったが，事故によりその程度が進んだ場合，後遺障害として認定できるだろうか。

　『自賠責保険・共済紛争処理事例集』第4巻（平成17年度）152頁は，次のように判断する。頭部打撲と認知症の因果関係は認められないが，認知症の老人が何らかの理由で長期臥床すると症状が急に増悪することは臨床上一般的事実とされている。被害者は事故3カ月前に介護認定を受けているが認定記録によると事故前は，終身労務に服することができない状態であったことが認められるが，事故による大腿骨骨折の傷害で歩行が困難となって臥床状態が続いた3カ月後の時点では，意思疎通が困難になり常時介護が必要になったことが認められる。したがって，本件事故による認知症の進行・増悪による症状は，事故による神経系統の機能または精神の障害として自賠法施行令別表第一の1級1号に該当すると認められ，同別表第二の3級3号に該当する既存障害の加重障害と判断する。

5　結語

　交通事故における社会的弱者につき，過失相殺が許されるかという問題について，これまで判例や学説を検討した。まだ十分な検討結果に至っていないが，方向性としては，幼児や高齢者，重度後遺障害者といった交通弱者に対しては，過失相殺の適用を全面的に排除することが妥当と思われる。

　また，素因減額をめぐる議論については，これまでに素因原則考慮説と素因原則不考慮説という対立があった。しかし，最判平成8年10月29日の2つの判決は，加齢的な素因をめぐる評価としては，これを減額の対象となる「疾患」として評価するのか，あるいは減額の対象とはならない「身体的特徴」として評価するのかという判断基準を示したことで，この問題に対する一応の結論を下した。しかし，加齢的な素因がどちらに属するのかの議論もさることながら，そもそも加齢が素因減額とはならない見解も有力であり，被害者である高齢者を保護する立場からは，この見解に与したい。

　さらに，後遺障害と認知症の問題として，交通事故に遭った高齢者にはもともと認知症があったが，事故によりその程度が進んだ場合，後遺障害として認定できるかなどの課題も残されている。この問題も含めて，さらに交通弱者に対して過失相殺の適用を全面的に排除するための理論構成を構築することは，今後の研究課題としたい。

【参考文献】
朝見行弘（1999）「被害者側の過失」『交通事故判例百選（第4版）』162-163頁
天野智子（2005）「素因減額の考慮要素」『判例タイムズ』1181号，72-91頁
甘利公人・福田弥夫（2011）『ポイントレクチャー保険法』有斐閣
加瀬幸喜（2013）「高齢事故と素因減額」『日交研シリーズ A-579 高齢者の素因特性と交通事故──高齢者の自動車事故と補償対策』日本交通政策研究会
加藤一郎（1957）『不法行為』有斐閣
窪田充見（1994）『過失相殺の法理』有斐閣
────（2007）『不法行為法』有斐閣

―――――（1999）「幼児の過失相殺」『交通事故判例百選（第4版）』164-165頁
古笛恵子編著（2007）『事例解説　高齢者の交通事故』新日本法規
南山堂編（2006）『南山堂医学大辞典（第19版）』南山堂
西原道雄（1965）「生命侵害・傷害における損害賠償額」『私法』27号，107-115頁
能見善久（1986）「寄与度減責」加藤一郎・水本浩編『民法・信託法理論の展開』弘文堂
橋本佳幸（1995）「過失相殺法理の構造と射程（4）」『法学論叢』137巻6号，1-45頁
福田弥夫（2010）「自賠責保険査定基準の拘束力」山下友信＝洲崎博史編『保険法判例百選』62-63頁
丸山一朗（2001）「被害者としての高齢者」日本交通法学会編『高齢化社会と交通法（交通法研究29）』有斐閣
吉村良一（2010）『不法行為法（第4版）』有斐閣

第7章　高齢被害者の補償と過失相殺のあり方
――フランスの法制度を参考に

山野　嘉朗

1　問題の所在

（1）交通事故と過失相殺

　交通事故の発生により，身体損害や物的損害を被った被害者は，加害者に対して損害の賠償を求めることになる。わが国の法制度としては，民法709条以下の不法行為に関する規定または自動車損害賠償保障法（自賠法）3条のいわゆる運行供用者責任に関する規定を根拠として損害賠償請求が行われる。前者は一般法規であり，身体損害，物的損害のいずれの場合についても根拠規定となる。後者は人身損害についての特別法であるから，物的損害についての根拠規定にはならない。

　前者においては，被害者の側で，道路交通法（道交法）違反等，加害者の過失を立証しなければならないが，後者においては，被害者の側では加害自動車の運行に起因して人身損害が生じたことを立証すれば十分であり（過失責任の推定），加害者が責任の所在を争う場合は，加害者の側で，①自身の過失の不存在（より正確に表現すると，運行供用者および運転者（被用者であるドライバーやその補助者のように，他人のために自動車の運転または運転の補助に従事する者＜自賠法2条4項＞）が運行に関し注意を怠らなかったこと），②被害者または第三者（より正確に表現すると，運転者以外の第三者）の故意・過失の存在，③自動車の構造上の欠陥または機能の障害の不存在（免責3要件）

を立証しなければならない[1]（立証責任の転換——自賠法3条）。

　また，前者においては，責任主体が不法行為者であるのに対し，後者では運行供用者が責任主体とされる。運行供用者とは，自己のために自動車を運行の用に供する者である。その趣旨は，伝統的には，運行を支配し，その運行から利益を得る者と解されてきたが，その後，自動車の運行を事実上支配・管理することができ，社会通念上その運行が社会に害悪をもたらさないよう監視・監督すべき立場と解されるなど，同概念は拡張的に解釈されて今日に至っている[2]。たとえば，父親と同居する20歳の息子が交通事故を起こした場合，父親は，通常，不法行為責任を負わないが（不法行為責任は息子本人が負担する），その場合でも，運行供用者責任を負って，被害者に対し損害賠償債務を負担する可能性がある[3]。

　不法行為責任ないし運行供用者責任を負った者は，被害者が被った損害を完全に賠償しなければならない。しかし，被害者の側にも，速度違反・前方不注視などの過失が認められ，その過失が自らの損害の発生に寄与していた場合はどうであろうか。このような場合にまで，加害者に損害の全額について賠償責任を負わせるのは公平でない。この場合について，民法は「被害者に過失があったときは，裁判所は，これを考慮して，損害賠償の額を定めることができる」（民法722条2項）というルール（過失相殺）を設けている。このルールは，不法行為責任はもとより運行供用者責任にも適用になる（自賠法4条）。自動車対自動車，自動車対歩行者，自動車対自転車など当事者双方が動いている場合の衝突事故においては被害者の側にも落ち度（過失）が認められることは少なくないであろう。

　交通事故賠償の領域では被害者の過失が2割とか，20％と表現され（過失相殺率），損害額×過失相殺率によって減額された金額が加害者の負担すべき賠償額となる（損害額−損害額×過失相殺率＝加害者負担額）。民法722条2

---

[1] ただし，事故との因果関係にかかわらず以上のすべてを立証する必要はないと解されている（最判昭和45年1月22日，民集24巻1号40頁）。たとえば，飛び込み自殺であること（免責第2要件）が証明されれば，あえて第1要件，第3要件は証明する必要がないので，事故と因果関係がない旨主張すれば十分と考えられる。

[2] 運行供用者責任の拡大については，藤村・山野（2014）116頁以下参照。

[3] 最判昭和50年11月28日民集29巻10号1818頁。

項では,「裁判所は,これを考慮して,損害賠償の額を定めることができる」と規定しているが,裁判でなく示談においてもこのルールに基づいて賠償額が算出されるのが通例である。人身事故の加害者の賠償責任は強制保険である自動車損害賠償責任保険(自賠責保険)およびその上積み保険である対人賠償責任保険(任意保険)によってカバーされるが[4],保険金額の対象となる賠償責任額は過失相殺後のものである。法令(自賠法施行令2条)で保険金額に限度額(傷害による損害:120万円,後遺障害[1級]による損害:3,000万円<要介護の場合は4,000万円>,死亡による損害:3,000万円)が設定されている自賠責保険では被害者保護の見地から,被害者に重過失がある場合を除き過失相殺は適用しないが,自賠責保険金額を超過する損害額を対象とする対人賠償責任保険では,過失相殺の適用が問題となる。

対人賠償責任保険(この保険では,被害者が加害者の契約する自動車保険会社に対し,保険金額の範囲内で直接に損害賠償額の支払いを請求できるという「直接請求権」が設定されている)の高い普及率や加害者に代わって保険会社が示談交渉するという示談代行制度[5]に鑑み,人身事故被害者の多くは,加害者が契約する対人賠償責任保険の保険会社と示談交渉することになるが,そこにおいては過失相殺および過失相殺率の適用が争点となる可能性が高い。

(2) 高齢被害者と過失相殺

高齢社会を迎えた現在,高齢者はさまざまな形で交通に関与する。いきおい,交通事故の加害者や被害者となるケースも増加している。交通事故に遭った被害者にも不注意があった場合は,たとえ被害者が高齢であったとしても,当然に過失相殺の適用が問題となる。ただ,加齢に伴い,判断能力が低下した被害者について,一般に十分な判断能力を有していると考えられる30代や40代の被害者と同様のものさしで一律に過失相殺を適用してよいかについては,低年齢の被害者についてと同様に,検討の余地がある。

---

4) 自賠責任保険と任意保険の関係については,藤村・山野(2014)422頁以下参照。なお,物損事故は自賠責保険の対象外であるから,対物賠償責任保険が加害者の賠償責任を担保することになる。
5) 示談代行制度の詳細については,藤村・山野(2014)426頁参照。

後述するように，裁判実務およびこれを参照する保険実務においては，高齢者の過失相殺については，その相殺率の適用にあたり，一定の配慮を行っている。

　他方，外国に目を転じると，低年齢の者について過失相殺の適用を排除している国（ベルギー）や低年齢の者・重度身体障害者・高齢者について過失相殺の適用を排除している国（フランス）も存在する。

　過失相殺制度の趣旨は公平にあるが，判断能力の低下した高齢者に対する賠償についての公平な処理とは何かを改めて考えてみる必要がある。そこで，本章においては，まず，わが国における過失相殺制度の適用について裁判所がどのような判断を行ってきているかを概観し，次いで，保険実務の現状を紹介したうえで，フランスの法制度を紹介する。以上の検討を踏まえつつ，今後の法政策上の課題を探ってみることとする。

2　過失相殺と保険実務

（1）保険実務

　過失相殺は保険実務上どのように扱われているか。対人事故の被害者を救済するための保険制度として，わが国では，強制保険である自賠責保険制度と任意保険である対人賠償責任保険制度という2階建ての保険制度を採用している。第6章で詳述されているとおり，自賠責保険実務では，原則として民法722条2項（過失相殺）の適用を排除することにしている。まず，被害者の過失が重過失（7割以上の過失）であるか否かを基準として，重過失でなければ支払額を減額しない。それが重過失の場合は，その程度が重くなるに従って，減額割合を大きくする。傷害による損害については減額を一切行わない。

　このような実務はかねてから実施されてきたところであるが，平成13年金融庁，国土交通省告示第1号（支払基準）によって具体的に法的根拠が示されることになった。ただし，法的根拠を有するとはいえ，これはあくまでも支払基準であって自賠責保険会社を拘束するにすぎないものであるから

（自賠責保険会社は基準の遵守義務を負う），自賠責保険会社が呈示した支払金額に不満を持つ被害者が，自賠責保険会社を相手取って訴訟を提起した場合には，裁判所はこの基準に拘束されず，裁判所の裁量により支払額が算定されることになる[6]。この場合は，支払基準の適用がないので，民法722条2項が直接に適用されることになる。

一方，任意保険（対人賠償責任保険）実務においては，自賠責保険実務のように告示によって支払基準が定められているわけではないので，支払額の算定に際しては，原則に帰って，民法722条2項が直接に適用されることになる。それでは，過失相殺前の損害額が自賠責保険金額を上回った場合に任意保険金額はどのようになるか。前掲支払基準によれば，積算した損害額が保険金額以上となる場合には保険金額から減額が行われる。たとえば，死亡事案につき，過失相殺率50％，損害額5,000万円であるとすると自賠責保険では減額不適用のため保険金額3,000万円が支払われるが，対人賠償責任保険では，加害者（被保険者）の賠償責任額は過失相殺が適用されるので2,500万円となる。対人賠償責任保険では，過失相殺後の損害額と自賠責保険による支払額との差額が支払われるが，2,500万円マイナス3,000万円で差額がマイナスになるため，その支払額は0円となる[7]。

（2）判タ基準[8]

過失相殺は裁判官の自由裁量によって行われる。他方，自動車事故においては，交差点内で右折車両と直進車両が一定の状況のもとで衝突するなど，さまざまな事故類型が見られる。そこで，同様の類型において，自由裁量を理由に裁判官の判断が食い違えば，裁判の予測性や法的安定の見地から問題である。そこで，かねてから裁判官によって過失相殺率の基準化の努力が続けられてきた。その結果は複数の基準として公表されたが，その中でも最も有名なものが，1975年に公表された『民事交通訴訟における過失相殺率の

[6) 最判平成18年3月30日民集60巻3号1242頁，および最判平成24年10月11日判時2169号3頁。後者の判例を分析した論稿として，山野（2013）160頁参照。
[7) 対人賠償保険における過失相殺については，藤村・山野（2014）326頁参照。
[8) 東京地裁民事交通訴訟研究会編（2014）。この認定基準では，合計338に及ぶ事故態様が図示されている。

認定基準』(『別冊判例タイムズ』1号)である(いわゆる判タ基準)。同基準はその後, 複数回改訂され, 2014年7月には全訂5版(『別冊判例タイムズ』38号)が公刊されるに至っている[9]。

　この基準では, 四輪車と歩行者・単車・自転車との衝突事故では, 被害者である歩行者等の側の過失のみを考慮して過失相殺率が決められている。これに対し, 四輪車同士の衝突事故では, 双方の過失を対比させて過失相殺率(過失割合)を決めている。したがって, 過失相殺率という言葉を使っても, 前者は双方の過失を対比させていないのである[10]。ただし, 裁判官は, 前者の意味での過失相殺率についても過失割合という言葉を使用することが少なくないので注意を要する。

　この基準では, 歩行者と四輪車・単車・自転車との事故について, 児童(6歳以上13歳未満)・高齢者(おおむね65歳以上), 幼児(6歳未満)・身体障害者等(身体障害者用の車いすを通行させている者, 杖を携え, もしくは盲導犬を連れている目が見えない者等)という属性を, 過失相殺率の決定の際の修正要素としている。

　たとえば, 横断歩道付近の横断歩道以外の場所で, 歩行者が歩道から道路に飛び出した場合には原則として30%の過失相殺率が適用されるが, これが高齢者であれば10%のマイナス修正がなされ, 20%の過失相殺率の適用となる。これが幼児や身体障害者等であれば20%のマイナス修正がなされ, 10%の過失相殺率になる(図7-1)。高齢者については, 道路通行に際し判断能力・行動能力が低く, 特に保護する要請が高いというのがその理由である[11]。したがって, この基準においては, 過失相殺率を修正するという形で, 高齢者の保護を図っている。なお, 事故の形態によっては, 高齢者

---

9)　なお, 過失相殺率の基準を示すものとしてほかに財団法人日弁連交通事故相談センター東京支部による『民事交通訴訟・損害賠償額算定基準』(いわゆる『赤い本』)もよく知られているが, これは判タ基準を踏まえたものである。この基準は毎年改定されるが, 最新版は2014年版である。

10)　この場合に, 双方の過失の程度を比較するという方法によると, 被害者の過失が小さい場合でも, 加害者の過失が小さければ, 被害者の過失相殺率は高くなって公平に反する結果となる。なぜならば, 生身で無防備な被害者の過失と金属で防備され, かつ, 殺傷能力のある危険物を運転する者の過失を同じ土俵で比較すべきではないからである。

11)　前掲注8), 61頁。

図7-1 過失相殺率と事故態様

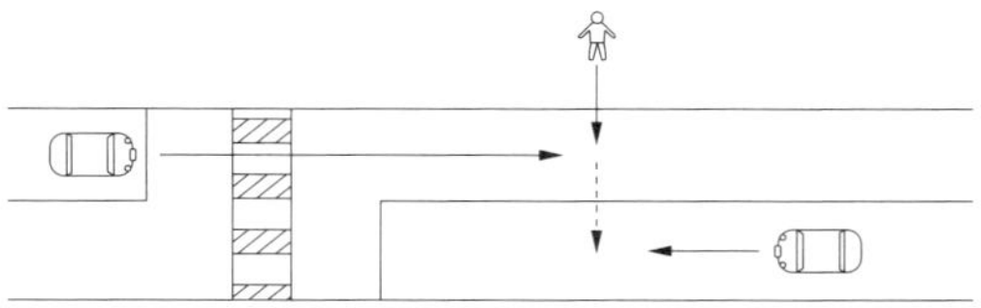

	基本	30
修正要素①	夜間	＋ 5
	幹線道路	＋ 10
	横断禁止の規制あり	＋ 10
	直前直後横断 佇立・後退	＋ 10
	住宅街・商店街等	－ 5
	歩児童・高齢者	－ 10
	歩幼児・身体障害者等	－ 20
	集団横断	－ 10
	車の著しい過失	－ 10
	車の重過失	－ 20
	歩車道の区別なし	－ 5

① 修正要素の意味・内容については，○○を参照。

出所：東京地裁民事交通訴訟研究会編（2014）104頁。

の修正率は5％となる。

　前述したとおり，自動車と歩行者との衝突事故においては，加害者である運転者と被害者である歩行者の過失の程度を比較して過失割合を定めるということは行われていないが，加害者側に著しい過失[12]や重過失[13]が認められる場合，前者については10％，後者については20％のマイナス修正が被害者の過失相殺率に加えられる。

　この基準は，示談交渉の際に保険会社に利用されているので，対人賠償責任保険の支払額の算定においても，高齢者はその限りにおいて保護されていると見ることができる。

3　高齢被害者に対する過失相殺適用の現状

(1) 近時の裁判例（平成20年以降）

　高齢被害者について，実際にどのように過失相殺が適用されているのかを，近時の主要裁判例を通して紹介する（以下，原告をX，原告以外の被害者をA，被告である加害者をYと表示し，原告が複数の場合は直接の人身被害者をXと表示するとともに，被告が複数の場合でも，そのうちの加害者たる運転者をYと表示する。判旨は判決文の主要部分を抜き出したものであるが，趣旨を損なわない範囲で一部加筆し，必要に応じ，重要部分に下線を付している）。

---

[12]　著しい過失とは，事故態様ごとに通常想定されている程度を超えるような過失を言う。自動車運転者について言うと，脇見運転等前方不注視の著しい場合，著しいハンドル・ブレーキ操作不適切，携帯電話等の通話装置を通話のために使用したり，画像を注視しながら運転すること，おおむね時速15km以上30km未満の速度違反（高速道路を除く），酒気帯び運転等である（前掲注8），62頁）。

[13]　重過失とは，著しい過失よりもさらに重い，故意に比肩する重大な過失を言う。自動車運転者について言うと，酒酔い運転，居眠り運転，無免許運転，おおむね時速30km以上の速度違反（高速道路を除く），過労，病気および薬物の影響その他の理由により，正常な運転ができないおそれがある場合等である（前掲注8），62-63頁）。

1）大阪地判平成 20 年 8 月 26 日差額説[14]

【事実】　5 車線からなる幹線道路を歩行中の A（女・80 歳）が，Y 運転の普通乗用自動車にはねられ死亡した。

【判旨】　①本件事故現場が幹線道路であったこと，②本件事故現場付近は横断禁止区域であったこと，③Y は，前方約 53.8 メートルの地点に A が歩行横断中であることを認識していたのであるから，クラクションを鳴らすのみならず，減速するなり，歩行者の動静に注意を払って適宜車線変更するなりの対応をするのが自動車運転者としては基本的な注意義務であると解されるところ，それを怠っている点で，著しい過失があると評価できること，④A は本件事故当時 80 歳であったことがそれぞれ指摘できるところ，これらの諸事情を総合勘案して，A の過失を 10％，Y の過失を 90％ とするのが相当である。

2）神戸地判平成 20 年 11 月 21 日[15]

【事実】　雨の中，交通整理の行われていない交差点を，東方から西方に進行中の Y 運転の普通乗用自動車が，南方から北方に歩行していた A（女・80 歳）に衝突し，A が死亡した。

【判旨】　車道を歩いて横断しようとした際，車両が道路の左右から進行してくるおそれが多分にあったから，このような場合，歩行者としては，道路の左右から進行してくる車両の有無および動静を注視し，もって事故の発生を未然に防止すべき注意義務があるのに，これを怠り，道路の右方から進行してくる車両の有無および動静を十分に注視しなかった過失により，Y 車が右方から進行してきたにもかかわらず，片側 2 車線の道路を横断したため，本件事故を発生させた点で，A には過失が認められるが，A は本件事故当時 80 歳と高齢であったため，基本的な過失割合（Y：80％，A：20％）を A に 5％ 有利に修正すべきであるから，A の過失割合は 15％ となる。

---

14)　交通民集 41 巻 4 号 1032 頁。
15)　交通民集 41 巻 6 号 1459 頁。

3) 神戸地判平成 21 年 2 月 23 日[16]

【事実】 夜間，降雨の中，片側 2 車線道路を時速約 60 キロメートルで東から西へ進行していた Y 運転の普通貨物自動車が，同道路を北から南へ歩行，横断しようとした A（女・80 歳）に衝突した結果，A は死亡した。

【判旨】 A も，Y 車に注意しないまま本件道路を横断または立ち入ろうとした過失があったと見られ，本件道路が幹線道路であること，夜間であったこと，他方，A が高齢であったことに照らすと，Y と A の過失割合は，それぞれ 70％，30％ と見るのが相当である。

4) 神戸地判平成 21 年 2 月 23 日[17]

【事実】 道路中央付近において Y 運転の普通乗用自動車と歩行中の X（女・事故時 63 歳，症状固定時 66 歳）が衝突した。

【判旨】 X の動静を明らかにする証拠はないが，X は車道に出ていたのであるから，本件道路を走行する車両の有無やその動きに注意する必要があるところ，これを怠ったと見ざるを得ず，その点において，X にも落ち度があると言わざるを得ない。X の過失の内容・程度，Y が前方注視を怠っていたことに加え，夜間であること，本件道路の幅員が 8 メートルを超えること，X は本件事故当時 63 歳であって高齢者とまで言えないこと，X がふらふらと歩いていたことを認めるような証拠は全くないことを考慮すると，X と Y との過失の割合は，それぞれ 25％，75％ と見るのが相当である。

5) 岡山地判平成 21 年 6 月 19 日[18]

【事実】 車道上に横臥した状態の A（男・77 歳）に Y 運転の普通貨物自動車が衝突した結果，A が死亡した。

【判旨】 Y には前方注視義務違反あるいは車間距離保持義務違反の過失が認められるが，他方，A は，歩車道の区別のある県道を，横断歩道が設けられていないにもかかわらず横断しようとし，しかも横断歩行中に転倒して Y

---

16) 交通民集 42 巻 1 号 213 頁。
17) 交通民集 42 巻 1 号 196 頁。
18) 交通民集 42 巻 3 号 759 頁。

車両の走行車線上に横臥した過失が認められる。その他，Aが本件事故時に満77歳の高齢であったこと，Yの過失の程度等を考慮すると，Aにつき20％の過失相殺を行うのが相当である。

6）京都地判平成21年8月6日[19]
【事実】　Y運転の普通乗用自動車が車道を横断歩行しようとしたA（男・70歳）に衝突した結果，Aは，高次脳機能障害を残し，その約5年4カ月後に死亡した。
【判旨】　本件事故現場から約23メートル北の地点に横断歩道が設けられており，夜間であったがやや明るくY車から進行方向（北向き）の見通しがよかったこと，AがY車の直前を西側から東側に向かって横断しようとしたこと，Aの年齢等の事実関係によれば，本件事故における過失割合は，A30％，Y70％と認めるのが相当である。

7）東京地立川支判平成21年8月27日[20]
【事実】　一部信号機が設置されていない変則的な四差路交差点を，青信号表示に従って進行したY運転の普通貨物自動車と，横断歩道の設けられていない車道を横断しようとしたA（男・81歳）運転の自転車が衝突した結果，Aは死亡した。
【判旨】　Y車の進行する側の信号が青色であり，その速度が時速約40kmであることを考慮すると，信号機による交通整理がされていない交差点部分を自転車に乗って横断するAにおいても，横断する道路の左方の安全確認を怠った過失があるものと認められる。本件交差点が変則的な構造で，一部信号機が設置されていない等の本件交差点の状況，双方の過失の内容，Aが当時81歳の高齢であったこと等の諸般の事情を考慮すると，過失割合は，Aが40％，Yが60％と認めるのが相当である。

---

19)　交通民集42巻4号987頁。
20)　交通民集42巻4号1100頁。

8) 名古屋地判平成 21 年 9 月 11 日[21]
【事実】 日没後，交通整理の行われていない丁字路交差点を西方から南方へ右折進行した Y 運転の普通乗用車が，南北道路上を東から西に向け横断歩行していた A（女・80 歳）に衝突した結果，A は受傷・死亡した。
【判旨】 本件においては，本件現場のそれぞれ 20 メートルないし 25 メートル程度離れた場所に北側の横断歩道と南側の横断歩道があり，南側の横断歩道は A が横断しようとした南北道路に設置された横断歩道であると認められるから，同横断歩道を基準にして，本件現場は，道交法 12 条 1 項にいう「横断歩道のある場所の附近」に該当すると言える。したがって，本件事故現場において南北道路を横断しようとした A は，道交法 12 条 1 項の定める横断方法に違反した過失があると言える。なお，A の子である X は，80 歳と高齢の A にわざわざ 20 メートル以上も離れた不便な横断歩道まで行ってから道路を横断することを要求するのは不当であり，A が横断歩道を渡っていなかったことをもって過失相殺事由とするのは当を得ていない旨主張するが，道交法に規定された横断方法を無視した主張であり，失当である。しかも，本件においては，A は，本件事故現場付近に来る前に，南側の横断歩道の前を通過していると推測されるのであり，そこで南側の横断歩道を通って南北道路を横断すればよかったのであり，A が南側の横断歩道を横断しなかったことを過失相殺事由とすることが許されるのはもちろん，南側の横断歩道を横断すべきであったというのが高齢ゆえに A に酷であるとすることもできない。右折時の Y の歩行者に対する注意義務違反の大きさ，A が横断歩道付近で横断歩道を横断しなかったこと，A が高齢であること，本件道路付近は民家や店の並ぶところであることなどを考慮すれば，過失割合は A が 5 ％，Y が 95 ％ とするのが相当である。

9) 京都地判平成 21 年 9 月 30 日[22]
【事実】 見通しのよい片側一車線の直線道路において，外側線付近を走行していた A（男・79 歳）搭乗の自転車（以下，A 自転車と言う）が前方のガード

---

21) 交通民集 42 巻 5 号 1194 頁。
22) 交通民集 42 巻 5 号 1289 頁。

レールを避けるため右側に数十センチ進路変更したところ，後方から進行してきたＹ運転の普通乗用自動車の左前部がＡ自転車後部に衝突した結果，Ａが死亡した。

【判旨】　本件事故の発生について，Ｙには，Ｙ車を運転して時速約40キロメートルで進行し，本件事故現場手前にさしかかり，Ａ自転車を認めたのであるから，Ａ自転車の右横を通過するにあたって，減速し安全な速度で進行すべき注意義務があるのに，また，Ａ自転車の動静を注視してその安全を確認すべき注意義務があるのに，これらを怠った過失があると言うべきである。一方，Ａについても，本件道路西行き車線を進行し，本件事故現場付近で右に進路変更をするにあたって，右後方の安全確認を十分しなかったとの事実が認められる。しかしながら，本件事故現場付近の状況，本件事故の態様，Ｙの過失割合の内容等のほか<u>Ａの年齢（Ａは，本件事故当時79歳であり，高齢であった）に鑑みれば，Ａにかかる上記事実を過失相殺における過失とするのは相当でなく，本件事故の発生における過失割合は，Ａ０％，Ｙ100％と認めるのが相当である。</u>

10）大阪地判平成21年12月11日[23)]
【事実】　夜間，交通整理の行われている交差点の東西道路（片側四車線）を青色信号表示に従って東から西へ直進したＹ運転の普通乗用自動車が，交差点西詰の横断歩道上を南から北へ歩行していたＡ（女・78歳）に衝突し，Ａは即死した。

【判旨】　本件事故は，Ｙが青色信号表示に従って本件交差点に進入するにつき，制限速度内の速度で走行して前方を注視していれば，本件事故を回避できた可能性があるにもかかわらず，先を急ぐあまり，制限速度を20キロメートル以上超過した時速70ないし80キロメートルで本件交差点内を走行し，かつ本件交差点内の安全に対する注視を怠って，本件横断歩道を歩行するＡを見落としたものであり，その速度違反と前方不注視の過失は重大である。一方，Ａは，街灯があるとはいえ夜間で離れた位置からの人の認識は必ずし

23）　交通民集42巻6号1620頁。

も容易でなく，本件道路が交通量が多く幅員も広い幹線道路であるにもかかわらず，青色点滅表示で横断歩行を開始したものであり，高齢者であることを考慮しても，Ａにも過失があることは否定できない。これらを総合し，Ａの過失相殺率を 10％ とすることを相当と認める。

11) 神戸地姫路支判平成 22 年 3 月 23 日[24]
【事実】 Ｙ運転の普通乗用自動車がスーパーマーケットの駐車場内の通路で一時停止後に発進右折したところ，右方通路から歩行してきたＸ（女・79 歳）に衝突し，Ｘが転倒負傷した。
【判旨】 本件事故現場は，スーパーマーケットの駐車場内であり，駐車場内においては，車両だけでなく駐車した車両からスーパーマーケットの店内に向かう人や，スーパーマーケットの店内から駐車した車両へ戻る人等が歩行していることが想定されているのであるから，駐車場内で車を走行させる際には，歩行者の有無およびその動き等に十分注意して走行させることが必要である。Ｙは，ぶつかった音がして初めて歩行者に気づき，その時点で初めてブレーキをかけたというのであり，駐車場の出入口方向に気を取られ，右折しようとしていたにもかかわらず，右方に歩行者がいないかどうかの確認をまったく怠っており，そのため，Ｙ車両が原告に衝突するまで，Ｘの存在にまったく気付いていなかったこと，Ｘは，本件事故により頭部に傷害を負ったこともあり，本件事故当時の状況をよく覚えていないものの，Ｘは，本件事故当時 79 歳という高齢の女性であり，Ｘが，Ｙ車両の直前に突然飛び出したというような事情は認められないことなどからすれば，Ｙの過失は重大である。しかし，駐車場内を歩行する歩行者としても，駐車場内においては，車両が行き来することが想定されているのであるから，車両の有無およびその動き等に十分注意して歩行すべきであるところ，本件においては加害車両が一旦停止した位置から衝突地点までの距離が短いことを考慮しても，Ｙ車両は，本件事故直前，一旦停止しており，右折すべく方向指示器を出していたことなどからすれば，Ｘにおいても，Ｙ車両の動きに注意を払って歩

---

24) 交通民集 43 巻 5 号 1140 頁。

行すべきであるから，Xに1割の過失があったと認めるのが相当である．

12）神戸地判平成23年5月16日[25]
【事実】 Y運転の普通乗用自動車が道路を南方向へ走行していたところ，X（女・79歳）が被害者方向へ横断歩行したため，南行き車線上でY自動車が被害者に衝突した．
【判旨】 歩行者は，横断歩道がある場所の付近においては，その横断歩道によって道路を横断しなければならないところ（道交法12条1項），Xは横断歩道によらないで道路を横断する際には，左右の安全確認を十分すべきであったのに，必ずしも十分に確認したとは言えないまま本件道路を歩行横断して加害自動車に衝突されたのであるから，Xにも本件事故の発生について相応の過失があるが，<u>Xが事故当時79歳と高齢であったこと，本件事故発生時は夜間であったが照明によって歩行者の発見が困難な状況とまでは言えなかったこと等の事情を考慮すれば，双方の過失割合は，Y85％，X15％とするのが相当である．</u>

13）京都地判平成23年7月1日[26]
【事実】 国道と町道の交差点で，国道を歩行横断中の被害者X（女・78歳）は，町道から交差点に進入してきたY運転の普通乗用自動車に衝突された．
【判旨】 本件事故は明確な優先関係がない交差点における歩行者と四輪車の出会い頭衝突事故類型に属するものであり，<u>基本的な過失割合は四輪車85：歩行者15と解され，修正要素として認められるのは，歩行者が高齢者であることによる修正（5％）のみであるから（『別冊判例タイムズ』16号全訂4版【36】参照），過失相殺割合は1割とするのが相当である．</u>

14）千葉地判平成23年7月11日[27]
【事実】 歩道橋があり，横断歩道がない交差点付近において，反対車線方向

---

25) 交通民集44巻3号588頁．
26) 交通民集44巻4号881頁．
27) 交通民集44巻4号896頁．

から道路を横断していたA（女・死亡時75歳）に対して，直進してきたY運転の普通乗用自動車が衝突して死亡させた。

【判旨】　①本件事故の発生時間は日没後（夜間）であったこと，②被害者であるAが高齢であったこと，③Yが酒気帯び運転をしていたこと，④YがAを発見することができなかったことについては，飲酒による影響が相当程度あったものと考えられること等の諸事情を勘案すると，被害者の過失割合は10％と考えるのが相当である。

15）千葉地判平成23年7月25日[28]

【事実】　交通整理の行われていない交差点において，普通乗用自動車を運転中のYが一時停止義務に違反し，かつ安全確認義務を怠って，右折進行したことにより，右方道路から自転車で走行中のA（女・80歳）に衝突し死亡させた。

【判旨】　衝突地点はAが進行してきた道路のセンターライン寄りの地点であることから，Aは車道のセンターライン寄りを走行していたことになり，この点についてAには，自転車を運転するに当たって，車線の左側を通行していなかった点で過失があるが，Aが80歳の高齢であったことと，本件事故が発生した時刻その他の一切の事情を総合考慮すれば，AとYの過失割合は前者が5％，後者が95％と解するのが相当である。

16）大阪地判平成23年7月26日[29]

【事実】　夜間，X（男・事故当時77歳）は，横断歩道上を歩行していたところ，前方から走行してきたY運転の自転車と衝突して負傷した。Yは，本件事故は，見通しの良い歩道上で発生したものであって，Xも，歩道の端に移動するなど本件事故を回避しえたのであるから，一定限度の過失相殺がなされるべきであると主張した。

【判旨】　本件事故当時のXの年齢は77歳であると認められるところ，本件事故当時，Y車両のスピードが出ていたことについては当事者間に争いがな

---

[28]　交通民集44巻4号1003頁。
[29]　交通民集44巻4号1017頁。

く，Y自身，右方向に気を取られXの発見が遅れたことについて自認していることも併せれば，本件事故は，専らYの過失によって発生したと言うべきである。したがって，Yの過失相殺の主張には理由がない。

17) 神戸地判平成23年9月7日[30]
【事実】　信号機による交通整理の行われている交差点において，青信号に従い南から東へ右折を開始したY運転の普通貨物自動車が，交差点の東側の横断歩道を赤信号で北から南へ横断を開始したA（女・68歳）と衝突し，Aを死亡させた。
【判旨】　①本件事故は午後8時17分頃に発生しており「夜間」の事故であること，②Aは，本件事故当時満68歳であり，「高齢者」に該当すること，③Yは，右折先の東西道路の東行き車線を走行する車両のテールランプに気をとられるあまり，進路前方左右を注視せず，進路上の安全確認をしないまま，時速約30kmで漫然と右折進行し，衝突して初めて歩行者（A）の存在に気づいており，Yには脇見運転とも言うべき「著しい過失」があったと言わざるを得ないことを併せ考慮すると，本件事故における過失割合は，A（歩行者）が35％，Y（右折四輪）が65％とするのが相当である。

18) 名古屋地判平成24年7月30日[31]
【事実】　A（女・85歳）は，午後1時29分頃，信号機による交通整理の行われていない交差点の横断歩道を自転車に搭乗して横断中に，手前の停止位置で一時停止した後発進して直進走行中のY運転の普通貨物自動車に衝突されて死亡した。
【判旨】　Aは，本件交差点東側横断歩道に進入するに際して，いったん停止するなどして左右の状況を確認することを怠ったもので，過失相殺において考慮すべき不注意がまったくないと言うことはできない。本件交差点における南北道路と東西道路の広狭等の状況，Yの過失の程度，Aが本件事故当時85歳と高齢であること，Aが自転車通行可の歩道を進行して横断歩道に進

---

30)　交通民集44巻5号1137頁．
31)　『自保ジャーナル』1889号129頁．

入したこと等を考慮し，5％の過失相殺を適用するのが相当である。

19) 横浜地判平成 24 年 11 月 15 日[32)]
【事実】　A（女・81 歳）は，平成 22 年 10 月 14 日午後 3 時 30 分頃，自転車で一時停止道路から交差点に進入し Y 運転の軽四輪貨物車に衝突されて死亡した。
【判旨】　信号機のない交差点において，一時停止の標識および路面標示がある側で，慎重な左右確認を要するにもかかわらず，左右の注視不十分なまま，優先道路を横断しようとしたものと言わざるを得ないから，一定の過失相殺は認めざるを得ない。Y は，右前方に本件交差点に入ろうとしていた A 自転車を認めたにもかかわらず，停止していると思い込んで目を離し，前方の注視を著しく欠いた過失を認めることができ，A が当時 81 歳という高齢者であることをも考慮すると過失割合は，A 自転車 2 割：Y 車両 8 割とするのが相当である。

20) 大阪地判平成 24 年 7 月 26 日[33)]
【事実】　Y 運転の中型貨物自動車が，他車の荷下ろしを待って停車約 10 分後に後退し，電動車椅子に乗っていた A（男・78 歳）に衝突した結果，A は死亡した。
【判旨】　Y らは，電動車椅子が死角に入っていたことが接触の原因となっており，Y 車が，真後ろが死角となる構造であることが外観から明らかであるから，A には，Y 車の真後ろ付近を避けて走行すべき注意義務を怠った過失がある，あるいは，Y 車がバックブザーを鳴らして低速で後進してきたのであるから，Y 車の動向を適切に確認したうえで，電動車椅子を操作して，もっと後方まで後進を続ける等の措置を講ずれば，Y 車との接触を回避できた可能性があるなどとして，過失相殺すべき旨主張する。しかし，Y は，Y 車を約 10 分間停車させていたものであり，その停車状況を見た後方の歩行者，電動車椅子に乗っている者からすれば，Y 車の運転者が Y 車の後方の

---

32) 『自保ジャーナル』1887 号 89 頁。
33) 交通民集 45 巻 4 号 902 頁。

死角を確認することもなく，Y車が後退を開始するということは，予測し難いと考えられ，また，本件現場は，道路の両側端にガードレール，フェンスが設置され，路外に逃れることが困難な構造となっており，他方，電動車椅子が出せる速度にも限界があること，実際にAは，ある程度の距離を後退して衝突を回避する動作を行っていること，Y車が後退してC社の敷地に出入口から入ろうとしていたこと，Aの身体状況，年齢をも考慮すると，バックブザーが鳴っていたとしても，Y車が後退を開始した時点では，Aが電動車椅子に乗車したまま，衝突ないし接触を回避することは極めて困難であったと言うべきであり，また，Aが運転操作を誤ったものとも評価し難い。また，歩道も路側帯も設けられていない道路の構造，他の自動車も通行する状況にあったことからすると，<u>電動車椅子に乗ったAが，道路の左端（西側）を走行したことは，やむを得ないと言うべきであって，その走行の結果，Y車の死角に入ったとしても，それをもってAの落ち度として評価することは困難である</u>。

（2）裁判例の分析

　以上から，高齢者といえども，原則として過失相殺が適用されているが，高齢という要素は相殺率の修正要素として相当程度機能していることが理解できよう（1) 判決，2) 判決，3) 判決，5) 判決，6) 判決，7) 判決，8) 判決，10) 判決，12) 判決，13) 判決，14) 判決，15) 判決，17) 判決，18) 判決，19) 判決）。もっとも，17) 判決のように，被害者の年齢が考慮されてはいるものの，夜間，赤信号を無視して歩行横断しているようなケースでは，たとえ自動車運転者側の著しい過失が考慮されてもなお被害者に35％の過失相殺率が適用されているし，19) 判決のように，左右の注視不十分なまま，優先道路を自転車で横断したケースでは，年齢および加害者の著しい過失が考慮されても，20％の過失相殺率が適用されている。

　9) 判決や16) 判決のように，被害者の年齢等を考慮しつつ過失相殺を適用しなかった判決もある。また，20) 判決は，電動車椅子に乗っていた高齢者が被害者になった事案であるが，過失相殺の適用を否定している。

　他方，4) 判決のように，63歳の被害者につき，高齢者とまで言えないと

判示して，基本割合のみによって判断していると思われる判決も存在する。判タ基準の修正要素において高齢者は「おおむね65歳」とされているが，この判決によると63歳は「おおむね65歳」には該当しないようである。

これに対し，8）判決では，横断歩道付近で横断歩道を横断しなかった行為に過失相殺を適用することにつき，高齢（80歳）ゆえにこれを酷であるとすることはできないとしつつ，相殺率の修正を行っている。これは，高齢という要素は，過失相殺の適用を排除する事由にならないということを明言するものである。同様に，10）判決は，高齢者であることを考慮しても被害者に過失があることは否定できないと判示しつつ，相殺率の修正を行っているようである。このように，裁判所は，過失相殺の適用（公平原則の適用）という場面では，相殺率の修正という形で一定の配慮を示しつつも，高齢者に対してかなり厳格な態度を示すことがある。

13）判決のように，判タ基準を依拠していることを明示しているものもあるが，他の事案でも，修正要素を含め判タ基準に依拠して判断しているようである。

4　フランス交通事故法（1985年7月5日法）と過失相殺

フランスにおける損害賠償責任の一般法は民法典[34]第1382条以下の不法行為法の規定である。かつては，交通事故賠償においても，この規定が援用されてきたが，現在では特別法（以下に述べる交通事故法）が制定され，原則としてそれが交通事故賠償関係を規律している。

フランスでは，20世紀初頭から，交通事故被害者を救済すべく，多数の改革法案が提唱されてきた。それが日の目を見たのは1985年であり，じつに98番目の改革案であった[35]。この法律（1985年7月5日の法律）は，当時の司法大臣（法務大臣）の名を取ってバダンテール法（loi Badinter）とも呼ば

---

[34]　フランスでは民法典は1804年に公布されている。
[35]　この問題を扱った論稿として，山野（2001a）201頁，山野（2001b）57頁，山野（2001c）121頁参照。

れる（ここでは交通事故法という）。

　交通事故法の立法過程においては，危険をコントロールできる自動車運転者とコントロールできない歩行者，自転車搭乗者，同乗者との間の不公平が問題とされるとともに，高齢被害者と低年齢被害者の保護の問題が指摘されていた[36]。ただし，高齢者の保護については，批判的な見解[37]も見られなかったわけではないが，国会では特段の修正を加えることはなかった。

　以下，交通事故法の概要を紹介する[38]。

（1）立法趣旨

　自動車という危険物を利用することによって交通危険を作り出している集団（この集団は義務的自動車保険によって賠償責任が担保されている）と交通危険に生身をさらしている集団とのバランスを考えて，後者，特に交通弱者（歩行者，自転車搭乗者，同乗者）を賠償・補償の面で救済することが立法趣旨である。

（2）基本構造

　自動車が関与[39]した事故の被害者を補償し，賠償手続きを迅速化すること[40]がこの法律の目的である。自動車が関与する限り，人損・物損を問わず，加害者は不可抗力（道路凍結等の不可避的な自然現象）や第三者の行為（被害者を第三者が道路に突き出す行為等）を免責事由として主張することができ

---

[36]　山野（2001c）135-136頁参照。
[37]　たとえば，コレ（Collet）上院議員は，共和国大統領と年齢的に同様の状態にある者に恩恵を与えることに対する驚きの念を示していた（Legeais（1986），p. 72）。また，学説にも批判的な見解が見られた（Chabas（1988），p. 174）。
[38]　交通事故法制定後の状況については，山野（2006）97頁，山野（2010）395頁，山野（2011）201頁参照。
[39]　関与は相当因果関係よりも広い概念である。たとえば，何らかの理由で自動車が事故に介在していれば十分であって，事故と損害との間の相当因果関係の成立は不要である（この概念の詳細については，山野（1991b）103頁，山野（1992）99頁参照）。
[40]　ここでは賠償手続の迅速化については特に言及しないが，たとえば，原則として事故発生から8カ月以内に加害者が契約する責任保険会社が人身事故被害者に対して補償金額を申し出なければならず，これに違反する場合は制裁が課されるという仕組みが基本になっている。この規律は，その後，保険法典に組み込まれている。

表 7-1　交通事故法と過失相殺・免責の原因

		故意		許し難い過失		過失	
		人身損害	物的損害	人身損害	物的損害	人身損害	物的損害
運転者以外の被害者	一般的被害者	免責	免責	免責	免責	有責	過失相殺
	特権的被害者	免責	免責	有責	免責	有責	過失相殺
被害運転者		免責	免責	適用対象外	適用対象外	過失相殺	過失相殺

注：「免責」とは加害者が賠償責任を 100% 免れること，「有責」とは加害者が賠償責任を 100% 負担すること，「過失相殺」とは被害者に過失相殺が適用されること，「適用対象外」とは「許し難い過失」の適用対象外（もっとも，このような過失を犯せば，被害者運転者には 100% の過失相殺が適用されて，賠償はまったく受けられないことになるであろう）を意味する。
出所：Brousseau(1986), p.46 を参照して作成。

ない。人身交通事故被害者を運転者とそれ以外の者に二分し，前者については従来どおり過失相殺（減責）の適用を認めるが，後者については排除した（物損事故については過失相殺が適用される）。したがって，後者については，免責の適用のみが問題とされる。以下に述べるとおり，後者についても被害者のジャンルを二分している（表 7-1 参照）。

なお，交通事故法は賠償責任に関する特別法であり，加害者の対人賠償責任保険（強制保険で，かつ，保険金額は無制限）の存在を前提としている。したがって，自損事故による運転者の傷害については保険保護が及ばない。したがって，そうした被害に対応するには，運転者自らが自助努力としてファーストパーティ型の保険（損害塡補型の運転者傷害保険）を付保する必要がある。

（3）交通事故法の保護を受ける人身事故被害者

1）一般的保護を受ける者（16歳以上70歳未満でかつ重度後遺障害者でない者）＜一般的被害者＞

これらの者については，「許し難い過失」[41]を犯し，かつ，その過失が事故の唯一の原因である場合に免責が適用される。

2）特別の保護を受ける者（16歳未満もしくは70歳以上の者または重度後遺障害者）＜特権的被害者＞

これらの者については事故の唯一の原因である「許し難い過失」を犯しても免責が適用されない。したがって，これらの者が補償を受けられないケースというのは，故意に事故を招致した場合だけである。もっとも，すでに述べたとおり，運転者には過失相殺が適用されるので，これらの者が自動車を運転中に事故に遭った場合には過失相殺が適用されうる。事実，判例では，15歳のオートバイ運転者に過失相殺が適用されている。

なお，70歳以上の者が特別に保護される理由は，その判断能力・身体能力の低下にあるが，前述したとおり，立法過程においては70歳以上の者を保護するという点に異論はあまり見られなかった。

（4）フランスにおける交通事故法の今日的評価

特定の被害者に特別の保護を与えるという，交通事故法が創設した制度はフランスにおいて定着している。上記特別の保護を受ける者に該当する70歳以上の高齢者は，故意による事故招致以外は免責が適用されないので，どのように重大な過失を犯しても加害者が加入する義務的自動車保険から直接に保護を受けることができる（被害者には，加害者が契約する保険会社に対する直接請求権が法律上認められている）。他方，判例は故意概念を厳格に解することによって，被害者保護を図っているので，自動車への飛び込み自殺の

---

[41] 許し難い過失（フォート）（faute inexcusable）とは単なる重大な過失を意味するのではなく，危険を認識していたが，正当な理由を欠いた自発的な行為を原因とするきわめて重大な過失を意味する。したがって，赤信号を無視して横断しただけではこの過失は認定されない。高速道路の横断や移動や自殺行為等がこの過失の典型例である（この概念の詳細については，山野（1991a）13頁参照）。

ような特殊な例を除いて，自動的な補償を受けられるようになっている。

ところで，古くから今日まで批判の対象とされているのは，運転者とそれ以外の者の補償の格差である。そして，その問題は，最近では，違憲立法審査権の対象（法のもとの平等）にすらなっている[42]。最高裁は，そのような申立てについて憲法院への移送を認めていないものの，制度に問題がないわけではない。

なお，フランスでは，近時，債権法の改正が検討されている。その中でもカタラ草案が交通事故法との関係で注目される[43]。その特徴は，運転者とそれ以外の者の格差を廃止しつつ，特別に保護される者というジャンルを廃止している点に求められる[44]。すなわち，自動車人身事故のすべての被害者について過失相殺の適用が排除される。そして，それらの被害者が，「許し難い過失」を犯し，かつ，その過失が事故の唯一の原因である場合に免責が適用されるということである。換言すれば，過失相殺の廃止という優遇措置を被害運転者に対して与える見返りに，特別に保護される者というジャンルを廃止したということである。特別に保護される者というジャンルを存置しつつ，被害運転者に対しても恩恵を与えるには，相応の財源が必要となるが，その財源は潜在的加害者集団である自動車所有者等の義務的賠償責任保険の保険料に依拠せざるを得ない。したがって，保険料の高騰に対し生じる保険契約者の不満を考慮したのであろう。

5 高齢者に対する過失相殺制度のあり方

（1）公平概念の再検討

高齢運転者の交通事故については次のような事実が指摘されている[45]。高齢運転者は一時停止・通行区分違反，運転操作不適による安全運転義務違

---

42) この問題については，山野（2011b）参照。
43) 草案1385条ないし1385-5条が交通事故被害者の賠償に関する条文である（その翻訳については，上井（2011）132頁参照）。
44) シャバス（2012）106頁以下参照。
45) 小幡・小禄（2011）170頁。

反を犯しやすいことが特徴であり，とっさの判断のミス，標識の見落としなど，加齢に伴う知覚機能や運動機能等の身体機能の低下がうかがわれる。高齢歩行者の交通事故においては，歩行者側に違反が認められるケースが多く，歩行中の死者の6割に違反が認められる。高齢者は特に横断中の違反が顕著である。

　道路交通法が定めるルールに違反すること，すなわち，過失があっても，その主因が加齢に伴う知覚機能や運動機能等の身体機能の低下であれば，それは過失すなわち注意義務違反とは無関係の要因であるから，これをもって高齢被害者の行動を非難することはできないであろう。学説の中には，被害者の主観的事情を度外視して，客観的な行動態様から過失相殺すべきであると主張するもの[46]も見られるが，それらの見解に立っても，加齢に伴う知覚機能や運動機能等の身体機能の低下といった被害者の事情は修正要素として考慮することが可能である。

　いずれにしても，加齢という要素を過失相殺ないし過失相殺率の適用において考慮することは公平に資すると言えよう。

（2）高齢被害者に対する実務改善または立法措置の必要性の是非

　過失相殺率の基準表は広く利用されており，裁判所や保険実務もこれに準拠して紛争を処理している。そして，そこにおいては高齢者というファクターが過失相殺率の修正要素として機能している。

　基準表の果たしている役割がきわめて大きいことは否定できないが，これはあくまでも実務上の目安にすぎず，法的拘束力を持つものではない。したがって，裁判官も保険会社も自ら判断した過失相殺率で紛争に対処できることは言うまでもない。そこで，高齢者をこれまで以上に保護することが望ましいと判断するのであれば，1つの改善策として，具体的な適用の場面で，これまで運用されてきた高齢者に対する修正率を引き上げることも考えられないわけではない（5％→10％，10％→20％等）。それは実務の具体的な運用上可能ではあるが，法的安定性の見地から，基準表の修正率の改定が必要で

---

[46]　西原（1965）110頁。

あろう。

　一方，よりラディカルな方向として，フランスの交通事故法を参照して，わが国でも高齢者や低年齢者に対する過失相殺適用の制限を立法化することも考えられる。わが国の自賠法は，損害論については民法に委ねているが（自賠法4条），法技術的には，民法の特別法である自賠法の中に，フランス法的な規定（たとえば，16歳未満または70歳以上の人身事故被害者には過失相殺を適用しない。ただし，被害者の自殺行為については加害者を免責させる）を導入することもあながち不可能ではなかろう。

　しかし，そのような立法提案に対しては，①自賠責保険の保険金額内では過失相殺の制限適用が実施されているし，任意保険の領域でも判タ基準に見られるように高齢者は過失相殺の修正によって一定の保護を受けている以上，現行の実務運用あるいは上記実務運用の改善策で十分ではないか，②高齢者の能力にも個人差があり，年齢の線引きは難しいのではないか，③高齢被害者に対する補償を厚くすることで，とりわけ任意対人賠償責任保険の保険料が上昇するが，そのことについて一般契約者の了解が得られるか等の問題点が指摘されよう。現に，フランスの民法改正草案では，運転者を保護することと引き換えに，高齢被害者等から特権を剥奪するという政策が採用されているが，これは財政的バランスに配慮したものと考えられる。

　高齢社会を迎え，加害者から過失相殺の適用を主張される高齢被害者をどのように保護するかについては，以上のような問題点等を踏まえて，今後，幅広く検討を継続していくことが肝要と思われる。

【参考文献】
上井長十（2011）「フランス債務法及び時効法改正草案構想（avant-projet）――カタラ草案――試訳（4・完）」『三重大学法経論叢』28巻2号，127-137頁
小幡繁嗣・小禄茂弘（2011）「高齢者交通事故低減に向けた取り組み」『国際交通安全学会誌』35巻3号，161-173頁
財団法人日弁連交通事故相談センター東京支部『民事交通訴訟・損害賠償額算定基準』各年版

シャバス，フランソワ著／山城一真訳（2012）「フランスにおける交通事故賠償法（1985年7月5日法）と同法改正準備草案との比較検討」『比較法学』46巻2号，99-110頁
東京地裁民事交通訴訟研究会編（2014）『民事交通訴訟における過失相殺率の認定基準（全訂5版）』（『別冊判例タイムズ』38号）判例タイムズ社
西原道雄（1965）「生命侵害・傷害における損害賠償額」『私法』27号，107-115頁
藤村和夫・山野嘉朗（2014）『概説・交通事故賠償法（第3版）』日本評論社
山野嘉朗（1991a）「フランス交通事故法における加害者の免責事由について——事故の唯一の原因たる許し難いフォート概念を中心に」『損害保険研究』53巻2号，13-82頁
─── （1991b）「フランス交通事故法における自動車の『関与』概念について（1）」『損害保険研究』53巻3号，103-128頁
─── （1992）「フランス交通事故法における自動車の『関与』概念について（2・完）」『損害保険研究』53巻4号，99-135頁
─── （2001a）「フランスにおける交通事故補償法理・制度の展開——義務的自動車保険制度創設までの状況」鈴木辰紀先生古稀記念『現代保険論集』成文堂，201-222頁
─── （2001b）「フランスにおける交通事故補償法理の展開と交通事故法成立過程（1）——タンク案から交通事故法制定まで」『損害保険研究』63巻2号，57-89頁
─── （2001c）「フランスにおける交通事故補償法理の展開と交通事故法成立過程（2・完）——タンク案から交通事故法制定まで」『損害保険研究』63巻3号，121-157頁
─── （2006）「フランス交通事故法の現状と課題——法施行20周年を迎えて」『交通法研究』34号，97-122頁
─── （2010）「フランス交通事故法における『運転者』概念の適用範囲」『愛知学院大学法学研究』51巻2号，395-400頁
─── （2011a）「フランス交通事故法における複合事故の賠償と過失相殺」『愛知学院大学法学研究』52巻1・2号，201-209頁
─── （2011b）「憲法的価値理念と保険関連法規——フランスにおけるQPC（合憲性に関する優先問題）判例および男女別料率制度に関するEU裁判所2011年3月1日判決を中心に」『生命保険論集』177号，1-40頁
─── （2013）「判批」『判例評論』653号（『判例時報』2184号），160-166頁
Brousseau, S.（1986）*La loi Badinter: Guide pratique de l'indemnisation*, L'Argus
Chabas, F.（1988）*Le droit des accidents de la circulation: après la réforme du 5 juillet 1985*, 2e éd., éditions Litec
Legeais, R.（1986）*L'indemnisation des victimes d'accidents : commentaire de la loi du 5 juillet 1985 et des textes qui l'ont complete*, éditions Sirey

第8章 高齢者の交通事故予防と保険料割引制度
―――アメリカの諸制度を参考に

福田 弥夫

1 はじめに

　本章では，自動車先進国であるアメリカにおける高齢者の交通事故をめぐる状況と，高齢化に対応するための運転免許証更新制度，そして自動車保険割引に関連した交通事故予防講習受講義務などの検討を通して，日本のこれからの高齢者の交通事故対策に寄与するものを考えることとしたい。

　検討順序として，第2節ではアメリカにおける高齢者の交通事故の実態を検討する。そこでは，まず全米における数値を取り上げ，アメリカの高齢者の交通事故実態を明らかにする。第3節では，アメリカの高齢者の交通事故実態に対応して，各州がどのような自動車保険制度を採用し，保険料規制において高齢者に対してどのような手当てをしているかを検討する。アメリカでは，多くの州において高齢者に対する保険料割引の制度が導入されており，複数の州を取り上げて，高齢者に対する保険料規制の状況を検討する。第4節では，高齢者に対する免許証更新などにおける取扱いや，保険料規制と併せて導入されている高齢者に対する交通事故予防講習などの実態を検討し，日本の高齢者講習との内容的な比較を試みる。第5節では，ノーフォルト給付では非常に給付内容が充実していると指摘されているミシガン州における65歳以上の高齢者とノーフォルト保険に関する新たな動きを検討する。最後に，むすびとして今後の日本における方向性を考えることとしたい。

2 アメリカにおける高齢者と交通事故の実態

(1) アメリカの交通事故実態

　最初に，データに表れているアメリカの高齢者の交通事故実態を検討する。全米高速道路交通安全委員会（National Highway Traffic Safety Administration: NHTSA）の最新の交通事故データ[1]によれば，2012年の交通事故死者数は33,561人であり，警察に報告された交通事故件数は約5,615,000件，そして約2,362,000人が交通事故によって傷害を被っている。物損のみの事故は約3,950,000件であった。死亡者数，通報された交通事故件数，負傷者数，物損事故件数のすべてにおいて前年よりも増加している。2006年から減少傾向を示してきていたアメリカの交通事故死者数であるが，2012年は前年よりも事故の実態が悪化する結果となった。

　人口10万人当たりの死者数は日本が4.1人であるのに対して，アメリカは10.39人であるから[2]，約2.6倍の数値となっている。もっとも，日本と違って広大な国土を有するアメリカの場合，自動車1台当たりの走行距離が日本とは比較にならないほど長いという特徴がある。また自動車の保有状況や利用状況も，州単位で考えると大都市を抱えたカリフォルニア州やニューヨーク州と，中西部の農業地帯のミネソタ州とでは大きく異なることは想像に難くない。そのため，日本の交通事故実態との直接的な数値比較が正確な分析につながるかは検討の余地があろうが，ここでは，全体の数値分析を通してアメリカの高齢者の交通事故実態を考えることとする。

(2) アメリカの高齢者の増加と交通事故の予測

　高齢者が増加してきているにもかかわらず，高齢者の交通事故死者数や死亡事故関与率が減少傾向にあることを見出したのは，米国道路安全保険協会（Insurance Institute for Highway Safety: IIHS）による1997年から2006年の10年間の交通事故分析の結果であった[3]。この10年間に70歳以上の高齢者人口

---

1) NHTSA, Traffic safety facts 2012 data, May 2014（Revised）DOT HS 812 016
2) 『平成26年　交通安全白書』147頁。

は10%増加したが,交通事故死者数は21%減少したのである。それ以前の統計によれば,高齢者の交通事故死者数は上昇傾向にあったが,死亡事故に関する限り,35歳から54歳の運転者の場合と比較しても,大幅な減少を見せたのが高齢者の数値であった[4]。さらにこの調査は,20歳から69歳の運転免許保持者と70歳以上の運転免許保持者を比較した場合,運転免許保持者は圧倒的に70歳以上が少なく,1人当たりの走行距離も長くはない。しかしながら,高齢者は運転免許証をこれまでよりも長期間保持し,さらに今までよりも長い距離を走行するようになってきている。これは,戦後のベビーブーマー世代とその前の世代とを比較すると顕著であると指摘している。1997年には1,800万人に満たなかった70歳以上の運転免許保持者は,2006年には2,000万人を超えた。1995年から2001年の間に,高齢運転者の走行距離は29%増加したが,同時期の35歳から54歳の運転者の走行距離は,6%増加したにすぎなかった。ただし,走行マイル当たりの交通事故発生件数と交通事故死発生率は70歳から上昇し始め,さらに80歳から急激に上昇することは確認されている。

　IIHSは,2年後にも同種の調査を行い,70歳以上の高齢運転者は,それまでの70歳以上の高齢運転者と異なって運転免許を長期間にわたって維持してきているが,1997年から2008年の交通事故の分析によれば,以前と比較すると交通事故の原因となる割合は減少し,交通事故による死亡の割合も減少した。これを細かく見ると,70歳以上の高齢運転者1人当たりが交通事故で死亡する割合は1997年から2008年にかけて減少傾向を示し,同様に,警察に報告されたそれほど重大ではない交通事故に関与する割合も減少した[5]。

　このような調査結果はやはり驚きをもたらした。それは,同じくIIHSが行った高齢運転者の交通事故に関する将来予測とは異なった結果だったから

---

3) 本章では,IIHSのニュースに記載されている数値などを取り上げて検討の対象とすることをお断りしておく。Insurance Institute for Highway Safety, IIHS News, December 16, 2008 at 1, http://www.iihs.org/iihs/news/desktopnews/older-drivers-fatal-crashes-trend-down-many-say-that-they-self-limit-their-driving

4) Insurance Institute for Highway Safety, IIHS News, December 16, 2008 at 1

5) IIHS, *Status Report*, Vol.45, No. 6, June 19, 2010 at 1-2

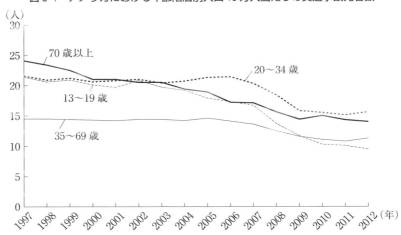

図 8-1　アメリカにおける年齢階層別人口 10 万人当たりの交通事故死者数

出所：NHTSA の全米交通事故データベース（Fatality Analysis Reporting System）のデータを
もとに作成した（http://www-fars.nhtsa.dot.gov/people/peopleAllVictims.aspx）。

である。IIHS の示した将来予測は，65 歳以上の高齢者人口が確実に増加していく中で，高齢者はそれまでの事故実態調査からは，事故に関与する確率のきわめて高いハイリスクのグループに属しており，高齢者の交通事故の問題が高まるというものだったからである[6]。

　高齢者の関与する交通事故に関する予測が実際と異なったのはなぜかについて，さまざまな要素が指摘されている。ここでいくつかを取り上げると，①高齢者は自分の判断で運転を自己規制し始めている[7]，②各州の運転免許更新に関する規定が，そのような自己規制に影響を与えている[8]，③高齢者の健康状態が改善され，事故の原因となることが減少したと同時に，事故に遭遇した場合に死亡することが少なくなった[9]，④自動車の衝突に対する性能等の向上によって，受ける衝撃が大きく減少した，などである。

---

6)　IIHS, *Status Report*, Vol.36, No. 9, Sept. 8, 2001 at 1-2
7)　IIHS, *Supra* note, 4 at 2
8)　*Id*.
9)　*Id*. at 3

表 8-1 アメリカと日本の高齢者の交通事故実態

	アメリカ	日本
高齢者の交通事故死者数とそれが全交通事故死者数に占める割合	5,560 人 (16.6%)	2,302 人 (52.7%)
歩行中の高齢者の交通事故死者数とそれが高齢者の交通事故死者数において占める割合	935 人 (16.8%)	1,117 人 (48.5%)
自動車搭乗中の高齢者の交通事故死者数とそれが高齢者の交通事故死者数において占める割合	3,391 人 (71.8%)	613 人 (26.6%)
自動二輪車搭乗中の高齢者の交通事故死者数とそれが高齢者の交通事故死者数において占める割合	352 人 (6%)	184 人 (8%)
自転車搭乗中の高齢者の交通事故死者数とそれが高齢者の交通事故死者数において占める割合	81 人 (1%)	378 人 (16.4%)
歩行中の交通事故死者数と高齢者の占める割合	4,774 人 (19.7%)	1,584 人 (70.5%)
自動車搭乗中の交通事故死者数と高齢者の占める割合	37,341 人 (16.1%)	1,415 人 (43.3%)
自動二輪車搭乗中の交通事故死者数と高齢者の占める割合	3,714 人 (7.1%)	760 人 (24.2%)
自転車搭乗中の交通事故死者数と高齢者の占める割合	629 人 (11.2%)	600 人 (63%)

注:ここでの高齢者とは,65歳以上の者を指す。アメリカの数値は 2012 年のものであり,NHTA の Traffic Safety facts 2012 Data. DOT HS 812 005 May 2014 による。日本の数値は 2013 年のものであり,『平成 26 年度 交通安全白書』による。

このような減少傾向は最新の調査結果でも示されており[10],アメリカにおける 1997 年から 2012 年にかけての年齢階層別人口 10 万人当たりの交通事故死者数値の変化を示すのが図 8-1 である[11]。また,高齢者の交通事故実態の日米比較を行ったのが表 8-1 である[12]。これらを見てもアメリカに

---

10) Cicchino and McCartt (2014), pp. 44-54
11) 利用できる数値の関係上,①13~19 歳,②20~34 歳,③35~69 歳,④70 歳以上の 4 階層に分類した。
12) 統計数値上,年齢階層の分類が図 8-1 とは同じではないことをお断りしておく。

表 8-2 アメリカにおける高齢者の交通事故実態：2003 年と 2012 年の数値の比較

	2003 年	2012 年
総人口	約 290,108,000 人	約 313,914,000 人（8% の増加）
65 歳以上人口	約 35,864,000 人 （全人口の 12.4%）	約 43,145,000 人（全人口の 13.3%） 20% の増加
死亡事故に 関与した運転者	全体で 58,517 人 65 歳以上は 6,445 人(11.0%)	全体で 45,337 人（全体で 23% の減少） 65 歳以上は 5,744 人(12.7%) 11% の減少
死亡した運転者	全体で 26,779 人 65 歳以上は 4,067 人(15.2%)	全体で 21,394 人（全体で 20% の減少） 65 歳以上は 3,449 人(16.1%) 15% の減少
交通事故死者数	全体で 42,884 人 65 歳以上は 6,698 人(15.6%)	全体で 33,561 人（全体で 22% の減少） 65 歳以上は 5,560 人(16.6%) 17% の減少
搭乗者死者数	全体で 37,341 人 65 歳以上は 5,649 人(15.1%)	全体で 27,869 人（全体で 25% の減少） 65 歳以上は 4,486 人(16.1%) 21% の減少
歩行者死亡者数	全体で 4,774 人 65 歳以上は 981 人(20.5%)	全体で 4,743 人（全体で 1% の減少） 65 歳以上は 935 人(19.7%) 5% の減少
自動二輪車 搭乗中死者数	全体で 3,714 人 65 歳以上は 117 人(3.2%)	全体で 4,957 人（全体で 33% の増加） 65 歳以上は 352 人(7.1%) 201% の増加
自転車 搭乗中死者数	全体で 629 人 65 歳以上は 45 人(7.2%)	全体で 726 人（全体で 15% の増加） 65 歳以上は 81 人(11.2%) 80% の増加

出所：この表は，NHTSA, Traffic safety facts 2012 data, Older Population, May 2014（Revised）DOT HS 812 005 の 3 頁の表をもとに作成した。

おける交通事故と高齢者の関与は，日本のそれとは大きく異なっていることが明らかである。特に，日本では大きな減少傾向にある若年運転者の交通事故死者数であるが，アメリカでは日本のような顕著な減少傾向にはない。次に，このような数値的傾向はどのような事故実態からもたらされているのかを検討する。

（3）アメリカの高齢者の事故実態

　ここでは，2003 年と 2012 年の数値を比較しながら検討を進める。数値の比較を行ったのが表 8-2 である。2003 年の交通事故死者数は 42,884 人であ

り，そのうち 65 歳以上の高齢者は 6,698 人（15.6%）であった。2003 年当時のアメリカの人口は約 2 億 9,010 万 8,000 人，65 歳以上の人口は 3,586 万 4,000 人であり，総人口の 12.4% を占めていた。人口比率との関係では，65 歳以上の交通事故死者数はかなり高い割合を示していた。

死亡事故に関与した運転者は全体で 58,517 人，65 歳以上は 6,445 人で 11.0%。死亡した運転者は 26,779 人，65 歳以上は 4,067 人で 15.2% となっていた。車両搭乗中の死亡者は 37,341 人，65 歳以上は 5,649 人で 15.1%，歩行中の死亡者は 4,774 人，65 歳以上は 981 人で 20.5% であった。自動二輪車搭乗中の死亡者は 3,714 人，65 歳以上は 117 人で 3.2%，自転車搭乗中の死亡者は 629 人，65 歳以上は 45 人で 7.2% であった。この数値が 2012 年にはどのように変化したであろうか。

2003 年から 2012 年の間に人口は約 2,300 万人増加し，約 3 億 1,391 万 4,000 人となり，65 歳以上の高齢者は約 730 万人増加し，約 4,314 万 5,000 人となった。高齢者の人口構成比率は 12.4% から 13.3% へと上昇しており，2003 年と比較すると人口全体では 8% の増加であるが，65 歳以上の人口は約 20% 増加したことになる。運転免許保持者数はどうかと言えば，2011 年の統計では，全米で約 3,500 万人が 65 歳以上の免許保持者であり，運転免許保持者全体では，約 16% を占めている[13]。

2012 年の交通事故死者数は，33,561 人，65 歳以上は 5,560 人で 16.6% であった。死者数は 2003 年と比較した場合約 22% の減少となっているが，65 歳以上の死亡者数は約 17% の減少にとどまっている。同様に，死亡事故に関与した 65 歳以上の運転者は 5,744 人で 12.7% であり，全体で 23% 減少したにもかかわらず，65 歳以上の運転者は 11% の減少にとどまっている。このほかには，65 歳以上の運転者の死亡は 3,449 人で 16.1% であり，全体が約 20% 減少したのに対して 65 歳以上の運転者は 15% の減少である。65 歳以上の歩行者の死亡は 935 人で 19.7% であり，約 5% の減少である。自動二輪車搭乗中の 65 歳以上の死亡者は 352 人で 7.1% であるが，2003 年と比較すると死者数が 117 人から 352 人へと 201% の増加を見せている。全

---

13) NHTSA, Traffic safety facts 2012 data, Older Population, May 2014（Revised）DOT HS 812 005 at 3

体が33%の増加を示しているのに対して突出した数値となっている。同様に自転車搭乗中の65歳以上の死亡者は81人で全体の11.2%であり，死者数で80%の増加となっている。

　2012年のデータをさらに詳しく検討してみよう。死亡事故に関与した運転者のうち，アルコールの血中濃度が0.08[14]より上であった者はどうかと言えば，16歳から20歳の運転者では約18%，21歳以上34歳未満では約30%，35歳以上54歳未満では約23%，55歳以上64歳未満では14%となっているが，65歳以上の場合は7%であり，最も低い数値を示している。全体で約21%を占めるアメリカの酒酔い運転による死亡事故の発生であるが，高齢者には酒酔いによる死亡事故発生がきわめて少ないことがわかる。この点では，高齢者は非常に優良なリスク集団である。

　高齢運転者が関与した死亡事故の特徴は次のようになる。①日中の死亡事故発生が約75%と圧倒的に多い，②週末ではなくウィークデーに発生する（69%），③単独事故ではなく，他車との衝突による死亡事故が多い（64%）。

　歩行者としての高齢者はどうか。死亡した935人の高齢歩行者のうち，約68%が交差点でない所（横断歩道のない場所）で死亡事故に遭遇している。その他の年齢階層の歩行者はどうかと言えば，約81%が交差点でない所（横断歩道のない場所）で死亡事故に遭遇している。さらに，この歩行者について酒酔いの有無を調べた調査によれば[15]，16歳から20歳の歩行者では約25%，21歳以上34歳未満では約47%，35歳以上54歳未満では約48%，55歳以上64歳未満では約33%となっているが，65歳以上の場合は11%であり，最も低い数値を示している。歩行者としての高齢者は，死亡事故に関しては優良なリスクの集団であると言える。

　この数値を日本の数値と比較したのが表8-1である。アメリカにおいて高齢者の交通事故死者数における歩行者の割合がきわめて低いことがわかる。日本の2013年の高齢者の状態別死者数の中で歩行中は1,117人であり，65歳以上の高齢者の交通事故死者数の48.5%を占めている。これに対して2012年のアメリカの統計によれば，高齢者の交通事故死者数のうち歩行中

---

14) Blood Alcohol Concentration (BAC) of .08 grams per deciliter (g/dL.) or higher, *id*.
15) *Supra* note, 10 at 4

の者は 935 人であり，65 歳以上の高齢者の交通事故死者数の 16.8％ を占めている。もっとも，アメリカで高齢者の交通事故死者数や死亡事故への関与は問題視されていないのではなく，これまでの各種の対策が功を奏してきているとの評価もあり，次にこれまで取られてきた各種の対策などを検討する。

3　アメリカの自動車保険制度と高齢者

（1）アメリカの自動車保険制度

　アメリカにおいて交通事故が発生した場合の損害賠償などに関連する法的紛争の処理は，不法行為制度を基調として行われる。もっとも，全州において統一された基準が設定されているのではなく，各州において立法がなされ，基本的には加害者が被害者に損害賠償を行う過失責任主義が基調となっている。

　それでは加害者の賠償資力を確保するために重要な自動車保険の制度はどうなっているかと言えば，これも各州の監督下にあるが，損害賠償などの法的紛争処理において全州が過失責任主義を採用しているのと大きく異なり，自動車保険のシステムは州によってまったく異なる制度が採用されている。

　アメリカの自動車保険制度は，不法行為責任型とノーフォルト型に大きく分かれる[16]。不法行為責任型の保険とは，過失責任を基調とした保険制度であり，加害者の賠償責任を担保するために用意される。すなわち，被害者について生じた損害を，加害者の加入している賠償責任保険から塡補する形態である。同じように過失責任主義を基調とする日本では，自動車損害賠償保障法によって対象となるすべての車両に加入が強制される自賠責保険があり，その上乗せ機能を果たすものとしての任意自動車保険があるが，アメリカではこのような二階建て構造をとっていない。

　加害者の賠償資力を確保するための手段として重要な賠償責任保険であるが，日本では自賠責保険が車検とリンクされておおむね 100％ の加入率と

---

16)　アメリカのノーフォルト保険については，福田（2001），佐野（2001）など参照。

なっている。これに対してアメリカでは，強制保険制度を採用する州と賠償資力法の州とに分かれている。賠償資力法とは，自動車の保有者または運転者に対して，一定の金額の賠償資力を有することの証明義務を課すものであって，保険に加入することを強制的に要求しているのではなく，保険を含む一定の賠償責任に備えた資力を備えていればよいとするものである。また，この証明が求められるのは，車両登録などの時点ではなく，事故が発生した際であるのが一般的であるため，これが無保険者の一因となっているとも指摘されている。そのため，多くの州では賠償資力法から強制保険法へと制度を移行している。この制度のもとでは，自動車の登録時に自動車保険加入の証明が要求される。

　不法行為責任型の保険で問題となるのは，支払限度額の設定であろう。日本の自賠責保険では死亡3,000万円，重度後遺障害4,000万円が支払上限とされ，任意保険では対人無制限が原則とも言える。これに対してアメリカでは非常に低い金額の設定が行われている。

　州によって要求される自動車保険の支払限度額の設定は異なるが，アメリカでは一般的に対人1人当たりの金額，1事故当たりの金額，対物1事故当たりの金額がセットされている[17]。

　カリフォルニア州では，対人1人当たり1万5,000ドル，1事故当たり3万ドル，そして対物1事故当たり5,000ドルが最低限のものとして要求されている[18]。高額なところでは，メイン州の対人1人当たり5万ドル，1事故当たり10万ドル，対物1事故当たり5,000ドルであり，重要な対人賠償に限定してみると，最も多いのは対人1人当たり2万5,000ドル，1事故当たり5万ドルの州である[19]。

　不法行為責任型の自動車保険制度の問題点は，低額に設定された支払限度額と高い無保険車率[20]によって顕著となる。事故が発生したならば，被害

---

[17]　各州の状況については，Insurance Information Institute, Compulsory Auto/Uninsured Motorists, August 2014, http://www.iii.org/issue-update/compulsory-auto-uninsured-motorists
[18]　もっとも，低所得者などを対象とした保険では，対人1人当たり1万ドル，1事故当たり2万ドル，対物1事故当たり3,000ドルとなっている。
[19]　29州がこのようになっている。対物1事故当たりについては，1万ドルから2万5,000ドルと幅がある。Id.

者の救済はいわば加害者の賠償資力に依拠せざるを得ない制度であり，被害者自身の努力が反映されない制度であるということである。そのため，被害者が自らを守る自己防衛型の保険の必要性が提唱されるようになった。ノーフォルト自動車保険がそれである。この保険は，加害者に対する被害者の損害賠償請求権の行使に制限（不法行為訴権の制限）を加えたうえで，交通事故の被害者が自己の過失の有無にかかわらず，一定額の給付を自己の契約する保険会社から受けるという仕組みになっている。ノーフォルト型の保険制度は，被害者救済のうえからは一定の効果を挙げているが，その内容は多種多様であって，一定の場合には被害者に対して加害者に対する訴訟を利用した賠償責任の追及を認めるために，この訴訟提起との関係でノーフォルトの効果が出ていないと批判されるものも存在している。

現在のところ，ノーフォルト保険制度を導入しているのは22州とコロンビア特別区であるが，11州とコロンビア特別区は，訴訟提起に制限を加えない，アドオン型のノーフォルト保険制度となっている。このアドオン型であるが，日本における人身傷害保険をイメージすると理解しやすい。自己の過失の有無にかかわらず，一定額の保険給付がノーフォルト給付として行われる。

ところで，アドオン型でなく不法行為訴権を制限するノーフォルト保険の場合も，どのような場合に加害者に対する不法行為訴権を認めるかという，訴訟開始点の設定によって内容が大きく異なることになる。被害者が一定の重篤な人身傷害を被ったことを訴訟開始点として設定する Verbal Threshold 型（文言型）と，損害額が一定の金額を超えた場合に訴訟の提起を認める Monetary Threshold 型（金額型）がある。金額型の訴訟開始点が採用されている場合，その金額が低額に設定されていると，訴訟提起を制限して保険料の低減化を狙うというノーフォルトのもう1つの効果が発揮できなくなるという問題がある[21]。またノーフォルト型は，その給付内容が不法行為責任型と比較して被害者にとって手厚いが，支払われる金額も高額化する傾向が

---

20) 最近の調査では，最も高い無保険車率となっているのは，オクラホマ州の25.9%であり，20%台の州が6州ある。*Id*.
21) ケンタッキー州ではこの金額が1,000ドルである。KRS304.39-060

あり，保険料が高額となる傾向がある[22]。

（2）アメリカにおける自動車保険料の高齢者割引制度の概要

アメリカでは保険監督も各州の権限であり，保険料率の規制も州の監督下にある。アメリカ各州での自動車保険料に関する高齢者の取扱いをここでは検討する。

全米保険庁長官会議（National Association of Insurance Commissioners: NAIC）の調査によれば，全米で34州およびコロンビア特別区が高齢運転者に対する自動車保険料の割引制度を設けている[23]。このような割引制度を設けていない州について地理的などの共通の特徴があるかと言えば，必ずしも明確な特徴は見出せないため，NHTSAの調査数値[24]から傾向を探ることとしよう。高齢運転者[25]が死亡事故に関与する割合が高ければ，高齢者に対して保険料の割引を行う根拠に乏しくなり，その割合の状況が高齢者運転割引制度の導入のカギとなるからである。

2012年に死亡事故に関与した運転手の数は45,337人[26]であり，そのうち高齢運転者は5,744人であった。全体の死亡事故の12.7％が高齢運転者関与ということになる[27]。これを各州別に検討すると，最も関与率の低かったのはコロンビア特別区の0％（0件），最も関与率が高かったのはメイン州の18.6％であった。このコロンビア特別区もメイン州も高齢運転者に対する保険料の強制割引制度を設けている[28]。このような強制割引制度を設けていない州のうち，テキサス州の高齢運転者関与率は8.6％ときわめて低く，サウスキャロライナ州は11.3％，ジョージア州は12.2％となっている[29]。

それでは，交通事故死者数と高齢者との関係はどうか。2012年の全米交

---

22) 保険料の全州比較によれば，保険料の高いトップ5州のうち4州がノーフォルトの州である。
23) National Association of Insurance Commissioners (NAIC), Compendium State Law, Vol. 2, Section Ⅱ-PA-35-1
24) National Highway Traffic Safety Administration, Traffic Safety Facts 2012 Data, Older Population, DOT HS 812 005 (March 2014), at 7
25) ここでは，NHTSAの分析に従い，65歳以上を高齢運転者と分類しておく。
26) ここでの数値は，車同士の衝突事故によって死者が発生した場合には2と計算される。
27) Id.
28) D. C. CODE § 50-2003 (2014), ME. REV. STAT. ANN. tit. 24, § 2902-G (West 2014)

通事故死者数は33,561人であり，65歳以上の高齢者は5,560人で全体の16.6%を占めている。州別に見た場合，最も低いのがコロンビア特別区の1人で6.7%であり，最も高いのはマサチュウセッツ州の23.8%であった。最も交通事故死者の多いテキサス州では，11.8%の交通事故死者が65歳以上の高齢者であり，サウスキャロライナ州は13.7%，ジョージア州は16.0%であった。このように，高齢運転者の交通事故死亡関与率と高齢者の交通事故死者数との関係からは，高齢運転者に対する強制的な保険料割引制度導入の関係は明らかにできない。また，各州におけるこれらの制度の導入時期も一様ではない。アメリカ各州における立法動向資料などを見ても，高齢運転者に対する強制割引制度導入についての記述は見当たらなかった。

(3) 各州における高齢者に対する保険料割引の規定

　約3分の2の州において導入されている高齢運転者に対する自動車保険料の割引規定であるが，その内容は必ずしも一様ではない。一定の年齢であることが自動的な保険料割引の要件となっている州も存在するが，一定の条件を満たした高齢運転者に対する保険料割引の強制をする州も存在し，むしろこちらの方が一般的である。さらに対象年齢や対象となる保険契約にも違いを見せており，さらには保険料割引の前提となる一定の講習などの受講についても違いがある。ここでは，採用されている自動車保険制度を念頭に置いて，いくつかの州を取り上げてその規定内容を検討することにしよう。

1) カリフォルニア州

　まず伝統的な不法行為制度を採用しているカリフォルニア州である。カリフォルニア州保険法11580.15条以下に各種の保険料割引の規定があり，保険会社は被保険者に対して，優良運転者，学生運転者，高齢運転者そして複数車両割引に加え，そのほかの利用可能なすべての割引制度についての開示をすることが要求されている。そして，11628.3条が高齢者に対する保険料割引の規定である。

---

29) *Supra* note, 2 at 7

カリフォルニア州保険法セクション 11628.3

(a) カリフォルニア州において営業を認められている，すべての保険会社に利用可能な運転記録および成熟運転者技能向上プログラムを修了した者であって，車両交通局に記録されているものを含み，保険数理および損害データの経験に基づき，55歳以上の第一運転者であって，車両法1675条に従って車両局によって公認された成熟運転者技能向上コースの履修を証明した者に対して，自動車損害賠償保険契約の保険料の適切な割合の割引を提供しなければならない[30]。

(b) 被保険者は，継続して適切な保険料割引の対象者であるためには，少なくとも3年に一度，(a)項に規定するコースに参加するとともに，これを完全に修了しなければならない。

(c) (a)項によって要求されている保険料の割引率は，保険会社によって被保険者の保険契約更新の際に再度査定される。被保険者が保険料割引を受ける資格は，(a)項に記載されているコースを修了した日から3年間有効である。ただし，保険会社は被保険者が以下の場合となったときには，保険料の割引を継続しないことができる。

 (1) 被保険者が関与した事故が，被保険者本人の過失によったものであると保険会社が判断したこと。

 (2) 被保険者が車両法第11章に規定する罪で逮捕されたこと。ただし第11章第9節を除く。あるいはアルコールまたは麻薬中毒の関与する交通違反に関して逮捕されたこと。

(d) (a)項によって要求されている保険料の割引率は，被保険者が車両法の42005条に従って，裁判所の命令によって認められたコースに入りそれを完全に修了した場合には適用されない。このサブチャプターは，被保険者が運転者技術向上コースに入ることを妨げるものではない。

カリフォルニア州の規定の特徴は，①55歳以上の運転者であること，②車両局によって公認された成熟運転者技能向上コースの受講を修了すること，

---

[30] CAL. INS CODE §11628(a)（West 2014）

③少なくとも3年に一度の間隔でこのコースを受講することが継続した割引の条件であること，④55歳以上の高齢運転者でなくても，運転講習または安全運転講習を受講した者に対しては，保険会社の判断で保険料の割引を提示できること，以上の4点である．

2) コネチカット州

次にコネチカット州である．コネチカット州もカリフォルニア州と同じく不法行為責任型の州である．コネチカット州一般法タイトル38aチャプター701セクション38a-683[31]が，交通事故予防講習を受講した高齢者に対する保険料の割引の規定である．

コネチカット州一般法タイトル38aチャプター701セクション38a-683

（a）団体契約でない自家用自動車保険の賠償責任保険または人身傷害保険において，60歳に達した第一運転者が，車両委員会委員長によって公認された4時間以上の交通事故予防講習の受講修了を証明した場合には，そのような運転者の損失に対する危険の減少を反映した，適切な保険料の請求を行わなければならない．そのような講習は，保険料割引の申し込みに先立つ1年以内に受講の修了をしていなければならない．あるいは次の保険料割引の申し込みのためには，現在の割引の期間が終了してから1年以内に受講の修了をしていなければならない．もし保険期間内にそのような講習の証明が提出された場合には，すべての保険料の修正は次回の契約更新の際に効力を発する．1983年7月1日以降に有効とされる自動車保険に対しては，最低限5％の保険料割引が適用される．この保険料割引は，少なくとも24カ月の自動車保険に適用される．このセクションは，セクション38a-803に従って発効された，個々人ではなくむしろおおむねグループの平均に従って保険料を定めたグループ自動車保険には適用されない．

（b）車両委員会委員長は，チャプター54の規定に従い，このセクショ

---

31) CONN. GEN. STAT. ANN. §38a-683（West 2014）．

ンのサブセクション（a）に関連して交通事故予防講習の内容およびその他の要件についての規則を制定しなければならない。そして，その規則には，少なくともそのようなコースを提供する学校や講師の公認，講習修了に際して発行する証明書，そしてインターネットを利用して受講するコースの公認について制定しなければならない。

　（c）車両委員会委員長は，チャプター54の規定に従い，このセクションのサブセクション（b）によって創設されたインターネットを利用したコースの要件に関して規則を制定しなければならない。そのような規則には，少なくとも①登録に際してのコース受講生の特定を保証する方法，②そのようなコースの講習時間内の受講生の講習への参加を保証する方法，③受講生によるそのような講習につき，委員会委員長あるいはコースによって課された受講時間の要件を満たしたことを保証する方法，④受講生がそのようなコースを完全に修了したことを保証する方法，以上を規定しなければならない。

　コネチカット州の規定の特徴は，①60歳以上の運転者であること，②車両委員会委員長によって公認された4時間以上の交通事故予防講習を受講しその修了証明書を提出すること，③割引の適用がされるためには，保険契約の申込みないしは更新から1年以内に受講していることが必要であり，保険契約締結後に受講した場合には，次の更新からその割引が適用になること，④少なくとも24カ月間の自動車保険には，最低限5％の割引がなされること，⑤車両委員会委員長が，短くても4時間以上の交通事故予防講習の内容などについて規定することとし，さらにインターネットによる受講も可能とすること，以上の4点である。なお，コネチカット州一般法セクション38a-682は，60歳以上の高齢運転者以外で，一定の運転操作講習などを受講した者に対して，保険料割引の適用をすることが認められている。

3）マサチュウセッツ州

　次にマサチュウセッツ州の規定を検討する。マサチュウセッツ州は，金額による訴訟制限の加えられている州である。マサチュウセッツ州の条文は他

州のそれと比べてかなり長文となっており，各種の内容が盛り込まれているため，高齢運転者割引に関連する部分を取り上げることとする。マサチュウセッツ州一般法チャプター 175 セクション 113B[32]が自動車賠償責任保険またはボンドに関連するリスクの分類と保険料の負担に関する規定である。

マサチュウセッツ州一般法チャプター 175 セクション 113B
第1パラグラフから第2パラグラフまで略

第3パラグラフ

リスクの分類を固定および制定する場合において，保険庁長官はたとえその者が一般の運転者に対して適用可能な最も低い料率の対象であった場合でも，65歳以上の被保険者のための料率の制定をしなければならず，その料率は最もリスクの低い階層からさらに 25% 低いものでなければならない。

第4パラグラフ略

第5パラグラフ

リスクの分類の設定および創設に際して，保険庁長官はそのリスクのグループを性別，既婚または未婚の別，そしてこのセクションによって要求される65歳以上の被保険者に対する割引料率の規定を除き，年齢によって分類してはならない。

第6パラグラフ

料率の割引を受けることができる 65 歳以上のすべての人は，毎年その割引についての通知を受ける資格が与えられる。その人々は，保険会社から彼らが 65 歳に達したときから受けていなかった，適用可能な割り引かれた料率に従って払い戻しを受ける。65 歳以上の被保険者に対するそれぞれの保険担保範囲の割引率は，自動車賠償責任契約の中に箇条書きにされていなければならない。被保険者が保険契約の期間内に 65 歳に到達し，保険料割引の有資格者である場合には，残りの保険期間についてプロラタ（比例分配）ベースで保険料の減額を受ける。

---

32) MASS. GEN. LAWS ANN. ch.175 § 113B（West 2014）

第7パラグラフ以下略

　マサチュウセッツ州の規定の特徴は、①65歳以上の運転者であること、そしてこの年齢階層の運転者に対しては、最もリスクの低い階層からさらに料率を25%低くするものでなければならないと強制していること、②カリフォルニア州やコネチカット州のような講習などの受講とリンクさせていないこと、③年齢を基礎とする料率の設定は、65歳以上の場合を除いて禁止していること、④料率割引の適用は、保険期間中に65歳に到達した場合からであり、残りの保険期間については65歳に対する割引が適用され、すでに支払った保険料の払い戻しを受けること、この額はプロラタ方式によって算出されることの4点である。年齢による強制的な割引制度やプロラタ方式による払い戻し制度は他州には見られない特徴である。

4）ミネソタ州

　最後にミネソタ州の規定を見てみよう。ミネソタ州もマサチュウセッツ州と同じく、金額による訴訟制限の州である。ミネソタ州チャプター65Bセクション65B：28[33]に交通事故予防コース保険料割引の規定がある。

> **ミネソタ州法チャプター65B セクション65B：28　Sub. Div. 1**
> 　保険会社は、本州において発行、交付あるいは更新されるセクション65B.001で定義された自家用乗用車保険につき、サブディビジョン2および3に規定する交通事故予防コースまたは再教育コースを完全に受講した55歳以上の被保険者に対して、少なくとも10%の適切な保険料の割引を提供しなければならない。

　ミネソタ州の規定の特徴は、①55歳以上の運転者であること、そして保険料の割引資格を維持するために3年ごとに交通事故予防コースまたは再教育コースの受講が要求されていること、②要件を満たした運転者の保険料割

---

33)　MINN. STAT. ANN. §65B: 28（West 2014）

引は少なくとも10％であること，③一度交通事故予防コースを修了した者は，3年ごとに交通事故予防コースまたは再教育コースのいずれかを受講すればよいこと，以上の3点であると言えようか。

　なお，アドオン型のノーフォルト制度を採用している州のうち，アーカンソー州はアーカンソー州法タイトル27チャプター19-608[34]に規定があり，55歳以上の運転者であって，車両局の要件に合致した交通安全予防コースを修了した者に対しての保険料割引が要求されている。そして，3年に一度の受講が割引の要件とされている。カリフォルニア州やミネソタ州の規定に類似した内容である。文言型のノーフォルト制度を採用している5州の中で，ニュージャージー州とニューヨーク州は高齢運転者に対する保険料割引制度は備えていないが，その他の州では導入されている。ミシガン州法セクション500.2111aは，高齢者に対する保険料割引に関する規定であり，50歳以上の運転者であって，法が定める要件にすべて合致し自動車保険会社が認めた交通事故予防コースの受講をした者に対して，保険料の割引を行うことができると規定する[35]。高齢者の保険料割引に関する法の規定を検討すると，①一定の年齢に達すれば，自動的に保険料の割引が強制される州，交通事故予防講習などの受講を保険料割引の条件とした強制的な割引が行われている州，交通事故予防講習などを受講した者に対して，保険料の割引が可能となる州などに分かれるが，講習などの受講を条件としている州が圧倒的に多い。また年齢も50歳から65歳と幅広いが，多数の州では55歳以上となっている。また，講習の具体的内容も州法で定めているところが多く（たとえばミネソタ州のように），日本とは違った形で高齢者の交通事故予防のための講習受講が促進される形となっている。

　このような各州の高齢者に対する保険料割引制度は，採用されている保険制度によって採用の可否が判断されているのではない。換言すれば，高齢者割引制度は保険制度と直接的な関連性を有するのではなく，各州が各種の保険料割引制度の中で，高齢者割引をどう考えるかによる。また，年齢による制限ではなく，交通安全講習を受講した優良運転者に対する割引制度を設け

---

34)　ARK. CODE ANN. §27-19-608（West 2014）
35)　MICH. COMP. LAWS ANN. §500.2111a（West 2014）

ている州は，そちらによる割引を高齢者が受けることができるので，高齢者割引が法律上は直接的に規定されていなくとも，いくつかの州では[36]，他の制度利用による高齢者保険料割引制度は存在している。

4　高齢者の運転免許更新と交通事故予防講習

（1）高齢者の運転免許更新制度

　日本では運転免許証の更新期間満了の日の年齢が70歳以上の者が運転免許の更新を希望する場合，「高齢者講習・シニア運転者講習・チャレンジ講習＋特定任意運転者講習（簡易講習）」のいずれかの講習を受講しなければ運転免許の更新ができない。さらに，75歳以上の者には講習予備検査の受検が要求される。講習の内容はどうかと言えば，高齢者講習の場合，約1時間の講義に加えて，同じく約1時間の運転適性診断，夜間視力，動体視力検査などがあり，さらに約1時間の実車運転と運転指導がある。このような講習が行われる理由は，加齢に伴って身体機能の低下が自動車などの運転に影響を及ぼす可能性が高く，それらを高齢者に理解してもらうところにある[37]。さらに75歳以上の場合は，講習予備検査を受けなければならない。この検査は，認知機能レベルを判断するもので，「著しく低下していると判断」され，更新期間満了日前1年以内に一定の違反歴[38]がある場合には医師による専門的な臨時適性検査を受けることになる。そして，その検査で認知症と診断された場合には，原則として免許取り消しとなる[39]。

　アメリカでは高齢者の運転免許更新に際して，日本のような高齢者講習などの受講義務付けは行われていない。そもそも，運転免許更新に際して，一

---

36) たとえばデラウエア州では，Defensive Driving Course（防御的ドライブコース）の受講者に対する割引制度が法定されている。DEL. CODE, ANN. tit 18. §2503; 18-600-607（West 2014）ジョージア州やカンザス州なども同様である。
37) 国政モニターからの高齢者の運転免許更新時の講習についての質問に対する警察庁の回答。http://www8.cao.go.jp/monitor/answer/h14/ans150-001.html
38) 信号無視，通行禁止違反などの特定の違反行為。
39) 6カ月以内に回復の見込みがある場合には免許停止。

定の講習の受講を義務付けることは基本的に行われていない。

　免許の有効期間は州によって異なり，アリゾナ州は特殊な例ではあるが，一度取得した免許は 65 歳になるまで有効である。期間制限を定めるのが一般的であるが，コロラド州やサウスカロライナ州のように 10 年間の州がある一方，ミシガン州やミネソタ州のように 4 年間とする州もある。高齢者に対して運転免許証更新に際して特別な取扱いをするかも各州において大きく異なっている。一般的には更新時に 65 歳または 70 歳に達していたときに特別な取扱いをする例が多い。それでは，どのような取扱いがされるかと言うと，①免許の更新間隔を短くする（たとえばコロラド州では，61 歳以上の場合には有効期間が 5 年間に短縮される），②免許の更新方法に制限を加える（郵便やインターネットによる更新を特定の年齢以上は行うことができず，必ず更新を行う機関へ赴くことを要求する。この例が多い），③一定の検査を要求する（たとえばコロンビア特別区は 70 歳以上の免許更新に際して視力検査を要求するし，場合によっては反射反応検査も要求される[40]）。

　IIHS の調査によれば，80 歳以上の更新希望者に対して視力検査を強制するフロリダ州においては，80 歳以上の更新対象者のうち 80％ が更新を希望したが，そのうち 7％ が検査によって不合格となった。なお，更新を希望しなかった者の半数は，視力検査で不合格となると考えて更新を希望しなかったという[41]。なお複数の州では，運転免許を保持している患者の健康状態が運転に危険であると判断したならば，医師が関係当局へ通報しなければならないとされているところがあり，そのうちの 1 つであるカリフォルニア州では，特に認知症の運転免許保持者の通報が義務付けられている。

（2）高齢者を対象とした交通事故予防講習[42]

　それでは，保険料割引の条件として交通事故予防講習が要求されている州において，具体的にはどのような内容の講習が要求されているかについて検討を加える。まずミネソタ州である。

---

40) フロリダ州では視力検査のほかに反射反応検査を実施する場合がある。
41) McGwin Jr. et al.（2008），pp. 121–127
42) このような講習が本当に効果を有するかについて直接的に証明をした研究は見当たらない。

ミネソタ州法チャプター 65B セクション 65B：28[43)]

サブディビジョン 2　交通事故予防コース，ルール

公共安全省長官は，55歳以上の人々に対する自動車交通事故予防コースの創設および規制に関する規則を制定しなければならない。その規則は，最低限以下の規定を含むものでなければならない。

(1)　カリキュラムの要件の制定
(2)　当該コースを受講完了するために必要とされる時間数
(3)　当該コースの受講完了証明書の発行と当該コースを受講完了した証明書として被保険者に対してその証明書を提供する旨の要件の規定

サブディビジョン 3　再教育コース

公共安全省は，その他の交通安全および医学専門家との相談のうえ，サブディビジョン 2 に規定する交通事故予防コースを修了した者に対する再教育コースを創設することができる。再教育コースは，サブディビジョン 2 のもとで創設されたカリキュラムを基礎とし，4時間を超えるものであってはならない。公共安全省は，再教育コースを実施する権限が与えられる教育機関や機構の要件を定めることができる。

サブディビジョン 4　受講修了証明書

55歳以上の人は，サブディビジョン 1 による保険料の割引資格を維持するために，3年ごとに元来の交通事故予防コースを再度受講し，あるいは再教育コースを受講することができる。58歳以上の人で，はじめにサブディビョン 1 による保険料割引の資格を取得した日から3年以上経過した場合には，本来の交通事故予防コースまたは再教育コースを再度履修・修了することによって保険料割引の資格を再度取得する。公共安全省はコースの受講証明書の発行に関する要件を規定しなければならない。

次にカリキュラムの具体的な内容を検討する。ミネソタ州は，法律のレベルではなく，行政規則という形でカリキュラムの内容を規定している。

---

43)　MINN. STAT. ANN. § 65B: 28（West 2014）

ミネソタ州行政規則 7411.7600

Subp. 3　コースの時間

コースの学習時間は，全体で8時間を下回ってはならず，24時間以内に4時間以上の講習が行われてはならない。

Subp. 4　コースのカリキュラムは，以下の科目の領域についての指導を含むものでなければならない。

- A　オリエンテーションと運営
- B　運転者の健康，感情，フラストレーション，態度，一時的障害，視力，聴力，慢性病，薬物，そしてアルコール
- C　直観力，識別力，交通状況の予測に影響を与える要素，交通上の危険の評価，判断能力，交通混雑状況の予測，を含む運転の巧みな運用

次にアーカンソー州の規定を見てみよう。

アーカンソー州法タイトル27チャプター19-608[44]

(b) 公認されたコースの講師は，保険庁によって公認されることが必要である。

(c) 保険庁によって定められた最低限の時間数の講習または運転実習を自学自習によって提供する場合には，保険料の割引はなされない。

(d) 公認されたコースの受講終了に伴い，受講者はコースの実施機関より保険料割引の基礎となる証明書の発行を受けなければならない

(e) 各受講生は，保険料割引の地位を維持するためには，3年に一度公認されたコースを受講しなければならない。

それでは，講習の具体的な内容に踏み込んでいる規定を検討する。

ミシガン州法セクション500.2111a(b)[45]は，交通事故予防コースの講習内容について，最低限の内容として次のものをカリキュラムに含むよう規定している。

---

44) ARK CODE ANN. § 27-9-608（West 2014）
45) MICH. COMP. LAW ANN. § 500.2111a(b),（West 2014）

（ⅰ）運転の態度に対する高齢化の影響
（ⅱ）交通標識の形状，色および種類
（ⅲ）高齢運転者に対するアルコール，処方薬を含む薬物の影響
（ⅳ）適切な自動車運転の態度と安全運転の態度に関連する法
（ⅴ）交通事故の回避と予防手段
（ⅵ）自動車搭乗者を保護するシステムの利点と適切な利用
（ⅶ）交通事故の予防に関連する主な運転上の危険とリスク
（ⅷ）緊急車両・トラック・自動二輪・自転車運転者そして歩行者などの主な道路利用者との相互の関係

このように，細部において異なってはいるが，高齢化が運転に与える影響などを中心として，かなりの時間数を要する内容となっており，日本がわずか1時間の座学を要求するのみであるのと比較すると，その内容の充実度に大きな開きがあると言わざるを得ない。今後検討すべき重要な事項ではないかと考えられる。

5 ミシガン州の新たな動き

（1）ミシガン州のノーフォルト保険

2013-2014年のミシガン州議会に，高齢者に対するノーフォルト給付の変更を加えることを目的とする，法案HB4959が提案されている。この法案を検討する前にミシガン州のノーフォルト保険について簡単に触れておく。

ミシガン州で採用されているノーフォルト保険は，文言による訴訟制限を備えた修正型に分類される。交通事故が発生し，被害者が死亡または重傷を負った場合に限り，被害者は事故の相手方を訴えることが認められている。つまり，死亡または重傷でない限り，被害者は訴訟による解決を求めることはできず，医療費などはノーフォルト保険からの給付で満足するほかはない。ミシガン州のノーフォルト給付は全米の中でも優れたものと評価されているが，次のような特徴がある。①医療費については限度額を定めていない。②

事故による所得補償については，所得の85%を給付する（期間は上限で30日であり，金額は3,545ドルが上限となる）。③家事費用としては1日につき25ドルが認められ，期間の上限は1年間である。死亡した場合の遺族給付についても，本人と同じレベルの所得補償と家事費用が認められ，1,750ドルから5,000ドルの間で葬儀費用も認められる。

　ミシガン州のノーフォルト給付の最大の特徴は，上限の定められていない医療費の支払いにある。国民健康保険制度を採用せず，医療費のレベルが非常に高いアメリカにおいて，高額な医療費を上限なく負担してくれる制度は，同じく文言による訴訟制限を加えているニューヨーク州の場合，医療費の支払いは5万ドル，フロリダ州は1万ドルと上限が設定されているのと比較すると，被害者に対して手厚い給付内容が提供されている。

　ミシガン州の法案HB4959は，65歳以上の運転者に対する自動車保険からはノーフォルト給付を行わず，高齢者医療制度からの給付を受けるように変更するものである。この法案の狙いは，65歳以上の高齢運転者に対するノーフォルト給付を行わないことによって，ノーフォルト保険全体の医療費の削減を行い，保険料の値下げをもたらすところにある。もっとも，ミシガン州の自動車保険の保険料の水準は，手厚いノーフォルト給付にもかかわらず，きわめて高額なものとはなっていない。NAICの調査によれば，全米各州の中で最も高額なのはニュージャージー州の年間保険料1,183.95ドルであり，ミシガン州は983.60ドルであって，上から8番目となっている[46]。

（2）ミシガン州の法案HB4959

　HB4959は，ノーフォルト保険の改正法案であるが，内容は以下のとおりとなっている。65歳以上の高齢者に関連する部分のみを抽出する。

　　Sec. 3021　セクション3101に規定する例外を除き，保険会社はあらゆる自動車保険契約を，被保険者が有効なミシガン州の自動車運転免許証を保持しているならば，65歳に達したことのみを理由として，解約または

---

[46]　Insurance Information Institute, Auto Insurance, http://www.iii.org/fact-statistic/auto-insurance

更新の拒絶をしてはならない。

　Sec. 3101 (1)　このサブセクションに規定する例外を除き，本州において自動車の登録を要求される所有者もしくは登録者は，人身保障保険の給付，財産保障保険，そして賠償責任保険を維持しなければならない。本州において自動車の登録を要求される個人であって65歳以上の者は，人身保障保険の給付を維持することは要求されない。

　Sec. 3101 (5)　本州においてサブセクション1において要求されている保障を提供している保険者は，本州において登録される65歳以上の車両の所有者または登録者に対して，所有者または登録者に対してのみ人身傷害保険の支払いを行うという保険保護範囲の提供をしなければならない。このサブセクションのもとで保障を提供している保険者は，保険契約において，免責の設定，担保範囲の拡大，州法や連邦法によって要求されそして提供されているその他の給付の削減を提案し，提供することができる。

　この法案の狙いは，医療費などのノーフォルト給付を65歳以上の高齢者に限って行わないこととし，高齢者の交通事故被害者に対しては，州や連邦政府の提供する高齢者の医療制度から医療費の支給を行おうとするものであり，ある意味では個人責任の妥当する領域である交通事故の医療費について，社会保障へ移管するという考え方である。この法案には批判が多く，審議も進んでいない。批判の中には，アメリカの高齢者医療制度であるメディケアがカバーしないような医療行為についてもミシガン州のノーフォルト給付は行われており，高齢者に対する医療行為のレベルダウンにつながること，あるいはメディケアが支給限度額を定めているようなものであっても，ミシガン州のノーフォルト給付は制限が加えられていないことなどが指摘されている[47]。

　これまで検討してきたように，アメリカにおける高齢者交通事故の実態は，日本におけるそれとは様相が異なり，むしろ優良リスクの集団として考慮することが可能である（もっとも，70歳を過ぎたあたりから上昇に転じることは

47）　Coalition Protecting Auto No Fault, House Bill 4959. http://www.feinbergconsulting.com/house-bill-4959/

確かである)。ミシガン州において，特にこのような立法を行う必要性があるのであろうか。ミシガン州の交通事故の実態を検討しよう[48]。

2012年のミシガン州における交通事故死者数は938人であった。65歳以上の高齢者の死亡数は167人であり，全体の17.8%を占めている。これは全米平均の16.6%から見ると若干高い数値である。次に人口10万人当たりの交通事故死者数は9.5人であり，車両走行距離1億マイル当たりの死者数は0.99となっている。いずれの数値も全米平均を下回っている。乗用車が関連した死亡事故のうち，47%が単独事故であり，53%が複数の車両によるものであった。全米平均から見ると，単独事故の割合が5%低い。死亡した運転者の中で，酒酔い運転と推測されたものは29%であり，全米平均よりも低い値である。

交通事故死者数について見ると，死亡事故に関与した65歳以上の高齢運転者は196人であって，全体の14.8%となっている。これは全米平均の12.7%よりやや高い数値である。このように，交通事故実態を見る限り，特に65歳以上の高齢運転者をノーフォルト給付の対象から外すという立法を行わなければならないような状況は見出せない。むしろ高齢者の交通事故実態を深く考えず，高齢運転者イコールハイリスク集団という誤った予測による影響が強いのではないかと思慮される。そのような理由から，この法案の審議が進んでいないという理解も可能である。

6　今後の日本の方向性——むすびにかえて

日本と同じように高齢化が進行しているアメリカでは，高齢者の交通事故に関連する問題（死亡時期への関与率や死亡率など）は，当初の予測とは大きく異なって，高齢者集団がむしろ良好なリスク集団と判断されているところがある。また，日本で圧倒的な死亡者数となっている歩行中の高齢者の問題は，アメリカでは顕著な数値とはなっていない。日本とアメリカにおける交

---

[48]　IIHS, General Statics, http://www.iihs.org/iihs/topics/t/general-statistics/fatalityfacts/state-by-state-overview

通事故実態そのものの違いなどによるものであると思慮されるが、さらに日本の実態は、高齢の歩行者を高齢の運転者が死傷させてしまうという点にも表れている。また、日本では免許証の更新とリンクされている交通安全講習であるが、アメリカでは免許証更新と完全に切り離し、保険料の割引の前提としている点は興味深い違いである。さらに講習の内容もかなり充実したものとなっており、学ぶ点は多い。

高齢者ではないが、最近アメリカで急速に普及しつつあるのが Graduated Driver Licensing Law である。これは、若年の運転免許保持者に対して、ただちに完全な運転資格を付与するのではなく、いわばインターンシップのような形で徐々にその運転資格を拡充してゆくとするものである。たとえば、カリフォルニア州では 16 歳で自動車の運転免許が取得できるが、17 歳になるまでの 1 年間は午後 11 時から午前 5 時の間の運転を禁止し、同時に他人を同乗させてはいけないとしている。各州においてその内容は異なっているが、これによって若年交通事故死者数などが減少傾向にあるとも指摘されている。このような規制を高齢者にも広げるべきではないかとの考えもありうるが、今のところそのような規制を加えている州は見当たらない。もっとも、高齢者はすでに自己規制によって運転時間（日中のみとする）の制限を加えているとの指摘もあり、各州も現時点ではこれ以上の高齢者に対する運転制限は考えていないようである。

日本の高齢者の交通事故関与をどれだけ減らせるかは、日本の交通事故そのものへ直接的影響を与える問題であり、アメリカとは制度を異にするが、事故予防策としての高齢者講習のさらなる充実は重要な要素となりうる。今後この点の検討が重要である。

【参考文献】
佐野誠（2001）『世界のノーフォルト自動車保険』損害保険事業研究所
福田弥夫（2001）「自賠責保険のノー・フォルト化とその課題——自損事故惹起者の救済スキームのあり方を中心に」『変革期の自動車保険』自動車保険プロジェクト報告書，日本交通政策研究会

Cicchino, J. B. and A. T. McCartt (2014) "Trends in Older Driver Crash Involvement Rates and Survivability in the United States: An update," *Accident Analysis & Prevention*, Vol. 72, pp. 44-54.

McGwin Jr. G., A. T. McCartt, K. A. Braitman and M. S. Owsley (2008) "Survey of Older Drivers' Experiences with Florida's Mandatory Vision Re-screening Law for Licensure," *Ophthalmic Epideminology*, Vol. 15, No. 2, pp. 121-127.

第9章　高齢者の交通事故と高齢者福祉

堀田　一吉

1　はじめに

　交通環境が改善され，国全体としては，交通事故死者数が減少している中において，高齢者が関与する交通事故問題は，相対的に深刻度を増している。この現象は，高齢化が進展する日本における交通事故の大きな特徴であり，この傾向は，今後一層強まることが予測される。

　現在の交通事故の被害者の過半数が高齢者であるということから，わが国の交通事故対策は，高齢者の交通事故対策と言い換えることができる。被害者の多くが高齢者であるとすれば，高齢者特有の被害状況も考えられる。高齢化が進むことで，わが国は，高齢化に伴う社会的費用を被ることになった。交通事故をめぐって生じる事故費用は，高齢化がもたらす費用と理解できる。

　高齢者のための交通政策は，事故対策と補償対策のみならず，高齢者の福祉政策の中で捉えなければならない。本章では，社会全体として高齢者との共生社会を実現するうえで，補償問題をどう考えるか，さらにその中核を占める保険制度が何を担うべきか，他の社会制度の関係性を視野に入れた考察を行いたい。

2　高齢者の行動特性と交通事故

（1）高齢者の交通事故と素因

　これまでの章で述べているように，全体としての交通事故件数が減少する一方で，高齢者が関与する交通事故件数は，逆に著しく増加している。この背景には，言うまでもなく，交通に従事する高齢者人口が増加していることが大きな要因となっているが，単なる高齢者人口の増加だけでは，著しい変化を十分に説明できない。高齢化率が増加しているだけでなく，それにより，交通事故の発生態様が質的に変化していると考えられる。

　高齢被害者は，一般よりも重症化する可能性が高い。致死率も著しく高い。仮に死亡しなくても，重症で長期治療を要する傷害となる可能性が，若年者よりも高い。この状況を発生させている原因として推測されるのは，他の年齢層と比べて，高齢者が事故を起こしやすい性向があるのではないかということである。高齢者の交通事故が重症化する要因として，加齢的素因の問題が潜在的にありうる。素因とは，もともと存在する原因や素質のことで，高齢になるに伴って，若年者よりも被害を受けやすい傾向を示す。（たとえば，骨粗鬆症患者が，事故により骨折し，寝たきりになる。視力低下で，横断歩道を誤って渡る，など）高齢被害者の素因（身体的特性）が，交通事故を誘引することも少なくないと思われる。

　図9-1は，病気以外の事故を原因とする死亡について，その原因別の割合を見たものである。前期高齢者（65～74歳）について見ると，死亡原因の中で交通事故による死亡の割合が非常に高いことがわかる。これは，他の年齢層と比較しても特筆すべき状況にある。この背景に，この年齢層の人々の旺盛な交通活動への従事がなされており，その影響として事故に遭遇する可能性が高くなっているものと推測できる。他方，後期高齢者（75歳以上）では，件数は多いものの，割合で見ると，窒息による不慮の事故が多くなっている。

　高齢者の交通事故犠牲者の半数以上が，「歩行中」や「自転車乗車中」に遭遇していることを勘案すると，現代社会において，高齢者にとって交通事故は大きな生活リスクである。しかも，若年者と比べて，いったん交通事故

図 9-1 事故原因別の高齢者死亡者数の状況

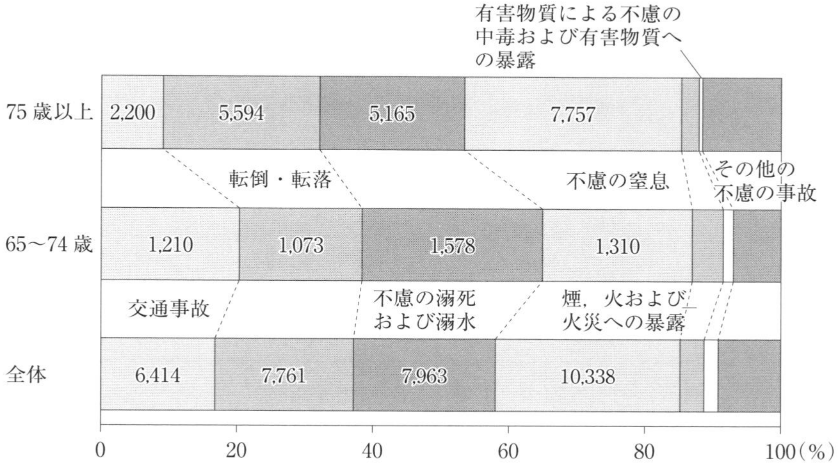

	交通事故	転倒・転落	不慮の溺死および溺水	不慮の窒息	煙, 火および火災への暴露	有害物質による不慮の中毒および有害物質への暴露	その他の不慮の事故
75歳以上	2,200	5,594	5,165	7,757			
65～74歳	1,210	1,073	1,578	1,310			
全体	6,414	7,761	7,963	10,338			

注：数字は人数（人）。
出所：『人口動態統計』（平成24年版）より作成。

に遭うと，死亡に至る可能性が高いだけでなく，仮に死に至らなくても，高度後遺障害として，生涯にわたって後遺障害を負って，不自由な生活を強いられる可能性が高い。

交通事故に遭ったために後遺障害となった場合には，長期介護となり，公的介護保険の対象となる。費用は，社会保障費の中で賄われる。このように，平均寿命が延びている中で，高齢者の交通事故は，非常に重大な危険となっており，現在の社会状況を反映した現象を示している。

（2）高齢者の交通事故と認識問題

高齢者による自動車事故は，若年者とは異なる特有の性質があることが指摘されている（表9-1）。特に，「出合い頭事故」と「右折事故」が特徴的であるとされる[1]。その原因としては，距離感覚（目測）と自車の走行速度との関係を瞬時に判断できなかったこと，あるいは，事故の相手に早く気づいていても，アクセルやブレーキ操作等による減速行動をスムーズにとれなかったことが推測される。これに対して，若年者の事故の多くは，スピード

表 9-1　高齢者と若年者の事故類型の比較

	高齢者の事故	若年者の事故
事故種類	出合い頭事故 右折事故	衝突事故 追突事故
交通違反	一時停止違反 優先通行違反 右折違反	最高速度違反 徐行違反 脇見
事故地点	交差点	直線道路 カーブ
その他	最高速度違反はきわめて稀	携帯電話による事故が漸増

出所：所（2007）20頁。

が出過ぎているために，直線道路やカーブでの追突や衝突が多く，大惨事につながりやすい。

　高齢になると，身体機能や危険認知能力が低下することはやむを得ず，交通事故を起こしやすいことは避けられない。そのことを自覚することこそが，事故を抑止するうえで重要であるが，問題は，高齢になっても運転免許を返納する人が少ないように，心身機能の低下を認めたがらなかったり，周囲との協調ができなかったりすることである[2]。

　佐藤・島内（2011）によれば，人々は，自己認識による主観的年齢と実際の暦年齢との間に，ズレが生じる傾向があるという（図9-2）。若いときには，実際の年齢よりも，自分自身を大人であることを認識した行動を取りがちであるが，次第に，暦年齢と主観的年齢が一致し，中高年以降，逆に暦年齢よりも主観的年齢を低く捉えようとする。そして，高齢者になればなるほど，その傾向が強まって，「自分はまだ若い。自動車も若いときと変わりなく運転する自信がある」となる。それは，ときとして，他者評価と自己評価の違

---

1) 所（2007）19頁。また，高齢運転者が遭遇する事故の特徴として，①朝から夕方までの，明るい時間帯の事故が多い。②比較的小さな交差点での事故が多い。③事故類型では，出会い頭事故の構成率が高い。④買い物，訪問通院のための近距離の運転での事故が多い，などが挙げられる。鈴木（2007）を参照。
2) 石田（2013）54-55頁。

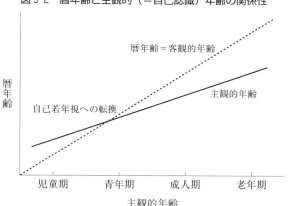

図9-2 暦年齢と主観的（＝自己認識）年齢の関係性

出所：佐藤・島内（2011）210頁。

いとして現れて，周囲からは危険な行動に見えることが，本人自身は，いっこうに意識していないという状況を招くのである。

　主観的年齢と暦年齢のギャップは，日常行動の至るところで見られるものである。このことは，日常生活においては，むしろ高齢者の積極的な活動を支える糧とも言え，好ましいことである。ところが，自動車運転の場合には，高齢者本人が認識しないまま，危険な運転により交通事故を起こして，悲惨な被害者を生み出したり，あるいは，自分自身が傷害を負ったりすることにつながりかねない。

　近年，高齢者の行動原理を科学的かつ心理学的な観点から分析し，高齢者の福祉政策にも活かそうという研究が盛んに行われている[3]。エイジング（加齢）に伴う特徴は，一般的な傾向として共通した行動様式が認められるものの，同時に，個人差も非常に大きいことも事実である。高齢者に対する交通政策を進めるうえでも，そうした個別性にどこまで配慮した施策を考えるかが難しい課題と言える。

---

[3] 谷口・佐藤編著（2007），佐藤他編著（2010），佐藤・島内（2011）など。

3 人身損害補償システムと保険制度

（1）交通事故における抑止と補償

　保険は，損害補償の一手段であるが，損害抑止とは損害を緩和するための手段である。補償（保険）システムは事後的措置であり，抑止（軽減）対策は事前的対策であるが，両者は，密接な相互依存関係にある。損害が抑止されれば，保険コストは軽減され，保険システムの効率性も改善される。また保険の引受キャパシティも増大することになる。逆に，保険システムが引き受ける条件として，抑止対策を要求することができれば，抑止対策を促すことも考えられる。

　交通事故被害者にとっては，損害補償のあり方が重要であるが，社会全体としては，損害抑止をいかに図るかが重要である。したがって，被災者救済と損害抑止を一体的に捉えることが重要な観点である。

　損害抑止を行う場合においても，多様な手法が考えられる。法と経済学では，事故抑止に対して，一般的抑止（general deterrence）と個別的抑止（specific deterrence）の2つのアプローチを提示している[4]。一般的抑止は，市場メカニズムを用いて，関係者の経済的インセンティブを重視することで，主体的に事故抑止に誘導するという考え方である。これは，経済学的思考であり，また，社会全体の効率性を意図するマクロ（巨視）的な抑止手法である。これに対して個別的抑止は，関係者に対する直接的規制を行うことであり，政府による公権力を用いて，強制的な働きかけを行おうとするものである。この場合，個別の経済活動に介入し，法的ルールへの罰則を科すことで，個別活動を制限する。

　問題となるのは，一般的抑止は，個別主体のインセンティブを期待するのであるが，個別企業が，自らの最適行動を認識する能力を有しているかどう

---

[4] これらの指摘は，事故法の経済分析の古典的文献として Calabresi（1970）において整理された概念であるが，保険の機能を高めるうえで，法的ルールあるいは経済的インセンティブを駆使した抑止効果を引き出すことで，保険機能を高めることが可能である。堀田（2014）第9章を参照されたい。

かである。他方，個別的抑止は，確実に実行できれば効果がある。しかし，実際にはモニタリングコスト（監視コスト）がかかることで，非効率な場合が多い。

交通事故においては，事故抑止と人身損害補償システムの間でどのように最適なバランスをとるかが問題となる。その中で保険は，リスクに応じた保険料（risk-based premium）を設定することによって，人々に費用効果的な損害防止手段に投資するインセンティブを与えうる。この前提として，保険料はリスクの大きさを反映していることである。保険料はリスクをコスト化したものであり，経済活動にコストを内部化することで，資源配分の効率性改善に資する。効率的にコストを内部化できるかどうかは，リスク把握の正確性に依存する。保険を通じたリスク情報は，社会経済的に有意義であるだけでなく，社会で共有すべき財産とも言える。その提供は保険者の担うべき重要な機能である。

保険はリスクに関する情報提供機能を有し，また損害抑止インセンティブを与える機能がある。しかし，現状を見る限り，必ずしも有効に機能しているとは言えず，改善に向けた課題である。

（2）自動車保険における補償と救済

自動車保険は，一般的には，対象とするリスクによって，人身に関わる損害を補償する保険と，財物に関わる損害を補償する保険に分けることができる。

車両などの物損害に対しては，他者への損害補償としての対物賠償保険と自己の車両への損害補償としての車両保険からなっている。自動車事故における物損事故は，対人賠償事故よりもはるかに多く，また実際には，事故検証を行わないような軽微なものを含めると，日常茶飯事と言える状況にある。

他方，自動車事故における人身損害補償システムとしては，被害者のための補償制度と，運転者自身のための補償制度が存在している。自動車保険は，契約構造的には，契約者自身のための保険である。しかし，自動車保険の社会性が高まるにつれて，機能的には，契約者自身のみならず，被害者あるいは，被保険者家族を補償するという役割も大きくなっている。特に対人責任

保険は，自動車事故の深刻さが認識されるにつれて，その社会的機能の重要性が高まっている。すなわち，第一義的には，運転者自身の賠償責任リスクに対処する保険であるが，むしろ現実には，被害者の損害補償がされることから，被害者救済機能が社会的には重要である。

自動車保険は，運転者（被保険者）が惹起した損害を補償するという基本的機能に加えて，賠償保険においては，被害者が被った損害を塡補することで，被害者救済を果たすという役割を担っている。この「補償」と「救済」という2つの機能を同時的に担うことで，自動車のもたらす社会的コストを効率的かつ効果的に分担する仕組みを提供している。

（3）人身損害補償システムにおける自動車保険の役割

人身損害補償システムは，3段階で構成されている。それぞれ異なる制度理念と構造を持って，相互に連携関係を構築している。共通しているのは，保険という仕組みが核に仕組まれていることである。

その損害を補償するシステムは，損害発生の態様，原因などによって異なるが，大きくは，不法行為制度，ノーフォルト制度，社会保障制度の3つに分類して理解することができる[5]。それぞれのシステムは，異なる補償原理に基づいて，異なる性格のもとで機能している（表9-2）。

その第1は，過失原則に基づく補償システムである。加害者の賠償責任を特定したうえで，被害者に対する原状回復をめざした補償を行うことになる。賠償責任の所在を明確にすることで，抑止的効果を期待するものであるが，損害賠償の方法も，加害者の自由裁量に任される。しかしながら，加害者の賠償資力がない場合には，被害者は十分な補償を得られない可能性もある。また，紛争処理の段階で，裁判上の交渉力，被害者の経済状況，あるいは損害査定のあり方などにより，被害者は十分な補償を得られない可能性もある。被害者に対する損害補償を貫徹する場合には，賠償手段として責任保険が重要な役割を担うことになる。

---

5) 自動車事故をめぐっての人身損害補償システムの関係性については，キートン（1979），金澤（1981）など，多くの論考があるが，それを踏まえた論考として，堀田（2003）第9章を参照されたい。

表 9-2 人身損害補償システムの特徴比較

	不法行為制度	ノーフォルト制度	社会保障制度
補償原理	責任原則	原因原則	損害原則
補償対象者	過失ある加害者が惹起した損害の被害者	特定原因による被害者	不特定原因によるすべての被害者
補償責任者	加害者	原因者・使用者	国家・政府
保険制度	私保険（責任保険）	災害保険	公保険（社会保険）
補償水準	原状回復（損害賠償）	定額的(定型的)損害補償	生活保障水準
補償内容	財産的損害(逸失利益)＋精神的損害(慰謝料)	財産的損害のみ（通常、慰謝料は含まない）	生活水準の維持
財源拠出者	潜在的加害者	原因作成者あるいは使用責任者	すべての国民
費用財源	保険料	拠出金	税金（あるいは社会保険料）
保険料基準	各被保険者の危険度に比例した負担	均一負担あるいは応能負担	応能負担

出所：堀田（2003）222頁を一部修正。

　第2は，原因原則に基づく補償システムである。原因原則とは，行為者の行為や活動を原因として発生した損害をすべて行為者に負担させるというものである。過失の有無を問わないが原因を特定したうえで，ノーフォルトにより，迅速かつ確実な被害者救済にウェイトが置かれる。加害者および被害者の注意水準に関係なく補償されることから，事故抑止効果も限定的とならざるを得ない。しかし，ノーフォルト方式は，広範に被害者保護がなされる。誰の責任により損失をもたらしたかは問題とせず，損失は決められたグループの間に分散される。補償の対象となるものは拡大されるが，補償内容ならびに補償水準は，原状回復を目的としている過失原則よりは，低位に抑えられる。

　これに対して，第3は，損害原則に基づく補償システムである。過失の有無も，あるいは原因も問われることなく，損害発生という事実のみに基づい

て，被害者は補償を受けることができる。社会保障制度においては，非常に広範な内容を含むが，人身損害補償システムとして見たときの社会保障制度の基本的性格は，補償給付が受給者の必要性に応じてなされ，必ずしも損害発生以前の原状回復を目的としていない。また，財源拠出者は，原因者とは無関係に決められ，政府も管理運用に責任を持つ。ここでは，事故による被害と同様に，病気や他の災害にも適用されることから，被害者に対する保護範囲が非常に広い。しかし，他方，社会のあらゆる成員に対して最小限の経済的保障を提供することを目的としていることから，損害額のすべてを補償するわけではなく，補償水準は低く抑えられている。

　以上，3つのシステムを比較すると，被害者にとっては，適用条件は，過失原則が最も厳しく，損害原則が最も緩いのであるが，他方，給付水準は，過失原則が最も手厚く，損害原則が最も薄いものとなっている。また，それぞれに補完的関係を築いている。

　日本の自動車事故をめぐる人身損害補償システムにおいては，自動車損害賠償保障法（自賠法）によって，運転者（保有者）に無過失責任に近い厳しい責任を負わせる一方で，自賠責保険への加入を義務付けることで，確実な損害補償を行って被害者救済を図っている。また，自賠責保険で補償限度額を超える場合には，任意の対人責任保険によって，より原状回復的な対応がなされている。その意味で，わが国のシステムは，不法行為責任の枠組みを順守しながら，原因者である運転者に財源拠出を求めることで，ノーフォルト制度の要素も一部加味されている。

　しかしながら，不法行為責任の枠組みを順守するために，自損事故による人身損害は，自賠責保険では補償されない。したがって，その損害は，任意保険における自損事故保険や人身損害補償保険でカバーされるが，それもなければ，公的医療保険や公的年金などの社会保障制度によって補償されていることになる。つまり，自動車事故をめぐる人身損害補償システムも，それぞれの相互補完的関係の中で，多くの部分が保険制度を通じて，コストが社会的に分担されていることになる。

（4）保険の社会化と補償システム

　現代社会において保険制度は重要な役割を担っているが，保険の発展を通じて3つの「社会化」がもたらされた[6]。第1は，「損害の社会化」である。保険は，経済的損害を被った契約者に対して，保険金を給付することで直接的に損害填補を行う。すべての契約者から事前に拠出された保険料が保険会社内部にいったん集積された後に，必要に応じて事後的に保険金に転換される。個別に発生した損害は，保険集団全体で分担されることになる。

　第2は，「責任の社会化」である[7]。個人の経済活動の中で，個人の過失により他人に被害を与えた場合には，自らの行為に対して，加害者は，賠償責任を負わなければならないが，責任保険への加入により，被害者に対する加害者本人による直接的賠償ではなくて，保険制度を通じた間接的賠償に転換される。加害者の賠償責任は，特定個人の責任から，保険集団全体の責任に転化され，加入者各自が負うべき個人責任が，保険集団における集団責任となる。これは責任の社会化である。

　そして，第3は，「リスクの社会化」である。損害はリスクの存在が前提として発生する。リスクと損害は，前者が損害の原因であり，後者がリスクの結果という因果関係にある。保険に対する認識が深まるにつれて，保険が有する損害填補という事後的かつ直接的な機能から，むしろ経済的不安からの解放という事前的かつ間接的な機能へ関心が高まることになった。そこでは，リスク処理手段としての保険を活用することで，社会に存在する多様なリスクが社会的に共有されることになった。これらの損害，責任，リスクにおける3つの社会化は，保険における重要な社会的効用であり，保険機能である。保険機能が重視されるに伴って，保険技術が適用される政策的領域は拡大している。

　自由主義と個人主義を基本理念とする現代社会においては，個人が保有す

---

[6]　保険の社会化が進むことで，リスクに応じた保険料負担を求める保険原理と，保険の有する社会経済的役割としての保険機能の相克と調和を図ることが必要になっている。詳細は，堀田（2014）第1章を参照されたい。

[7]　Abraham（2008）では，不法行為責任と責任保険の相互依存性を考察している。ここでは，19世紀後半から，責任保険が新しい賠償責任の形式の創設に導いた結果，賠償責任の範囲の拡大と責任保険の発展というスパイラルが進展していったという興味深い考察を展開している。

るリスクは自己責任で対処することが原則である。保険における自己責任とは，自らのリスクに応じた保険料を負担することであり，これこそが保険原理である。この保険原理の追求は，保険取引としての公正さを改善する一方で，高リスク者にとっては過度の保険料負担のために保険利用が困難になる可能性が高まる。しかし，保険を必要とする高リスク者が保険から排除されることは，社会としては保険機能の後退につながる。このように保険原理と保険機能は，ときとして相克関係に置かれるが，これに対していかに調和を図るかということに，保険の本質がある。こうした理解が高まることが，保険のさらなる発展を支える重要な要素である。

4 高齢社会の進行と保険業への影響

（1）高齢社会の進行と保険コストの増大

　平成24年度において，自賠責保険から支払われた保険金8,000億円のうち，1,094億円（13.7％）が死亡者に対して支払われ，残りの6,906億円（86.3％）が負傷者に対して支払われている。また被害者の傷害による損害の費用別内訳は，治療関係費（治療費＋その他）に47.1％，休業損害に10.7％，慰謝料に40.4％が支払われている（損害保険料率算出機構『自動車保険の概況』（平成25年度版））。

　自賠責保険における死亡事故に対する平均支払保険金の推移を見ると，最近15年ぐらいは，2,500万円近辺で推移していることがわかる（図9-3）。ところが，それより25年以前は，著しく上昇する傾向にあった。これは，数度にわたった自賠責保険の保険金額の改定が反映されているものと理解できる。死亡事故件数が減少している中で，保険金額は一定の水準が保たれている。高齢者は，以下で述べるように，平均人身損失額が著しく高いことから，今後，高齢者の増加により，事故費用（保険コスト）は，一層増大することが予想される。そのことが，保険業全体に及ぼす影響はますます大きくなるだろう。

　図9-4は，自動車保険における被害者の年齢別による1人当たりの平均人

第 9 章 高齢者の交通事故と高齢者福祉　211

図 9-3　自賠責保険における死亡事故に対する支払保険金総額と平均支払保険金

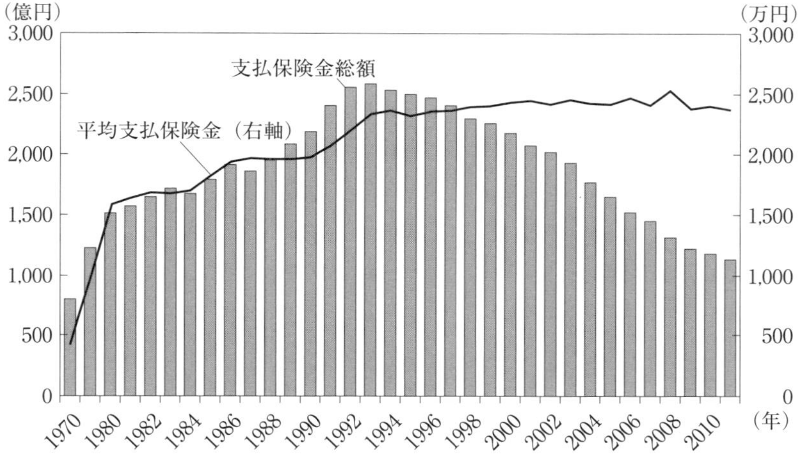

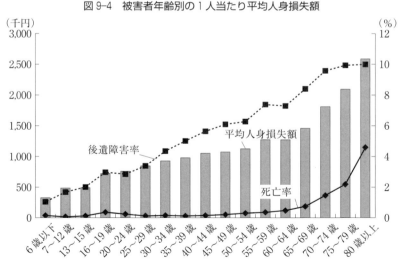

出所：損害保険料率算出機構『自動車保険の概況』（平成 25 年度版）より作成。

図 9-4　被害者年齢別の 1 人当たり平均人身損失額

出所：日本損害保険協会『自動車保険データに見る交通事故の実態——提言と主な対策』（2011 年）。

身損失額を示したものである。死亡率と後遺障害率は，いずれも年齢が上昇するに伴って高くなっている。特に，70歳以上の数値は顕著な上昇傾向にある。これを反映する形で，1人当たりの平均人身損失額は高くなっている。

人身事故における賠償金額の査定は，消極的財産としての逸失利益の大きさに左右される。逸失利益は，＜(年齢別平均給与額－生活費)×12カ月×就労可能年数に対応するライプニッツ係数＞により算出されるが，高齢者は就労可能年数が少なく，また平均給与額も低いことで，必然的に賠償金額は低下する。それにもかかわらず平均人身損失額が高いことは，高齢者事故の特性を反映している。つまり，1回の事故がもたらす経済的損失が，他の年齢層よりも大きい。

高齢者が加齢に従い日常行動が緩慢になり，若年者であれば避けられたであろうが，高齢者であるために，交通事故の犠牲者となることも少なくないだろう。交通事故の損害額算定の段階で，加害者と被害者の過失割合に応じた賠償金が決定されるが，被害者はその身体的状況に基づいた過失割合が認定されることから，高齢者の素因特性を考慮して賠償金額が低くなるということはない。高齢者であろうとも，加害行為に対しては，厳しく責任を負わされる。その点では，加齢的素因を理由に責任の軽減を求めることは許されておらず，高齢運転者であろうとも，常に厳しい対応を求めている。

しかし，損害賠償額の算定方式において，高齢者の賠償金額は高くならないように配慮されている。相対的に賠償算定が低く抑えられることで，加害者の賠償負担が軽減され，高齢者関連の事故の社会的費用の増大の抑制が図られている。

高齢被害者の賠償金額が抑制されているにもかかわらず，自動車事故の社会的費用は増大している。交通事故の件数が減少していても，高齢被害者の割合が増大すれば，事故費用は低減しない。その理由は，高齢被害者が，比較的軽度の交通事故であっても，それが原因となって重症化する傾向が強いことにある。死亡時の賠償金額は低く抑えられているが，死亡に至らずとも高度後遺障害に陥った場合には，むしろ事故費用がかさむという状況が増えている。

今後，高齢者が増加していくにつれて，全体としての事故費用は，さらに

増大するであろう。高齢者の交通事故が増加していることにより，国民負担の増大が見られるのであり，この傾向は，今後も一層高まっていくことが推測される。

（2）事故費用と保険料負担

　交通事故における民事賠償責任は，責任保険の普及により，保険的処理に委ねられるのが現実である。加害者が直接的に賠償金を支払うのではなく，保険会社を通じて，被害者が補償されることになる。つまり，責任保険の存在によって，高齢者の事故費用は，社会全体で負担していることになる。いわば，保険がもたらした「責任の社会化」である。

　保険が発展・普及する中で重要になるのが，保険料負担のあり方である。すなわち，損害賠償事故を起こした後は，保険会社が処理を代行することになれば，損害負担の公平性を保つためには，保険料負担の段階において，いかに公平性を確保するかが重要となる。

　加齢とともに事故を起こすリスクが高くなっているとすれば，それに応じた保険料を負担する必要があり，それによって公平性は保たれる。したがって，責任保険が普及している中で，どの程度リスクに応じた公平な保険料設定になっているかが問われることになる。

　実際には，高齢者にとって保険料負担は，これまでさまざまな形で軽減措置が取られてきた。しかし，2012年には，多くの保険会社が，高齢者の自動車保険料の10%を超える大幅な引き上げを実施した。この背景には，保険自由化と人口高齢化の影響がある。高齢者に応分の保険料の負担を求めることは，高齢者に対する自己責任を促す意味で当然の部分があるが，一方で，高齢運転者がもたらす事故費用をどのように分担するべきかの問題を考えなければならない。自動車保険の保険料問題は，費用負担ルールのあり方を示すものである。

　高齢運転者の事故費用は，自賠責保険と任意保険，さらには社会保障を通じて社会全体で負担されている。自賠責保険では，すべての運転者に対して，年齢に関係なく一律の保険料が設定されている。これは，高齢運転者の事故費用を運転者全体で負担する構造である。同時に，高齢者への保険料負担の

軽減を図ることで，実質的な高齢者への内部補助がなされているとみなすことができる。

さらに，社会保障においては，運転者だけでなく，すべての国民の保険料ならびに税負担によって，自動車事故の費用の一部が賄われている。社会保障には，公的医療保険だけでなく，公的介護保険も含まれる。交通事故による事故費用は，多段階に存在する補償システムの中で，最終的には国民負担に転嫁される。

高齢者が関係する交通事故が社会問題化する中で，民間保険の領域だけでなく，社会保障を含めた社会全体としての最適な費用負担ルールを考えるために，現行制度を今一度見直すべき時期にあると考えられる。保険における補償機能を高めることが求められる一方で，保険コストを引き下げるうえでも事故防止対策の重要性が一段と高まる。

（3）保険会社の経営戦略と高齢者対応

高齢社会が進行し，高齢運転者が急増する中，高齢者による事故件数も増加している。一方，損保各社の保険料収入は，若者の車離れや保険料が安いコンパクトカー人気で減少しており，保険収支は悪化している[8]。

損保業界は，2010年4月に大規模な業界再編成が行われ，いわゆる「3メガ損保」体制が確立した。そこでは，効率化による保険料の値下げなどが期待されていたところである。経営統合の経済効果を早期に発揮させて契約者へ利益還元する前に，保険料の値上げを行うことは，社会的反発を招きかねない。その結果として，インターネットや電話で契約するダイレクト損保に顧客が流れる可能性もある。

もう1つ，大手損保が保険料を引き上げる背景には，保険金の不払い問題の反省として，自動車保険の商品性をシンプルなものに見直したこともあるという。保険自由化以後，各保険会社は，基本契約に加えて「特約」条項を

---

[8] 近年の自動車保険の収支悪化に対して，保険業界は，連続的に保険料率改定をしているが，その要因として，人口減少に伴う高齢契約者の割合の増大に加えて，規制緩和以降の中年齢層に特化したダイレクト自動車保険の台頭の影響が少なくないと思われる。詳しくは，堀田（2012）を参照されたい。

設けることで，商品の独自性や多様性を示してきた。しかし，そのことで商品が複雑化し，結果的に保険金不払い問題を招いたという反省をもとに，保険会社はここにきて，逆に商品のシンプル化を進めている。「特約」を廃止して，商品をわかりやすくしようとする経営戦略の転換を図ったのである。

ところが商品のシンプル化は，保険料単価の引き下げをもたらし，結果として収益性の低下につながったということも考えられる。近時の保険料改定は，収益性の悪化を受けて，やむを得ず保険料引き上げを選択したということであろう。

他方で，保険料引き上げは，高齢者の保険離れを招きかねない。保険会社にとって，今後，高齢者は重要な顧客層である。高齢者を排除するような料率体系は採用することができないであろう。したがって，保険会社は高齢者に対して，リスクを反映させた保険料を設定する一方で，戦略的に高齢者をどう取り込むかという難しい問題に直面することになろう。

その点から，保険会社にとっても，高齢者に対する新たなサービスをいかに提供するかが，経営戦略上で重要な課題となっている。今後，高齢者人口が増加する中で，保険会社としては，高齢者を対象とした自動車保険を開発することが急務となってきた。自動車保険が高齢者を交通社会から排除するようなことは，できるだけ避けるべきである。可能な限り安心して交通活動に参加できるように，自動車保険は，むしろ支援する立場をとるように配慮すべきである。

高齢者の自動車事故の特徴として，傷害が長期にわたることがある。そうした長期の療養を想定した傷害保険（ファーストパーティ保険）の開発の可能性も考えられる。具体的には，入院給付や治療期間中の援助を対象とした保障提供である。さらに進んで，被害者が要介護状態に移行した場合に，公的介護保険に対して補完的役割を担うべく介護費用保険を特約にした自動車保険も検討の余地がある。いずれも，高齢の事故被害者の特性を捉えて，高齢者向けの自動車保険として設計されるものである。

一方で，高齢ドライバーに対して，事故防止のインセンティブを働かせるような保険開発も考えられていい。高齢者になるほど，身体能力や運転技術に大きな格差が生じてくる。現在の自動車保険の料率体系は，年齢要素を加

えるだけで，基本的に1本になっているが，将来的には高齢者だけの単独の自動車保険を創設することも考えてよいだろう。

　たとえば，家から一定圏内で運転する範囲を限定したり，運転する時間（たとえば，午後4時までの昼間）を限定したりして，補償をすることはどうであろうか。もちろん，免責範囲を拡大することで，補償を縮小させることになり，被害者救済の観点から反論があるだろうが，高齢運転者に対する保険提供を確保しつつ，リスクに対する自覚を促してより強い事故抑止インセンティブを高めることが期待できる。

　交通事故費用の増大に対して，自動車保険の補償機能の充実は不可欠な社会的要請である　今後，人口高齢化が一層進展する中で，自動車保険の収支は厳しくなる恐れが高く，さらなる保険料改定（引き上げ）もありうる。しかし，保険会社の経営にとって，高齢者は重要な顧客であって，排除することはありえないし，あってはならない。いかに高齢者の事故費用を減らしながら，保険収支を保つかについて，社会的取り組みも重要である。

5　高齢者福祉と補償対策

（1）高齢者福祉と交通政策の関係性

　上述してきたように，現行の人身損害補償システムにおいては，加害者のみならず被害者においても，高齢者の素因を明示的に取り上げていない。しかしながら，実際には間接的なかたちで，補償システムの中に，結果的に素因を斟酌した体系が取り入れられている。

　高齢被害者にとっては，相対的に賠償算定が低く抑えられることで，加害者の賠償負担が軽減され，高齢者関連の事故の社会的費用の増大の抑制が図られている。

　高齢者の素因が必然的にもたらす交通事故の社会的費用の増大に対して，高齢者素因を踏まえた公平かつ効率的な補償システム構築への検討が必要である。言い換えれば，民事法理と社会保障の連携をより深めなければならない。この意味では，高齢者への交通安全対策だけでなく，すべての世代に対

図 9-5　要介護状態に至る主な原因

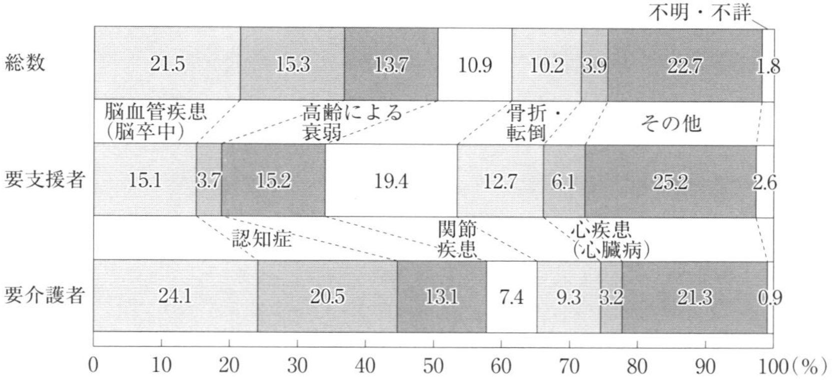

	脳血管疾患（脳卒中）	認知症	高齢による衰弱	関節疾患	骨折・転倒	心疾患（心臓病）	その他	不明・不詳
総数	21.5	15.3	13.7	10.9	10.2	3.9	22.7	1.8
要支援者	15.1	3.7	15.2	19.4	12.7	6.1	25.2	2.6
要介護者	24.1	20.5	13.1	7.4	9.3	3.2	21.3	0.9

出所：生命保険文化センター『介護保障ガイド』2012年8月（厚生労働省「平成22年国民生活基礎調査」）。

して高齢者素因を理解してもらい，それを前提とした安全啓蒙が重要である。

さらに，高齢者の交通事故は，要介護状態をもたらす可能性が高いことも注意すべき点である。図9-5は，要介護者・要支援者がその状態に至る原因を示したものである。要介護状態になるのは，脳血管疾患，認知症，関節疾患などさまざまな原因があるが，中で注目したいのが，骨折や転倒が主要な原因の1つとなっていることである。高齢者は日常生活の中で，事故に遭って要介護状態に至る可能性が若者以上に高い。中でも交通事故は，仮に小さな怪我や骨折であっても，それが原因で，寝たきり状態になる可能性がある。

交通事故を原因とする要介護状態の発症率は定かではないが，かなり大きな深刻な原因となっていることは，十分に予測できる。そして，その費用は，一義的には自動車保険を通じて補償されることになっているが，要介護状態に移行した後には介護保険の対象とされ，介護保険からの費用負担もなされる。介護保険の財源は，保険料ならびに税金を通じた国民負担となっていることから，結局，交通事故の費用の一定割合が，社会保険によって賄われているのが実情である。

高齢者福祉の観点からすれば，可能な限り高齢運転者が交通参加できるような社会環境づくりが大切である。増加する高齢者との共生社会をいかに構

築するかが，交通政策ならびに補償システム体制における重要課題である。一方で，被害者としての高齢者は後遺障害者に陥りやすく，彼らはそのまま公的介護保険の対象者となりうることから，社会保障制度（福祉）との関係が深い。

このように，高齢者の交通問題は高齢者福祉と密接な関係にあり，福祉政策との連携が必要である。

（2）高齢者の交通事故対策と交通政策

高齢者の交通事故は，人，車，道路環境の3つの要素について，それぞれの立場からの対策が必要である[9]（図9-6）。まず，高齢運転者に対する安全教育である。真っ先に挙げられるのが，運転免許更新時の安全講習の徹底である。道路交通法の一部改正により，平成21年6月1日から満70歳以上の人が運転免許の更新の手続きをするときには，高齢者講習かシニア運転者講習などを受けることが義務付けられている[10]。また75歳以上の人は，認知機能検査を受検することになっている。こうした安全講習は，高齢者に対する安全啓蒙に有効ではあるが，より効果を高めるためには，高齢者だけでなく，他の世代に対する安全講習も重要である。すなわち，すべての世代が高齢者の行動特性についての理解を深めることが，高齢者に関わる交通事故を減らすことにもつながると同時に，いずれ訪れる自らの高齢期への準備や覚悟にもなるはずである。

---

9) 上地・高橋（2011）226頁。
10) 高齢者講習は，受講者に対して，運転適性検査を行うことで，自らの身体的な機能の変化を自覚してもらうとともに，その結果に基づいて，助言・指導を行うことを内容としている。なお，この講習を受講した者は，更新時講習を受講する必要がないとされている。65歳以上70歳未満の者には，一部の地域で高齢者向けの交通教室を設置して，高齢運転者の運転特性や交通事故の特徴などを教える講習を行っている。一方で，警察庁は高齢者に対して，運転免許自主返納を促している。運転免許を返納した場合には，「運転経歴証明書」を発行し，これまでの安全運転を証明するとともに，記念する。高齢者運転免許自主返納サポート協議会の加盟店舗で，「運転経歴証明書」を示してさまざまな特典を受けることができるなど，地域社会や企業のサポートが行われている。こうした取り組みは，高齢者の心理的抵抗を鎮めて，自主返納を促すことに効果があると思われる。たとえば，新潟市では，運転免許証を返納した高齢者に対して，1万円分のバスカードまたはタクシー券を配布するほか，バスの半額乗車券を提供して，公共交通機関の利用を促進している。こうした動きは，全国各地の自治体でも導入されて，広がりを見せ始めている。

図 9-6 交通事故の 3 要素

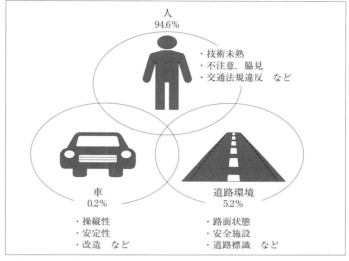

出所：上地・高橋（2011）223 頁。

　次に，車に関しては，近年 ASV（先進安全自動車）の開発が急速に進められている[11]。自動車業界では，「パッシブ・セーフティからアクティブ・セーフティへ」と，安全技術開発の重点が移っている[12]。パッシブ・セーフティは，シートベルトやエアバッグ装着など，事故の被害を最小限にとどめるための工夫である。これに対して，アクティブ・セーフティとは，事故を未然に防ぐためのシステムである。具体的には，車両自身のセンサーによって，車間距離を保って自動運転するシステム（アダプティブ・オートクルージング）や，車線からはみ出しそうになると警報を出すシステム（レーン・ディパーチャー・ウォーニング）など，である。それらのいくつかはすでに実用化されており，高齢運転者における運動機能や判断力の低下を補ううえで，大きな期待が寄せられている。
　上述の 2 点は，いずれも，高齢運転者が運転を継続することを前提にした

---

11) 古川（2011），衣本（2014）など。
12) 芳賀（2012）16-18 頁。

対策であるが，その点では第3に，交通環境の整備も進められなければならない。高齢者の交通事故は相対的に発生頻度が高く，事故が起きてしまうと重度の障害が発生しやすい。上述したように，その発生要因についても特徴があり，出会い頭事故の構成率が高い。その出会い頭衝突においても，信号無視や指定場所での一時不停止などの法令違反が多く，標識などの道路情報を見落として，事故に至るケースが多い。高齢者にとって，道路標識の改善や，道路拡幅，道路設計など，高齢者が安心して運転しやすい道路環境をいかに作るかも重要である。そうした交通政策は，高齢者の交通参加を受け入れ，社会として共生しようというものである。

（3）高齢者福祉と交通政策

わが国の高齢運転者が増加傾向にあることを考えると，利用交通手段や交通目的も，自動車使用が増加すると予測できる。一方で，公共交通サービスの低い地域では，運転できない高齢者の移動手段は制限的で，生活を営むことが難しい状況に置かれており，こうした地域への交通整備も急務である。言い換えれば，高齢者の「交通権」をいかに確立するかが課題である[13]。

高齢者は，買い物や病院通いなどさまざまな理由で，自動車運転を継続せざるを得ない状況にある場合が多い。自動車運転の必要性の程度は，居住地域にも大きく関係する。電車やバス，タクシーなどの公共交通機関が発達している地域では，自ら自動車を運転する必要性は低いだろう。しかし，過疎地域に暮らす高齢者にとっては，自動車は移動手段として不可欠であるだろう。特に，高齢者夫婦だけで生活をしている世帯にとって，自動車運転は生活を営むうえで不可欠である[14]。

その意味では，介護タクシーの普及や，家事や外食などの宅配事業など，高齢者向けサービス産業の発展支援も，高齢者の間接的な交通事故対策につながると考えられる。高齢者の交通事故対策は，安心かつ安全な高齢社会を

---

[13]　清水（2001）38頁。
[14]　高田編著（2013）7章では，医療難民・救急難民の問題に対して，いくつかの地方自治体で取り組んでいる事例を紹介しているが，改めて問題の困難さを指摘しながら，それらを解決するためには，発想の転換と政治主導，市民の後押しが必要であることを主張している。

構築するうえでの必要条件であるが，同時に，高齢者に対する補償対策は，彼らを保護対象とするだけでなく，交通参加者として一緒に取り組めるような社会体制を作らなければならない．

　高齢者にとって移動性を高めることは，高齢者の自立した生活を確保し，生活の充実を図るうえで，非常に重要である．自動車の利用により，生活上のゆとりや潤いを与えることができる．高齢者の生活圏が拡大されることで，豊かな老後を享受することができるようになる．

　高齢者に対して，高齢社会において，あらゆる世代に依存的な考え方を与えることは禁物である．相互が自立する意識を持つことが大切であり，保護的政策を進めるばかりではなくて，自立を促すことが必要である．

　自動車は高齢者の外出手段として多く利用されている．また，できるだけ長く運転を続けたいと考えているのが実情である．その理由として，地域生活においては，買い物や病院に通うのに，不便な環境にあることが多いことがある．高齢者にとって，日常生活を営むうえで，自動車に依存せざるを得ないという実態もある（図9-7）．高齢者にとって自動車運転は，生活上不可欠な選択行動であり，高齢者の自動車運転を前提とした社会づくりが大切であることを示唆している．とりわけ，都市規模が小さくなるほど，公共交通機関が未成熟な地域ほど，自動車は生活手段として必要な存在である．

　こういう状況においては，高齢運転者に自主的に運転を控えてもらうことは容易ではない．高齢運転者の免許返納に対しては，近年，企業も特典を提供するなど，積極的な協力姿勢が見られる（表9-3）．運転免許返納を円滑に進めるためには，このような社会全体での協力体制を構築することが重要である．

　また，運転免許証の返納を促進させるだけでなく，同時に交通代替手段を考えなければならない．交通手段を奪われればただちに社会的弱者となりやすい高齢者に対して，どのような交通環境を用意するかは，高齢者福祉の問題でもある．このように，現代における交通政策は，高齢者福祉における最重要課題の1つになっている．

　高齢社会が進展していく中で，共生社会を構築するためには，「運転環境の整備」と「交通福祉の改善」が必要である[15]．運転環境の整備としては，

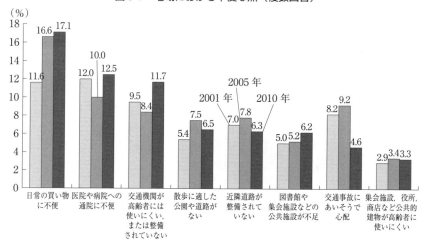

図 9-7 地域における不便な点（複数回答）

出所：『高齢社会白書』平成 25 年版（内閣府「高齢者の住宅と生活環境に関する意識調査」（平成 22 年）より作成。

できるだけ長く運転してもらう環境を作ることである。具体的には，①運転者の道路環境の整備，②安全自動車の開発・普及，③高齢者講習の推進，④運転免許証自主返納制度，などが考えられる。

　他方，交通福祉の改善とは，運転をやめても大丈夫ということである。具体的には，①代替交通手段の整備，②家族扶養への支援，③歩行者の交通環境整備，④地域コミュニティの協力，などがあるだろう。

　高齢者が交通活動から排除されないために，単なる交通政策だけでなく，「公助」としての公的な高齢者福祉に加えて，「共助」としての地域社会の連携体制の整備，そして，「自助」としての安全意識の維持・向上の連携が不可欠である。

---

15)　秋山編著（1993）282-283 頁。

表 9-3　免許返納による高齢者特典の事例

東京都	帝国ホテル東京	直営レストラン・バーラウンジで 10% 割引
	綜合警備保障	HOME ALSOK みまもりサポートの工事費や月額料金を優遇
	出光美術館	入館料 1,000 円→800 円
	板橋天然温泉スパディオ	一般入館料 2,200 円を 1,780 円に割引（土日祝日を除く。同伴4 人まで）
	セレモアグループ	患者移送サービスの介護料 30% 割引
神奈川県	横浜市交通局	定期観光バス「横濱ベイサイドライン」の運賃を 15% 割引
	箱根登山バス	65 歳以上が半額運賃で乗車できる利用証「ハーフ 65」を初回（6 カ月分）無料に
	サンワヘルス	介護用具等 15% 割引
大阪府	天王寺動物園	入園料 500 円を 400 円に
	ビジョンメガネ	メガネフレーム，レンズ，補聴器 10% 割引
	カメラのサイジョー王様の写真館	各種記念撮影・肖像写真の基本撮影料無料（本人，家族，同伴者対象）
	スズキ自販近畿	スズキ電動車いすの購入を 1 万円割引（本人，家族，同伴者対象）

出所：『読売新聞』2014 年 8 月 9 日朝刊。

6　おわりに

　高齢運転者に関わる事故が増加し，社会的問題として深刻化していることを述べてきたが，これまでの研究の多くは，事故抑止をあまりに強調しすぎたために，高齢者を弱者として扱い，弱者対策として高齢者の人的側面を誇張しすぎている。高齢者はほとんどが自立しているのに，交通問題においては，彼らは弱者として扱われ，そのことが高齢者の甘えと安全意識に対する遅れをもたらしている可能性がある。まず，高齢者がどんな生活をしているのかを明らかにし，それを基礎にして交通なり移動なりを考えていく必要がある。

高齢者自身も，社会との共生意識を持つ必要があろう。自らの交通活動が社会に弊害をもたらす可能性を認識することは大切である。そのうえで，運転において危険を感じるに至れば，自主的に免許証の返納を行うことも考えるべきである。そして，もし運転を継続するのであれば，自動車運転を行うことへの当然の社会的責務として自動車保険への加入を忘れてはならないことは言うまでもない。高齢世帯にとって，自動車利用は不可欠な生活手段であり，一方的な保険加入の拒否は社会的影響が大きい。

　交通政策を考えるうえで，「防止」と「補償」を総合的に捉えることが重要であるが，さらに，高齢者の福祉政策との連携も図られなければならない。可能な限り高齢者が交通参加できるような社会環境づくりが大切であると同時に，高齢者自身にも，「自己責任（self-responsibility）」と「自律（self-control）」の意識が求められている。社会全体として，ますます増加する高齢者との共生社会をいかに構築するかが重要な政策課題である。

【参考文献】

秋山哲男編著（1993）『高齢者の住まいと交通』日本評論社
石田敏郎（2013）『交通事故学』新潮新書
衣本啓介（2014）「先進安全自動車（ASV）推進計画について──第1期から第4期までの概要と第5期の活動状況（特集　ぶつからない車を目指して）」『自動車技術』68(4)，13-18頁
大阪交通科学研究会編（2000）『交通安全学』企業開発センター交通問題研究室
太田博雄（2000）「高齢運転者の安全教育」大阪交通科学研究会編『交通安全学』企業開発センター交通問題研究室
金澤理（1981）『交通事故と保険給付』成文堂
上地幸一・高橋信彦（2011）「高齢ドライバーに対する安全への取り組み」『IATSS Review』35(3)，221-227頁
キートン，ロバート・E.（松浦以津子訳）（1979）「補償に関する諸原理」『ジュリスト』691号，38-44頁
木幡繁嗣・小禄茂弘（2011）「高齢者交通事故低減に向けた取り組み」『IATSS Review』35(3)，161-173頁
財団法人交通事故総合分析センター（2006）「交通事故統計による四輪運転者の世代別分析」自主研究報告書，2006年12月

佐藤眞一・大川一郎・谷口幸一編著（2010）『老いとこころのケア──老年行動科学入門』ミネルヴァ書房
佐藤眞一・島内晶（2011）「高齢者の自動車運転の背景としての心理特性」『IATSS Review』35(3)，203-212頁
清水浩志郎（2001）「高齢者交通におけるいくつかの課題と展望」『運輸政策研究』4(3)
社団法人日本自動車工業会（2009）「高齢社会と道路交通環境のあり方についての提言──シニアの自立的な移動を支援する交通環境づくり」平成21年3月
鈴木春男（2007）「高齢ドライバー事故の実態と対策」『予防時報』228号，一般社団法人日本損害保険協会
──────（2011）「高齢ドライバーに対する交通安全の動機づけ──交通社会学的視点」『IATSS Review』35(3)，194-202頁
高田邦道編著（2013）『シニア社会の交通政策──高齢化時代のモビリティを考える』成山堂書店
谷口幸一・佐藤眞一編著（2007）『エイジング心理学──老いについての理解と支援』北大路書房
所正文（1997）『中高年齢者の運転適性』白桃書房
──────（2007）『高齢ドライバー・激増時代──交通社会から日本を変えていこう』学文社
日本交通政策研究会（2009）「高齢者の特質と交通事故の関係」日交研シリーズA-484　2009年6月
──────（2011）「高齢者の自動車事故と補償対策」日交研シリーズA-533　2011年11月
──────（2012）「自動車保険の支払い保険金構造から見る高齢者補償問題──高齢者の自動車事故と補償対策」日交研シリーズA-560　2012年12月
芳賀繁（2012）『事故がなくならない理由──安全対策の落とし穴』PHP新書
古川弘信（2011）「高齢者にやさしい自動車開発の取り組み」『IATSS Review』35(3)，174-181頁
堀田一吉（2003）『保険理論と保険政策──原理と機能』東洋経済新報社
──────（2012）「高齢者の交通事故と自動車保険──自動車保険料改定とその背景」『保険研究』64集，47-69頁
──────（2014）『現代リスクと保険理論』東洋経済新報社
三浦利章・原田悦子編著（2007）『事故と安全の心理学』東京大学出版会
ワイルド，ジェラルド・J. S.（芳賀繁訳）（2007）『交通事故はなぜなくならないか』新曜社
Abraham, K. S.（2008）*The Liability Century*, Harvard University Press.
Calabresi, G.（1970）*The Costs of Accidents: A Legal and Economic Analysis*, Yale University Press（小林秀文訳（1993）『事故の費用──法と経済学による分析』信山社）

索引

【あ】

アーカンソー州法　187, 191
ITS 技術　63
相手車運転者　29
青本　75, 83, 90, 124
赤い本　75, 90, 124
アクティブ・セーフティ　219
アフォーダビリティ問題　113-115
安全確認　45
　　——項目数　57
　　——不良　55
安全講習　218

【い】

医師による任意届出制度　15
慰謝料　30, 74, 89, 94, 120
遺族年金　76
　　——の受給権　80
著しい過失　148
1.57 ショック　7
逸失利益　30, 74, 76, 120, 212
一般的被害者　163
一般的抑止　204
違法性　66
因果関係　134, 137
　　——判断　122
飲酒運転　52
インセンティブ　204, 205, 215

【う】

右折　55, 201
運行
　　——供用者　68, 142
　　——支配　69
　　——利益　69

運転
　　——経歴証明書　14, 218
　　——者　141
　　——者傷害保険　162
　　——性向　113, 115
　　——態度　49
　　——的特性　20, 38
　　——癖　46, 47, 113
　　——免許更新制度　169, 188
　　——免許証　15
　　——免許証の自主返納　14, 218, 222
　　——免許保有者数　23
　　——能力喪失説　72

【え】

英国保険協会　114
英国保険ブローカー協会　115
エイジング　203

【か】

カーナビ　63
介護
　　——タクシー　220
　　——費用　93, 94
　　——保険　92, 218
過失　26, 34, 39, 66
　　——原則　206
　　——責任主義　177
　　——責任の推定　141
　　——相殺　18, 34, 122-124, 142-144, 160, 164
　　——相殺率　124, 142, 145-147
　　——割合　26, 121, 129, 146
カリフォルニア州保険法　182
加齢　135

【き】

危険運転　52
疑似的な交通環境　60
基準料率　113
客観的過失　66
救済　205, 206
給付停止　93
給付反対給付均等の原則　38
教育効果　62
共済年金　76
共生社会　18, 199, 217, 221, 224
強制割引制度　180

【け】

原因原則　207
原因の同一性　86
減額　144
　──事由　132
健康保険　91
厳罰化　52

【こ】

故意　66
後遺障害　26, 28, 92, 138, 201
合計特殊出生率　6
講習予備検査　14, 15, 52, 188
公助・共助・自助　222
厚生年金　76
交通
　──安全教育　12, 23, 50, 53, 54
　──安全対策　50
　──権　220
　──弱者　3, 16
　──政策　221
　──戦争　8
　──ルール・法規　22, 39, 49
交通事故
　──死亡者　8, 21, 42, 170
　──発生件数　10, 42
　──法　161
　──予防講習　169, 183, 189
　──予防コース　186, 190
公的年金受給権　76

行動特性　200
行動変容　58
高度後遺障害　18
公平　38, 123, 144, 164
　──の原則　38
高齢
　──運転者　→　高齢ドライバー
　──加害者　24, 34, 38
　──自転車乗用者　11
　──自動車運転者　12
　──者運転マーク　52
　──社会　3, 4, 110, 210
　──ドライバー　14, 19, 22, 24, 34,
　　　42, 44, 53, 54, 110 164, 171
　──ドライバー教育　58
　──被害者　19, 34, 39, 65, 89, 143,
　　　148, 165, 200
　──歩行者　11, 42, 48, 53, 165, 176
　──歩行者教育　60
高齢化　41
　──社会　4
　──率　3, 6, 21
高齢者
　──講習　14, 188
　──に対する注意義務　130
　──の過失相殺　129
　──の死亡慰謝料　89
　──福祉　216, 221
　──割引制度　180
国民年金　76
個人差　20, 38, 46, 54
個人責任　209
コネチカット州一般法　183
個別損害項目積上げ方式　73
個別的抑止　204
コンパクトシティー　15, 16

【さ】

再教育コース　186, 190
差額説　71
参考純率　→　自動車保険参考純率
3メガ損保　214

【し】

事業比率　103
事故
　　——原因　46
　　——多発交差点　55
　　——パターン　44
　　——防止対策　214
自己責任　224
自主返納　→　運転免許証の自主返納
死傷損害説　72
視線計測カメラ　56
示談代行制度　143
疾患　131, 135
実車走行実験　56
自動運転機能　63
自動車
　　——事故　38
　　——損害賠償責任保険　18, 25, 26, 34, 39, 65, 68, 98, 119, 143, 144, 208, 210, 213
　　——損害賠償保障法　26, 27, 68, 119, 141, 208
　　——の運行　69
　　——賠償責任契約　185
　　——保険　25, 97, 177, 205, 215, 216
　　——保険参考純率　35, 105
　　——保険割引　169
シニア運転者講習　188
自賠責基準　34, 75, 83, 120, 144
自賠責保険　→　自動車損害賠償責任保険
自賠法　→　自動車損害賠償保障法
支払基準　→　自賠責基準
支払保険金　107
死亡慰謝料　89
シミュレーション訓練　60
社会
　　——的弱者　221
　　——的特性　20
　　——的費用　199, 212
　　——保険給付　17
社会保障　213
　　——性　77
　　——制度　206-208, 218

車載器　113
車両委員会　183
車両の安全確保　50
車両保険　25, 27, 100, 109
重過失　26, 148
　　——減額　121
修正差額説　72
修正要素　146
集団責任　209
就労可能年数（期間）　30, 74
主観的過失　66
主観的年齢　202, 203
障害年金　76
　　——の受給権　80, 82
傷害保険　215
消極的損害　74
症状固定　73
　　——後の治療費　73, 92
情報提供機能　205
将来推計人口　4
省略　55, 58
自律　224
事理弁識能力　123, 127
　　——不要説　127
心因的要因　131, 132, 136
人口置換水準　6
人身傷害補償保険　25, 27, 100
人身損害　71
　　——補償システム　204-206, 216
身体的機能　46, 55, 165
身体的素因　131, 136
身体的特性・特徴　20, 22, 200, 132
心理的特性　20

【せ】

生活費控除　82, 94
生産年齢人口　5
成熟運転者技能向上プログラム　182
責任の社会化　209, 213
積極的損害　73
先行　56, 58
先進安全自動車（ASV）　219
全米高速道路交通安全委員会　170

【そ】

素因　75, 130, 200, 212, 216
　　──減額　18, 130, 133, 135
走行距離　115
操作　46
　　──前確認項目数　57
相当因果関係　73
速度感覚　50
損益相殺　82, 84, 93
　　──的な調整　85
損害　71, 78
　　──回避義務　66
　　──原則　207
　　──の社会化　209
　　──賠償　19, 30, 73, 177
　　──賠償請求権　93
　　──賠償法理　17
　　──保険料率算定機構　35, 97
　　──率　103, 106

【た】

第1次ベビーブーム　6
代位　84, 87, 93
　　──の根拠　88
第一当事者　17
第三者の行為　161
対人賠償保険　25, 27, 100, 107, 143, 145
対物賠償保険　25, 27, 100, 107, 109
ダイレクト損保　214
他人性　70
団塊の世代　4, 5, 24

【ち】

致死率　9, 17, 200
チャレンジ講習　188
注意範囲　50
直接請求権　143
治療費　33

【て】

出合い頭　35, 45, 55, 201
テレマティクス　115
　　──型ドライブレコーダ　63
　　──自動車保険　115

【と】

等級制度　111
同質性相互補完性　87
搭乗者傷害保険　100
道路交通環境の整備　50
道路交通法　15, 141
特定任意運転者講習　188
特約　214
独居老人　16
特権的被害者　163
ドライブレコーダ　113

【な】

内部補助　214
7つの安全習慣　59
慣れ　22, 46, 47, 55

【に】

二重取り　79
任意自動車保険　17, 27, 143, 145, 213
認知　46
認知症　15, 137, 138, 188
　　──の加害者　69
　　──の予備検査 → 講習予備検査

【ね】

年金給付の停止　84
年金生活者の生活費控除率　83
年少人口　5
年齢条件　110, 113
年齢別料率区分　97, 109, 112

【の】

ノーフォルト
　　──給付　193
　　──制度　187, 206-208
　　──保険　18, 179, 192
ノーロス・ノープロフィット原則　27
ノンフリート等級別料率制度　97

【は】

賠償額の減額事由　75
賠償資力　177
　――法　178
バダンテール法　160
バック　45, 55
パッシブ・セーフティ　219
判タ基準　145
判断　46

【ひ】

被害者救済　26, 207, 208
ヒューマンエラー　45, 48
費用負担ルール　213

【ふ】

ファーストパーティ保険　162, 215
フィードバック　61
不可抗力　161
物損事故　36, 98
部分的因果関係論　128
不法行為　123, 177
　――者　142
　――制度　181, 206, 207
　――責任　65, 66, 142
　――責任型保険　177
　――訴権　179
　――法　26
フランス交通事故法（1985年7月5日法）
　160
フランス民法改正草案　166
プロラタ方式　185, 186

【へ】

平均寿命　5
平均人身損失額　211, 212
米国道路安全保険協会　170, 171

【ほ】

法益侵害性　66, 77
防止　224
法と経済学　204

保険
　――機能　209, 210
　――金不払問題　102, 104
　――原理　210
　――実務　144
　――自由化　103, 214
　――の社会化　209
　――離れ　215
　――料率　38, 180
　――料率改定　109
　――料率区分　109, 113
　――料割引　18, 183, 189
歩行者　29
　――用シミュレータ　60
補償　204-206, 214, 216, 224

【ま】

マサチュウセッツ州一般法　185

【み】

ミシガン州ノーフォルト保険　192
ミネソタ州行政規則　191
ミネソタ州法　186, 190

【む】

無過失責任　68
　――主義　26
無保険車　115
　――傷害保険　25

【め】

メディケア　194
免許
　――人口　41
　――返納制度　52
　――保有者　41

【も】

モータリゼーション　22, 101
モニタリングコスト　205

【ゆ】

許し難い過失　163

【よ】
抑止　204

【ら】
ライプニッツ係数　30, 212

【り】
リスク　19, 38
　――集団　195
　――テイク行動　47–49
　――に応じた保険料　205, 210
　――の社会化　209
立証責任の転換　142

料率改定 → 保険料率改定

【れ】
暦年齢　202, 203

【ろ】
老齢年金　76
　――の受給権　82

【わ】
若者の車離れ　111, 214
割合的因果関係論　128

堀田　一吉（ほった　かずよし）
1960年生まれ。1989年慶應義塾大学大学院商学研究科博士課程修了。現在，慶應義塾大学商学部教授。主要業績に，『現代リスクと保険理論』（東洋経済新報社，2014年），『保険進化と保険事業』（共編著，慶應義塾大学出版会，2006年），『保険理論と保険政策――原理と機能』（東洋経済新報社，2003年）等。

山野　嘉朗（やまの　よしろう）
1952年生まれ。1982年早稲田大学大学院法学研究科博士課程修了。現在，愛知学院大学法学部教授。主要業績に，『概説交通事故賠償法［第3版］』（共著，日本評論社，2014年），『専門訴訟講座③保険関係訴訟』（共編著，民事法研究会，2009年），『保険契約と消費者保護の法理』（成文堂，2007年）等。

慶應義塾保険学会叢書
高齢者の交通事故と補償問題

2015年3月30日　初版第1刷発行

編著者─────堀田一吉・山野嘉朗
発行者─────坂上　弘
発行所─────慶應義塾大学出版会株式会社
　　　　　　　〒108-8346　東京都港区三田2-19-30
　　　　　　　TEL 〔編集部〕03-3451-0931
　　　　　　　　　〔営業部〕03-3451-3584〈ご注文〉
　　　　　　　　　〔　〃　〕03-3451-6926
　　　　　　　FAX 〔営業部〕03-3451-3122
　　　　　　　振替　00190-8-155497
　　　　　　　http://www.keio-up.co.jp/
装丁──────後藤トシノブ
印刷・製本───株式会社加藤文明社
カバー印刷───株式会社太平印刷社

　　　　　ⓒ2015 Kazuyoshi Hotta, Yoshiro Yamano, Masahiko Ezawa,
　　　　　　　Mamoru Otsubo, Noriyasu Kitamura, Koki Kase,
　　　　　　　Naoki Takei, Kimito Amari, Yasuo Fukuda
　　　　　Printed in Japan　　ISBN978-4-7664-2198-9

慶應義塾大学出版会

慶應義塾保険学会叢書

保険進化と保険事業

堀田一吉・岡村国和・石田成則編著　制度派経済学、進化経済学などの知見を吸収し、「進化」をキーワードに日本社会の変容とその中における保険事業の役割、今後の課題を明らかにする野心的研究。FP教育、IT戦略をも射程に入れ、各論点に具体的な対応策を提示。　　　　　　　　　　◎3,000円

保険事業のイノベーション
商品開発・事業展開と経営革新

石田成則編著　保険企業の生き残りを賭けた「事業革新」への提言。統合的リスク管理、保険会計基準、アカウント型商品、さらに医療情報データベース構想などの具体的イシューを取り上げ、多角的視点から市場と業界の最新動向を分析する。　◎2,800円

表示価格は刊行時の本体価格（税別）です。

慶應義塾大学出版会

慶應義塾保険学会叢書

保険学のフロンティア

石田重森編著　理論・思想研究からコーポレート・ガバナンス、事業イノベーションなどの経営課題へ、そして法制度・判例分析、さらには国際動向の検討まで、学際的協働により保険学と保険事業の新たな地平を切り拓く！　　　　　　　◎3,600円

人口減少時代の保険業

田畑康人・岡村国和編著　人口減少が保険事業に与える影響に着目し、保険商品・サービス開発、ビジネスモデル、経営戦略、海外進出、保険行政など最新の動向を紹介し、戦略・政策提言を行う。研究者・実務家による共同研究。　　　◎3,000円

表示価格は刊行時の本体価格（税別）です。

慶應義塾大学出版会

保険理論の展開

庭田範秋著 慶應義塾保険学会による特別企画として、庭田範秋慶應義塾大学名誉教授の代表作（初版1966年、有斐閣）を復刻刊行。高度成長下の1960年代、保険の金融的機能に着目し、その後の保険研究に多大な影響を与えた庭田学説の記念碑的著作。
◎3,000円

新世紀の保険
問題への果敢な挑戦は最善の保険改革

庭田範秋監修 現代保険業が挑戦すべき課題を分析し、積極的に提言を試みる論文集。研究者と実務家がそれぞれの立場から現代保険業を論じた、産学協同研究の成果。慶應義塾保険学会設立50年記念出版。
◎3,000円

表示価格は刊行時の本体価格（税別）です。